마음의 무늬를
어루만지다

한 그루의 나무가 모여 푸른 숲을 이루듯이
청림의 책들은 삶을 풍요롭게 합니다.

마음의 무늬를
어루만지다

어제의 나와 화해하는 내 마음 셀프 테라피

조영은 지음

레드박스

우 리 는 마 음 속 에
자 기 만 의 무 늬 를 가 지 고 있 다

"심리학 책도 많이 읽고 상담을 열 번이나 받았는데도 저는 잘
안 바뀌는 것 같아요."

"인간이 변할 수 있을까요? 그게 가능한 일이긴 해요?"

보통 상담실 문을 두드리는 분들은 달라지고 싶다는 의욕으로
가득 차 있습니다. 하지만 쉽게 변하지 않는 자신을 보며 실망하
는 경우가 많지요. 충분히 이해합니다. 상담심리학자들은 상담자
이기 전에 결점이 많은 한 인간으로서 스스로를 변화시키는 일조
차 만만치 않음을 너무나 잘 알고 있기 때문입니다. 상담자도 부
부싸움을 하고, 친구와 옥신각신 신경전을 벌이며 살아갑니다. 해
야 할 일을 마냥 미뤄놓고 침대와 한 몸이 되어 있을 때도 많고요.

"상담해주시는 선생님도 스트레스를 받나요?"

상담자들은 세상 근심 걱정과 번뇌로부터 자유로울 거라고, 내적으로 이미 완벽한 평화를 찾았을 거라고 생각하는 분들이 계시는데요. 상담자들 또한 속세의 고뇌에서 자유롭지 못한 똑같은 인간일 뿐입니다. 다만 일반인보다는 좀 더 많은 경험과 지식, 노하우를 가지고 있어서 상담실을 찾는 이들을 안내하는 역할을 하는 것이지요. 아마도 상담심리학자들은 인간 삶의 생생한 고통을 잘 알고 있기에, 소외당하는 괴로움이나 친밀해지지 못하는 아픔이 어떤 것인지 이해하기에 상담자의 길을 선택했을 것입니다.

인간이라면 누구나 심리적인 문제를 겪기 마련이고, 죽기 전까지 평생 동안 마음이 일으키는 어려움에서 자유로울 수 없습니다. 상담자로서 '인간은 쉽게 변화할 수 있고 심리 문제를 완전히 해결할 수 있다'고 자신 있게 외치고 싶지만, 그것은 의사가 '인간은 누구나 육체적 고통에서 벗어날 수 있고 세상에 존재하는 모든 병을 극복할 수 있다'고 주장하는 것과 비슷하지 않을까요. 우리는 인간의 수명이 무한정 연장될 수 없으며 질병으로부터 자유로울 수 없음을 알고 있지만 그럼에도 불구하고 건강에 큰 관심을 기울입니다. 육체적 고통과 노화, 죽음에서 벗어날 수 없는 것이 인간의 운명이라 할지라도, 병을 멀리하고 더 건강해지기를 바라는 것이지요.

마음에 대해서도 마찬가지라는 생각이 듭니다. 인간으로서 마음의 문제를 완전히 극복할 수 없다는 것을 알지만, 우리는 누구나 심리적으로 건강하고 행복한 사람이 되고 싶어 합니다. 반복되는 문제가 있다면 거기서 빠져나오길 원하고, 심리적인 고통이 있다면 좀 더 편안해지길 소망합니다. 어제보다 오늘은 더 괜찮았으면 하고 바라기도 하고요.

이 책을 쓰게 된 동기는 이런 물음에서 시작되었습니다.

"왜 우리는 똑같은 문제를 반복하는 걸까?"
"변화하고 싶다면 뭘 해야 하지?"
"더 나아지기 위해 무엇이 필요한가?"

인간의 마음을 연구하는 사람으로서 그리고 상담자로서 제가 늘 마음에 품고 있는 주제입니다. 더 나아지길 원하고 뭔가를 바꾸고 싶어 하는 분들을 항상 마주하며 살아가기 때문입니다.

저는 이 책을 통해 '변화'에 대해 이야기하고자 합니다. 변화가 어렵긴 하나 결코 불가능한 것이 아님을, 과거의 그늘을 조금씩 지워가며 새로운 습관을 하나하나 몸에 체득해 자신의 것으로 만들어갈 수 있음을 이야기하려 합니다. 심리학이나 상담학을 공부하는 분들만이 아니라 자기 자신을 더 잘 이해하고 싶은 분들, 인간의 심리에 관심이 많은 분들, 마음 트레이닝을 원하는 분들, 심리적인 변화와 성장을 꿈꾸는 분들에게 제가 전하는 이야기가 도움이 되었으면 좋겠습니다. 무엇보다도 더 이상 과거의 희생자로 머물지 않고 자기 삶을 선택하기 위한 방법을 찾고 있는 분들에게 조금이라도 용기와 힘을 보탤 수 있다면 더 바랄 것이 없겠습니다.

이 책은 미국의 심리학자인 제프리 영(Jeffrey E. Young)이 만성적인 심리장애를 극복하기 위해 개발한 '심리도식치료(Schema Therapy)' 이론을 기반으로 하고 있습니다. 심리도식치료 이론은 그 활용도가 우수한 데 비해 아직까지는 국내에 MBTI(마이어-브릭스 성격유형지표)나 에니어그램(Enneagram)처럼 대중화되지 않았고 관련 책도 부족한 상황입니다.

제프리 영에 따르면 '심리도식(Schema)'이란 '광범위하고 만연화된 패턴'으로서 성장 과정에서 우리 안에 자리 잡은 기억과 감정, 신체 감각, 인시로 구성되며 자신과 타인에 대한 상, 대인관계 상 등을 포함합니다. 이러한 심리도식은 결국 우리 성격의 근간을 이루고 행동으로 드러나곤 합니다. 우리는 심리도식을 통해 끊임없이 반복되는 드라마를 경험하며 살아가는 것이지요. 제프리 영은 심리도식의 부정적인 측면을 조명하면서 잘 변하지 않는 고질적인 패턴을 변화시킬 수 있는 치료법을 발전시켰습니다. 그의 책 『새로운 나를 여는 열쇠*Reinventing Your Life*』에서는 심리도식이 '인생의 덫(life traps)'으로 표현된 바 있습니다.

『마음의 무늬를 어루만지다』에서는 심리도식치료 이론을 활용하되 18가지에 이르는 심리도식을 '마음의 무늬'라는 새로운 용어를 사용해 리프레이밍(reframing)했습니다. 우리 안에 있는 잘 변화하지 않는 마음을 자기 파괴적인 패턴이자 '인생의 덫'으로 개념화하기보다는 우리가 어린 시절에 살아남기 위해 탄생시켰던, 마땅히 수용되어야 할 마음의 흔적으로 바라보고자 한 것입니다. 현재의 관점에선 그러한 마음의 무늬(심리도식)가 쓸모없어 보일 수도 있으나, 과거에는 우리를 지켜주는 역할을 했기 때문입니다.

사람은 누구나 삶에 적응하는 과정을 거치면서 마음속에 깊이 새겨진 자기만의 '무늬'를 가지고 있습니다. 타고난 기질과 성장 과정의 경험에 따라 제각기 다른 모습으로 새겨지는 마음의 무늬는 우리의 오늘을 만들어냅니다. 마음의 무늬가 우리 인생에서 어떻게 드러나는지, 사람들과의 관계에서 어떤 행동 패턴을 만드는지 살펴보고 그러한 마음의 무늬를 어루만지고 조심스레 지워가면서 내면의 힘을 기르는 방법에 대해 알아보려 합니다. A 성격이다, B 성격이다 하고 인간을 특정하게 분류하기보다는 18가지 마음의 무늬들이 우리에게 저마다 다양한 형태로 새겨져 있으며, 좀 더 강한 부분과 약한 부분이 있을 수 있다는 관점으로 이야기하고자 합니다.

전문적인 심리학 이론을 가능한 한 쉽게 풀어내고, 상담자로서 상담실에서 쌓아온 경험들을 풍부하게 녹여내 이 책을 썼습니다. 독자 여러분이 상담자를 마주하고 카운슬링을 받는 듯한 느낌이

들 수 있도록 현실적이면서도 생생한 글을 쓰기 위해 노력했습니다. 그러나 2부에 나오는 여러 가지 상담 사례는 심리상담과 심리학의 원리를 통한 변화의 과정을 알려주기 위해 구성한 가상의 스토리일 뿐이며, 등장인물의 이름 또한 실명이 아닙니다. 상담자로서 비밀로 지켜야 할 실제 사례를 공개할 수는 없기 때문입니다.

변화의 과정은 역설적이게도 자신을 있는 그대로 수용하는 데서 시작합니다. 그 첫걸음은 내가 나의 본얼굴을 알아차리는 단계일 것입니다. 여기, 심리학자가 들고 있는 마음의 거울이 있습니다. 이 거울로 당신을 비추고 저도 비춰보려 합니다. 우리는 서로가 서로를 비추며, 타인의 모습에서 자신을 발견하게 될 겁니다. 변화에 이르기까지 우리가 자기를 알아가고 받아들이는 심리 여행…… 그 여정을 이제 시작하겠습니다.

조영은

contents

part 2

누구나 자신의 역사 속에
자기만의 상처를 간직하고 산다

변화를 꿈꾸고 의심하는
마음을 어루만지다

왜 우리는
똑같은 문제를 반복할까

"제가요, 정상이 아닌 것 같아요. 선생님, 저 좀 고쳐주세요!"

상담자로 살다 보면 '정상과 비정상'을 구분해달라는 요청을 받을 때가 많습니다. "아이가 좀 이상한데 비정상인 건가요?" "우리 남편이 제정신이 아닌 것 같아요!" 이런 말씀들을 하시지요. 생각보다 많은 분들이 심리검진 차원에서 심리학자의 전문 소견을 듣고자 상담실을 방문합니다. 저는 상담심리전문가이기도 하지만, 대학병원 정신건강의학과에서 임상심리 레지던트 과정을 마치고 정신건강의학과 환자군을 대상으로 경력을 쌓은 임상심리학자이기도 합니다. 그래서인지 이상한 심리, 비정상의 심리가 익숙한 편이고 오래된 친구처럼 친근하기도 합니다.

오랜 시간 상담을 하면서 가까워진 내담자들에게서 종종 다음과 같은 고백을 들을 때가 있습니다.

"처음에는 선생님이 나를 얼마나 이상하다고 생각할지, 그게 너무 걱정되더라고요."

"이렇게 이상한 내 마음을 털어놓으려니 부끄러워 죽을 것 같았어요."

그러면 전 이렇게 말하곤 합니다.

"알고 보면 내가 더 이상하니까, 걱정할 것 없어요!"

이 소리에 내담자들은 배꼽을 잡고 웃습니다.

그렇습니다. 우리는 모두 다 이상합니다. 이상하다(?)는 게 정확히 뭔지는 좀 더 얘기를 해봐야 하겠지만, 사람마다 어디 이상한 구석이 하나도 없다면 오히려 그게 더 이상하지 않을까요. 심각한 정신질환을 앓는 분들이 보이는 증상 중 하나가 '병인식(insight)'이 없다는 것인데요, 쉽게 말해 본인에게 이상한 점이 있다는 사실을 모른다는 겁니다. 그렇기 때문에 어찌 보면 "난 하나도 이상하지 않아! 매우 정상이야!"라고 확신하며 단언하는 태도가 더 위험해 보이기도 합니다.

그래서 그런 걸까요. 스스로 상담실에 찾아오는 분들을 보면 오히려 더 건강한 분들이 많습니다. 심리상담을 받고자 한다는 것은 타인을 믿고 자신의 마음을 열 수 있는 개방성과 인간에 대한 신뢰, 내면을 들여다볼 수 있는 심리적 힘을 가지고 있다는 얘기니까요. 또한 자신의 불편한 마음을 알아차릴 수 있는 능력을 지니고 있음을 의미하기도 합니다. 이런 이야기는 이 책을 읽고 있는 당신에게도 해당됩니다. 심리서를 읽으며 자신의 마음을 이해하고 삶을 점검하고자 하는 태도는, 건강한 자아가 가진 힘에서 비롯됩니다.

잠깐 멈춰봐도 좋겠습니다

김이지 씨의 별명은 '김비지'입니다. 주말, 평일 구분 없이 하루 24시간을 쪼개서 바쁘게 살기 때문인데요. 과도한 업무량도 문제겠지만 중국어, 영어 학원을 다니며 전공 관련 자격증 공부에 요가 학원, 독서 모임에 나가고 남는 시간에는 SNS 활동을 열심히 합니다. 남들은 부지런하다, 멋지다, 칭찬하며 부러워하기도 하지만 수많은 일에 치여 사는 그녀는 요즘 들어 이런 의문이 들 때가 많습니다. '난 언제까지 이렇게 정신없이 살아야 하지?'

현정 씨는 남자 친구가 한참 있다가 답메시지를 보내주거나 어쩌다 한 번 먼저 전화를 걸어올 때 혹은 상대방이 주변에 여러 여자들을 두고 아슬아슬한 관계를 유지할 때 가슴이 짜릿하게 두근거립니다. 도무지 손에 잡히지 않는 이성에게만 마음이 끌리는 것이지요. 그러고는 그 사람만 바라보며 헌신하다가 제풀에 지쳐 헤어진 경험이 벌써 여러 번입니다. 현정 씨는 이런 자신을 바보 같다고 생각하면서도 언제나 비슷하게 반복되는 연애 패턴을 멈출 수가 없습니다.

대학생인 민우 씨는 친구들 사이에서 '착한 사람'으로 통합니다. 시험 기간마다 친구들에게 자기 노트를 빌려주기 일쑤고 그룹 과제를 할 때면 혼자 여러 가지 일을 떠맡곤 합니다. "도를 아십니까" 하고 다가온 사람을 따라가 지갑 속의 돈을 털린 적도 있고, 교회에 가자고 조르는 친구의 청을 못 이겨 얼마간 마음에도 없는 종교생활을 하기도 했습니다. 사람들은 민우 씨를 편하게 생각하지만, 민우 씨는 사람들 속에서 어딘지 모르게 항상 마음이 불편합니다.

늘 바쁜 이지 씨, 나쁜 남자한테만 끌리는 현정 씨, 거절하지 못하는 민우 씨. 알고 보면 이들은 우리의 모습을 반영하고 있습니다. 불편하지만 쉽게 사라지지 않는 삶의 패턴 속에서 답답함을 느낄 때면 이런 의문이 들기도 합니다.

'나한테 정말 무슨 문제가 있는 게 아닐까?'

상담심리전문가를 찾아오는 분들은 자신의 내면을 들여다보고 '문제'를 찾아달라고 합니다. 그들은 끝없는 고통의 수레바퀴를 돌리고 있음을 알면서도 멈추기가 어렵다고 고백합니다. 무의식의 명령에 따라 힘겨운 삶의 패턴을 끊임없이 되풀이하는 인간의 마음을 설명하기 위해 정신분석학자들은 '반복강박'이라는 용어를 쓰기도 하지요.

당신은 삶에서 무엇을 반복하고 있나요? 무대만 바뀌었을 뿐 계속 같은 주제의 극이 상연되고 있다면, 그런데 그 반복되는 드라마에 지쳐 나가떨어질 것 같다면, 이제는 잠깐 숨을 고르기 위해 멈춰봐도 좋겠습니다. 그리고 자신에게 중요한 질문을 던져보면 어떨까요.

"나는 지금 행복한가?"
"나는 어떻게 살고 있지?"
"이대로 이렇게 살아도 되는 걸까?"
"난 무엇을 반복하고 있을까? 그래서 정말 괜찮은가?"
......

어쩌면 당신은 지금의 삶을 나름대로 괜찮다고 느낄지도 모릅니다. 그렇다면 기쁘고 다행인 일입니다. 하지만 우리가 저자와 독자로 만났다면, 당신은 요즘 어떤 이유에서든 심리적 성장의 필요성을 느끼고 있을 가능성이 높습니다. 삶의 다음 단계로 나아가기 위해 무엇을 해야 하는지 궁금하고, 현재 어떤 마음의 갈등을 느끼고 있기에 이 책을 펼친 게 아닌가요?

그 또한 기쁜 일이겠지요. 나도 모르던 내 마음을 바라보고 알아차릴 수 있도록, 그래서 자신을 받아들일 수 있도록, 이 책은 자기 수용으로 향하는 안내서가 되고자 합니다. 저는 상담자로서 상담이론을 가져와 '변화'와 '성장'을 향한 방법에 대해 이야기하지만, 어찌 보면 그 모든 것은 자신을 있는 그대로 받아들이는 것에서 시작되기 때문입니다.

삶의 멈춤 신호를
알아차려야 할 때

자, 그렇다면 '이상하다'는 건 뭘까요? 심리학자들은 '정상과 이상'을 구분하는 기준을 두고 논의를 거듭해왔습니다. 내 마음이 이상하다는 건 무슨 얘기인지 한번 생각해볼까요.

- 살아가기가 참 힘들다.

- 고통스러운 감정이 지속된다.

- 사람들이 나 때문에 힘들어한다.

- 계속해서 직장을 자의로 그만두다 보니 생계가 어렵다.

......

잠깐 교과서적인 이야기를 하려니 좀 지루해질까 싶어서 『사례 중심의 이상심리학』이라는 교재에 나오는 말들을 수정해보았습니다. 이상심리학에서는 '정상과 비정상'을 구분하는 기준으로 다음과 같이 네 가지를 꼽아 설명합니다.

• 일상적인 일을 하기가 어렵다

'적응하기 힘들고, 기능이 손상되었다.' 예를 들자면 우울감이나 강박증상이 너무 심해서 학교생활이나 회사생활이 어려워지는 것이지요.

• 마음이 고통스럽다

'주관적인 고통이 심하다.' 일하는 데는 큰 무리가 없지만, 본인이 느끼기에 고통이 극심한 경우인데요. 공황장애를 앓고 있다고 고백하는 연예인들을 예로 들 수 있겠습니다.

• 엉뚱하거나 부적절한 행동을 한다

'문화적 규범에서 벗어나 있다.' 사회적으로 사람들이 합의한 규범에서 현저히 벗어나 있는 경우를 가리킵니다. 예컨대 성인 남성이 초등학생 소녀를 성적으로 유혹한다든가, 자녀가 늙고 병든 부모를 보살피지 않고 내팽개친다든가, 학생이 선생님에게 폭력을 쓴다든가 하는 행동은 이상한 행동으로 간주됩니다. 사회 규범으로는 받아들일 수 없는 일탈 행동을 할 때 비정상으로 분류되는 것이지요.

• 다른 사람들과 다르고 특이하다

'빈도가 낮다.' 대다수의 사람들과는 다른, 매우 소수에 해당하는 경우를 말합니다. 하지만 통계적인 기준에서 벗어났다고 해서 '이상'으로 분류하는 기준에는 문제가 많습니다. 소수자에 대한 차별의 논리로 활용될 수 있기 때문입니다.

'이상(異常)'이 무엇인지에 대한 교과서적인 기준에 대해 살펴봤지만, 그래도 이런 의문이 남습니다.

'정상과 이상은 명확하게 나뉘는 걸까?'

여기서부터가 '이상'인 거라고 무 자르듯이 단정할 수 있을까요? 물론 임상심리학자와 정신건강의학과 전문의는 정상과 이상을 구분해 정신과적 진단을 내리곤 합니다. 하지만 병의원을 방문한 것이 아닌 이상, 이 책을 읽고 있는 당신만큼은 스스로에 대한 정상과 이상만을 정의하는 시선에서 벗어나보라고 권하고 싶습니다.

나를 바라보는 누군가가 "너 이상해! 문제점이 있으니까 좀 고쳐!"라고 말한다면 어떨까요? 오히려 주눅이 들어서 변화에 대한 의지가 생기기는커녕 무기력해지고 말 겁니다. 그런 까닭에 사랑하는 사람을 바라보는 시선으로, 가장 아끼는 친구를 대하듯 스스로를 바라봐주었으면 합니다. 우리는 사랑하는 친구가 힘들어

할 때 변화하도록 다그치기보다는 이해와 수용, 공감을 선물하고 싶을 테니까요.

'내가 문제가 있나? 이상한가?' 하고 의문을 품기보다는 '내가 혹시 지쳐 있나?' 스스로에게 질문해보세요. 삶이 버거울 때는 숨을 가다듬기 위해 잠시 쉬어가도 됩니다.

삶의 '멈춤' 신호는 다음과 같습니다.

- '사는 게 왜 이리 힘들지?' 의문이 들 때
- 삶에서 기시감을 느끼는 일이 반복될 때
- 아끼는 사람들과의 관계가 자꾸만 틀어질 때
- 일, 연애, 인간관계가 늘 뜻하는 대로 되지 않을 때

내가 왜 이렇게 살고 있지?

어떤 이유에서든 이 책을 읽게 된 당신은 삶의 '멈춤' 지점에 와 있을 가능성이 높을 것 같습니다. 숨을 고르며 지금까지 걸어온 인생을 돌아보고, 반복되는 패턴을 점검해보면 좋겠습니다. 나도 모르게 흘러가고 있는 '자동항해모드'에서 벗어나 깨어 있는 삶을 향해 나아가보는 겁니다.

많은 사람들을 상담하며 살아가는 심리학자들도 삶의 멈춤 신호에서 자유롭지 않습니다. 저 역시도 일과 사람을 좋아하고 마

음이 약해서 남들 부탁을 잘 거절하지 못하는 면이 있습니다. 임상심리 레지던트 과정을 마치고 임상전문가가 된 지 얼마 안 되었을 때는 말 그대로 눈코 뜰 새 없이 바쁜 시절을 보냈습니다. 처음엔 심리평가만 담당하기로 계약을 하고 의원에 들어갔는데, 심리평가 후 상담이나 놀이치료를 받고 싶어 하는 내담자들이 늘기 시작했습니다. 성인이나 청소년을 대상으로 한 심리상담이야 익숙한 편이었지만, 아이들을 만나며 장기간 진행해야 하는 놀이치료는 생소했는데요. 보통 이런 상황에서 다른 사람들은 딱 잘라 거절했을 테지만, 내담자들에게 부탁을 들을 때마다 저는 어찌해야 할지 몰라 괴로워했습니다.

당시에는 딸아이가 어렸기 때문에 심리상담이나 놀이치료를 많이 할 수 있는 여력이 부족했을 뿐 아니라, 이미 몇 권의 책을 집필하기로 계약까지 해둔 상태였습니다. 더 많은 일을 벌이면 안 되는 상황이었지만 사람들의 부탁을 거절하지 못해 일은 점점 더 늘어만 갔습니다. 놀이치료를 시작하면서 놀이치료로 더 많은 경력과 노하우를 가진 슈퍼바이저(supervisor)를 찾아 가르침을 받으러 다니다 보니 시간이 배로 들었지요. 잠자는 시간까지 줄여가며 일을 할수록 어린 딸은 잠자는 시간만이라도 엄마와 딱 붙어 있으려고 집착했습니다.

그런데 어느 순간 '내가 왜 이렇게 살고 있지?' 하는 의문이 들었습니다. 일중독, 엄격한 기준, 거절하지 못하는 성격 때문에 자신을 혹사하는 사람들을 상담하면서, 저는 정작 스스로를 변화시키지 못하고 있었기 때문입니다.

생각해보면 뭐든 제대로 잘 해내고 싶었기 때문에 완벽을 위해 공을 들이며 일해왔습니다. 그 와중에 다른 사람들 부탁까지 들어주느라 시간을 썼고, 상담자로서 더 배워야 할 것이 많다고 생각했기에 주말도 없이 워크숍, 학회, 세미나 등을 다니며 공부했고요. 사실 이런 삶에 큰 문제의식이 없기도 했습니다. 왜냐하면 지금껏 '자동항해모드'로 살아왔으니까요. 이렇게 바쁘게, 남 부탁도 잘 들어주면서 열심히 사는 태도는 전문가로 성장하는 데 도움이 되기도 했습니다. 얻는 것도 많았기 때문에 자기 자신을 들여다보며 변화해야 할 필요성을 못 느꼈던 겁니다.

하지만 무엇이든 '정도껏'이 좋은 법인가 봅니다. 저는 가족들과 함께해야 할 시간을 일하는 데 쓰고 있었고, 몸과 마음의 근육이 여기저기 쑤시는데도 통증을 알아차리지 못하고 자신을 혹사하고 있었습니다. 일상의 행복을 일에서의 성취와 거래하고 있었던 것이지요. 삶의 멈춤 신호는 '지금 나는 행복하지 못하다'라고 깨달으면서 찾아왔습니다.

'언젠가는 일주일 넘게 휴가를 내고 하루 종일 딸과 함께 시간을 보낼 거야.'

공상 속에서 '그 언젠가'를 꿈꾸며 지금 여기에서 현재를 살지 못하는 자신을 발견하고는 더 이상 이렇게는 살 수 없다고, 바뀌어야겠다고 결심했습니다. 저는 이 책을 쓰는 동안 스스로를 더 돌아볼 수 있었고, 이 책에 쓴 사례들이 남 애기가 아닌 제 자신의 모습을 비추고 있기도 하기에 변화를 위한 방법을 스스로에게 적용해보기도 했습니다.

행복을 대가로 지불해왔다면

저는 이제 일주일에 적어도 이틀 이상의 스케줄을 비워놓습니다. 하루도 쉬는 날 없이 바쁘게 살다가 이렇게 달라졌다는 게 아직은 잘 믿기지 않기도 합니다. 매일 아침 느긋하게 일어나 딸과 수다를 떨며 아침을 먹고, 준비를 시켜서 딸을 유치원에 보내고 이른 시간에 집에 데려와 함께 목욕을 합니다. 스케줄이 없는 날에는 아무 일 없이 하루 종일 빈둥거리며 누워 있기도 하고, 네일아트를 받거나 미용실에 가기도 합니다. 얼마 전까지만 해도 머리 자르러 가는 시간도 아까워했었는데 말입니다.

이제는 해야 할 일을 어느 정도로만 유지하고 있기에, 수많은 부탁과 일과 관련된 제안들은 거절하기도 합니다. 지인이 소개해서 왔다고 상담을 청해오더라도 어느 선 이상으로는 받지 않고 다른 선생님에게 의뢰하곤 합니다. 여유로운 시간이 느는 대신 수입은 줄었지만 결과적으로 행복은 커졌습니다. 남들의 부탁을 거절하면서 '마음씨 좋은 사람'이란 칭찬은 줄었으나, 스스로에게 좀 더 좋은 사람이 된 것 같습니다. 우리 가족들도 덩달아 행복해졌고요.

30년 이상 바뀌지 않던 패턴을 바꾸기로 결심하고, 습관적인 행동에 변화를 주기 시작하니 인생의 행복지수가 높아졌고, 사랑하는 이들과의 관계도 풍요로워졌습니다. 무엇보다도 나 자신과의 관계에서, 스스로를 사랑하고 배려할 수 있게 되었습니다.

만약 삶이 너무나 숨 가쁘게 돌아가고 있다면, 행복을 느낄 새 없이 아프고 버겁게만 느껴진다면, 반복되는 상처 앞에 자꾸만 주저앉게 된다면 이제는 서두르던 발걸음을 멈춰보면 좋겠습니다. 변화를 통해 자신을 돌볼 기회를 마주했을지 모를 일이니까요.

당신은 혹시 반복되는 패턴 속에서 행복을 대가로 지불하고 있나요?

가시밭길 안의 미로에 빠져, 같은 자리를 맴돌고 있나요?

이제는 그 미로에서 빠져나올 수 있음을 알아차릴 때입니다.

자동항해모드 전원을
끄는 첫 단계

'내가 과연 변화할 수 있을까?'

한 번쯤 이런 의문을 가져본 적이 있을 겁니다. 과연 우리는 심리적으로 변화할 수 있는 걸까요?

심리학 이론들을 살펴보면 '기질'과 '성격'에 대해 이야기합니다. 기질과 성격을 다룬 다양한 심리학 이론이 있기는 하지만 심리학자들은 기질은 선천적인 것으로 타고나기에 변화하지 않으며 생물학적인 경향성과 관련된다는 데 별 이견이 없습니다. 성격과 관련해서는 이 성격을 무엇으로 볼 것이냐에 따라 의견이 분분한데, 로버트 클로닝거(Robert Cloninger)라는 학자는 성격을 선천적인 기질과 구분해 환경에 따라 후천적으로 발달하는 것으로 보았습니다. 이런 견해에 따르면 기질과 달리 성격은 어떤 환경을 만나느냐에 따라 융통성 있게 변화할 여지가 있어 보입니다.

"그래서 성격은 바꿀 수가 있다는 소리인가요?"

이 물음에 '그렇다'라고 답변해주고 싶지만 다양한 이론을 알고 있는 심리학자의 관점에서 쉽게 단순한 답을 주기는 어렵습니다. 거절 잘 못 하고 일을 좋아해서 일중독자로 살던 제가 이제 주 2일은 빈둥거리며 여유롭게 살고 있는데 이를 성격이 바뀐 거라고 볼 수 있는 걸까요? 혹은 성격은 그대로인데 행동 양상만 바뀐 걸까요?

세상을 바라보는 마음의 창문

'성격은 얼마든지 마음먹은 대로 달라질 수 있다'라고 확답을 드리진 못하겠지만, 희망적인 얘기를 하나 들려드릴 수는 있습니다. 우리는 누구나 세상을 바라보는 자기만의 프레임(frame), 즉 창문을 갖고 있다는 사실이에요. 이 창문은 세상과 타인, 자기 자신에 대한 신념들로 구성됩니다. 예를 들면 '나는 매력 있는 사람이다', '사람들은 나에게 호의적이다', '세상에는 좋은 사람들이 많다' 같은 것들이 신념이라 할 수 있습니다. 세상과 타인, 자기 자신에 대해 긍정적인 신념을 가진 사람은 장밋빛 안경을 끼고 있는 것으로 비유해볼 수 있겠지요. 다양한 상황과 자극들이 긍정적인 창문으로 여과되어 들어올 겁니다. 길거리에서 나를 향해 웃는 사람을 보면 '내가 예뻐서 웃나?' 하고 흐뭇하고요, 사람들의 사소한 호의에도 '내가 매력 있는 사람이라서 잘해주나 보다. 역시나 사람들은 참 친절해'라는 생각을 품게 됩니다.

반면에 똑같은 상황에서 해석을 정반대로 하는 사람도 있습니다. 자기를 쳐다보고 웃는 사람에게 "너 나 비웃었지!" 하면서 시비를 걸기도 하고, 사람들의 호의에 '나를 이용해먹으려고 접근하나?' 하고 의심합니다. 이런 경우는 자신과 타인, 세상에 대한 신념이 부정적인 것이지요.

이렇듯 어떤 창문을 통해 세상을 바라보느냐에 따라 세상은 크게 달라 보입니다. 신기한 것은 창으로 보이는 것처럼 삶도 그렇게 흘러간다는 점인데요. 자신이 가진 신념대로 살아가기에, 마음속의 창문은 삶의 현실을 그대로 구성하게 됩니다.

세상에 대해 부정적인 창문을 가진 어떤 사람이 있다고 가정해볼까요. 그 사람은 사람들이 순전히 호감과 선의로 잘해준 행동에도 의구심을 갖고 거리를 둡니다. 언제 자신에게 해를 끼칠지 모를 세상과 타인으로부터 거리를 유지하겠다는 것이지요. 사람들은 그런 태도에 지치거나 실망하게 될 것입니다. 가까이 다가가지도 않고 더 이상 잘해주지도 않겠지요. 이런 과정이 수차례 반복되다 보면 호감을 가지고 도와주는 사람은 곁에 남아 있지 않게 될 겁니다. 그러면 세상과 타인에 대한 부정적인 신념은 현실이 되어, 결국은 그것이 진실이라고 확신하게 될 것이고요.

세상에 대한 진실은 하나가 아닙니다. 심지어 철학자, 과학자, 종교인들은 세상에 불변하는 진실이 존재하는지에 대해서도 다양한 의견을 나눠왔잖아요. 하지만 '역시 세상엔 믿을 사람 하나 없어'라고 생각한 사람은 그러한 자기 신념으로 자신만의 견고한 진실을 만든 것입니다. 안타깝게도 그 진실은 부정적인 신념들을 토대로 하고 있기에, 그 사람의 삶은 부정적인 현실을 예언처럼 이루어냅니다. 그런데 자신이 가진 신념대로 현실을 경험하고 미래의 삶까지 만들어가는 경향은 사실 누구에게나 있습니다.

내가 가지고 있는 신념은?

상담실을 찾는 분들은 모두 자신의 삶을 더 나아지게 만들고픈 바람을 갖고 있습니다. 어린 시절의 여러 가지 경험이 겹겹이 쌓이면서 자연스럽게 형성되는 신념은 세상을 바라보는 마음의 창문을 이루고, 이 마음의 창문은 현실에 영향을 미칩니다. 따라서 상담자는 내담자가 세상을 바라보는 마음의 창문을 중요하게 여기며, 내담자가 가진 구체적인 신념이 무엇인지 찾아내고자 합니다. 상담자는 내담자의 삶을 변화시키기 위해, 끊임없이 반복된 경험을 만들어내는 그 원형을 발견하고 알아차리게끔 독려하지요. 즉, 심리상담의 중요한 과정은 내담자가 가지고 있는 세상과 타인, 관계에 대한 신념을 찾아내는 것을 포함합니다.

당신은 세상에 대해, 삶에 대해 어떤 신념을 갖고 있나요? 다음 문장을 채워볼까요? 빈칸에 자연스럽게 떠오르는 문장을 써보는 겁니다.

세상을 살아간다는 것은 _____.

사람들은 대체로 _____.

내 미래의 삶은 _____.

나는 _____한 사람이다.

다른 사람들은 나에 대해서 _____ 하다고 생각한다.

성격과 기질을 전면적으로 바꾸기는 쉽지 않습니다. 하지만 내 성격에 영향을 미치는 마음의 창문이 어떻게 생겼는지 이해하고 작은 변화를 주기 시작하는 것은 충분히 가능합니다. 작은 변화는 또 다른 변화를 가져오고, 이 변화의 물결이 이어지며 더 큰 변화를 만들어낼 수 있지요. 그러는 사이에 자신도 모르게 삶이 달라지게 됩니다.

나의 현실을 만드는 데 영향을 미치는 신념을 알아차리는 일은, 반복된 패턴대로 기계처럼 움직이던 '자동항해모드'의 전원을 끄는 첫 단계입니다. 알아차림, 그리고 자신에 대한 이해는 이전에는 시도하지 않던 새로운 행동으로 나아가게 합니다. 배드민턴만 치다가 처음 테니스를 치는 사람은 어떨까요? 스피드 스케이트만 타다가 피겨 스케이트를 배우는 사람은 어떨까요? 기존의 습관에 변화를 주는 일이 쉽지는 않을 겁니다. 분명 시행착오도 있고 어쩌면 뼈아픈 실패를 겪을 수도 있을 테지요. 하지만 작은 한 걸음을 내딛는 것은, 결과적으로는 삶을 바꾸는 시작이 되곤 합니다.

'내가 부탁을 들어주지 않으면 그 사람은 나를 아주 싫어하고 멀리하겠지.'

이런 생각 때문에 타인의 비위를 맞추고 눈치를 보나요? 그래서 불쾌한 대우나 과도한 요구도 견뎌내고 있나요? 이렇게 늘 손해만 보고 살 수밖에 없는 걸까요? 당신의 믿음은 어느 정도는 사실일 수 있습니다. 하지만 100퍼센트 진실은 아니지요. 세상에 불변하는 진실은 세계적인 과학자들조차 밝혀낼 수 없습니다.

"내가 부탁을 들어주지 않으면, 그 사람은 기분이 좋지 않을지 모른다. 하지만 그 일로 나를 싫어하거나 영영 배척하지는 않을 것이다. 나는 내 기분과 욕구를 존중해도 괜찮다. 내가 나를 존중한다면 다른 사람들도 나를 존중할 것이다."

좀 더 유연하게 생각하면 좀 더 자신감 있게 행동할 수 있습니다.

게다가 자신을 더 사랑하고 소중히 여길 수 있고요.

자신을 사랑하는 사람은 행복할 기회가 많습니다.

사람들은 자신을 사랑하는 이를 더 존중하고 배려합니다.

자신과 타인에게 사랑받고 존중받는 이의 표정은 아름답습니다.

그래서 그런 걸까요? 세상을 바라보는 마음의 창문은 자신에 대한 사랑과도 연관됩니다.

"제가 의지가 약해서
그런 거래요"

"심리상담을 받는다고 하면 부모님이 너무 충격을 받으실까 봐
집에는 얘기하지 않았어요."

"아이가 상담 받는 걸, 아이 아빠한테는 말하지 못했어요. 반대
할 게 뻔하고 애가 멀쩡한데 유난스럽다고 화낼 수도 있어서요."

"예전에는 상담 받는다는 걸 친구들에게 비밀로 했어요. 많이
아프다고 오해할까 싶어서요."

상담실을 찾는 많은 분들이 심리상담에 대한 오해 때문에 생기
는 고충을 털어놓습니다. 심리상담에 대한 오해는 심리 문제, 즉
마음의 어려움에 대한 오해와도 직결됩니다. 우리는 누구나 자신
만이 겪는 마음의 어려움을 갖고 있지요. 인간인 이상 심리적인

문제와 고통으로부터 온전히 자유로울 수는 없을 것입니다. 심리적인 고통은 한때의 소나기처럼 짧게 지나가기도 하지만 때로는 태풍처럼 강렬하게 찾아오기도 하고, 열대지방의 우기처럼 긴 시간 동안 이어지는 경우도 있습니다. 혹은 타고난 기질이나 성격으로 굳어진 부분 때문에 평생 지속되기도 합니다.

인간이라면 심리적인 문제와 고통을 경험하는 게 당연한 일인데, 왜 어떤 사람들은 심리적인 문제에 관대하지 않은 걸까요? 우리는 몸이 아프면 병원에 가고 치료를 위한 회복기간을 가져야 한다고 생각합니다. 건강에 좋은 음식을 먹고 헬스장에 다니면서 개인 트레이닝을 받고 건강관리를 위해 운동치료를 받기도 하지요. 그런데 마음이 아플 때는 그 문제를 있는 그대로 인정하는 것부터가 쉽지 않습니다. 자기 자신에 대해서도 그렇지만 부모 입장에서는 자녀가 겪고 있는 어려움을 쉬이 인정하지 않으려고 하는 경우가 많습니다. 인간이라면 누구나 자기애를 갖고 있기에, 자식은 곧 자기의 연장선 같은 존재로 여기기 때문에 그런 것 같습니다.

"부모님이 심리상담 받는 걸 반대해요. 제가 게을러서 자꾸 우울해지는 거라고요. 의지로 이겨내야 한다고 하시네요."

상담심리전문가로 일하다 보면 부모의 반대에 부딪혀 심리상담 받는 것을 쉬쉬하는 모습을 종종 보게 됩니다. 때로는 정반대의 경우도 있습니다. 심리학과 인간의 마음에 관심이 많은 부모들은 심리적인 고통에 빠져 허우적대는 자녀에게 전문가의 심리

상담을 받도록 독려하기도 하지요. 하지만 감정에 주의를 기울이며 고민을 나누는 대화에 익숙하지 않은 청소년들은 심리 문제의 실타래를 함께 풀어보고자 다가오는 어른들에게 부담을 느끼며 물러서기도 합니다.

긍정적인 사람이 되는 게 중요할까

"저는 제 고민은 제가 혼자 해결해야 한다고 생각하는데요. 다른 사람과 이야기한다고 뭐가 해결되는 건지 잘 모르겠어요. 한 번 상담 받고 나면 딱 해결책이 나왔으면 좋겠는데, 그런 게 아니잖아요? 대화가 무슨 소용이 있나요."

이렇게 심리적인 문제와 마음의 고통에 대해 이야기하기를 꺼리는 경우도 많이 보게 됩니다. 왜 그렇게 생각하는지 물어보면 되도록 슬픈 일은 잊어버리기 위해 생각 자체를 안 한다고 합니다. 힘든 일은 잊어버리는 게 좋고, 잊어버리려면 그 일에 대해 생각하지도, 언급하지도 말아야 한다고 여기는 분들이 꽤 많이 있습니다. 고민이 있을 때 믿을 만한 주변 사람에게 털어놓으며 마음을 다독이는 이들도 있습니다만, 그 상처를 누구에게도 터놓지 않고 무작정 억누르거나 생각하지 않으려고 애쓰다가 결국 마음의 병이 더 깊어지는 경우가 적지 않습니다.

저 또한 '긍정적인 생각'의 중요성을 마음에 새기며 늘 환하게 웃고자 노력하던 때가 있었습니다. 심리학을 제대로 공부하기 전에는, 상담심리전문가가 되기 위한 길을 걷기 전에는, 긍정적인 사람이 되는 것이 중요하다고 생각해 부정적인 생각과 감정을 피하려고 애썼습니다. '항상 기분 좋은 사람, 늘 웃는 사람, 언제나 긍정적인 사람'이라는 평가를 받았지만, 생각해보면 제 안의 많은 감정과 생각들이 소외되고 있었던 것 같습니다.

슬퍼해야 할 시기에 슬퍼하지 않고, 화내야 하는 일에 화를 드러내지 않았기 때문에, 억압된 감정들은 이유를 알 수 없는 막연한 불안으로 떠오르곤 했습니다. 혹은 원인을 알 수 없는 신체 통증이나 피로감에 시달리기도 했고요. 좋은 사람, 긍정적인 사람은 될 수 있었지만 깊이 있는 감정을 느끼고 나누는 사람, 진실한 사람은 되지 못했던 것입니다. 얼굴을 가리고 있던 가면이 피부와 일체가 되어 있었기에, 무엇이 진짜 나의 얼굴인지를 몰랐던 것 같습니다.

나의 감정은 틀리지 않았다

그때 저는 어떤 마음이었을까요. 제 마음의 심판관은 스스로에게 무엇을 하고 있었을까요. 알고 보면 내 안의 감정은 그 무엇이든 틀리지 않았는데, 스스로 어떤 감정에 대해 '너는 틀렸어. 옳지 않아' 판단하며 밀어내고 있었던 겁니다. 특정한 감정에 '오답' 딱지를 붙여놓고 마음 깊은 곳 어두운 구석으로 묻어버렸던 것이지요. 영화 〈인사이드 아웃Inside Out〉을 보셨나요? 감정이 가진 심리학적 가치와 의미를 잘 알려주는 명작 애니메이션이지요. 거기서 이런 대사가 나옵니다.

"우는 것은 삶의 문제에 너무 얽매이지 않고 진정하도록 도와줘."

하지만 예전의 저는 '슬픔'이란 감정은 아무 도움이 안 된다고 여겼고, 고통스러운 감정이 가진 의미에 대해서도 잘 알지 못했습니다. 어찌 보면 고통스러운 감정을 바라볼 수 있는 용기가 부족했고, 보잘것없이 비루한 나, 삶의 고통에 찌든 초라한 인간인 나를 받아들일 준비가 되지 않았던 것도 같습니다.

하지만 저는 심리학을 공부하고 상담심리전문가가 되기 위한 훈련을 받으면서, 상담을 통해 타인의 마음을 깊게 만나면서 스스로에게 공감하기 시작했습니다. 그간 소외되었던 감정과 생각들을 바라보았고 '나의 감정은 그 무엇이든 틀리지 않았다. 그냥 그렇게 있는 그대로 존재해도 된다'는 것을 깨닫기 시작했습니다. 고통스러운 감정 때문에 몸이 찢어지는 것처럼 아플 때도 판단하지 않고 바라보면 어느새 괜찮아질 수 있다는 사실도 알게 되었습니다. 맑은 하늘에 먹구름이 드리울 때도 있고 흰구름이 드리울 때도 있듯, 구름이 흘러가 쨍한 햇빛이 비치는 날도 있듯, 감정은 있다가도 흘러가는 것임을 체험하게 되었습니다. 먹구름도, 우레도 괜찮다는 것을 받아들이게 되었지요.

슬픔에 빠져 있는 이에게
도움이 안 되는 말

"마음의 상처는 어떻게 해결하면 좋지요?"

"무엇을 해야 아픔을 떨치고 다시 일어날 수 있을까요?"

이에 대한 대답을 하기에 앞서 상담자인 제 이야기를 들려드리면 도움이 될 것 같습니다. 저는 청소년기에 상담을 받으면서 상담자의 꿈을 꾸게 되었습니다. 중3, 열여섯 살의 나이에 같은 반에서 1등을 두고 다투던 친구가 자살을 했습니다. 졸업식 날에 전교생 앞에서 전교 5등까지 성적우수상을 수여하기로 되어 있었는데, 그 친구가 저보다 석차가 낮은 것을 알고는 졸업식 바로 전날 극단적인 선택을 한 것입니다.

영화나 드라마에서나 있을 법한 일이라, 청소년 상담기관에서 만난 첫 상담자는 '그게 진짜 있었던 일인지' 믿지 못해 제 부모님께 확인 전화를 하기도 했습니다. 부모님은 사춘기에 감당하기 힘든 상처를 겪은 딸을 걱정할 수밖에 없었을 겁니다. 저는 부모님에게 이끌려 당시 유명했던 정신분석가를 만나게 되었습니다. 이미 두 명의 상담자에게 마음을 터놓지 못해 심리상담이 실패했던 터라 소개에 소개를 거쳐 새로운 상담자를 찾았으니 부모님 마음이 그만큼 절실했던 것 같습니다. 울음을 그치지 못하고, 공부에도 마음을 잡지 못하고 방황하는 딸을 어떻게 대해야 할지 막막하셨나 봅니다.

"대체 네가 뭐가 그리 힘든 거니? 걔는 너 때문에 죽은 게 아니라니까. 이제는 잊어버릴 만도 한데 왜 이렇게 계속 슬퍼하는 건지……."

안타까운 다그침 속에서 마음의 문을 더 굳게 닫아버린 딸을 상담심리전문가에게 맡기기로 한 것이니까요. 그렇게 제가 안착하게 된 상담자는 이전까지 큰 도움을 받지 못했던 어른들과 무엇이 달랐을까요.

이제 그만 슬퍼하라는 말보다는

상담자는 슬픔에 잠겨 있던 제게 섣불리 조언하지 않았습니다. 특히 이런 이야기는 절대로 하지 않았지요.

"이제는 그만 슬퍼할 때도 되었잖니."

"네가 슬퍼하는 이유는 ~ 때문이야."

"그 때문에 공부를 안 하면 앞으로 어떻게 되는지 알지?"

"이제 네가 해야 할 일은 ~다."

"너에게 필요한 해결책은 ~란다."

대신 상담자는 따뜻한 시선으로 기다려주었습니다. 무슨 일이 있었는지, 그 친구와 어떤 이야기를 나누었는지, 그 아이가 극단적인 선택을 했을 때 무슨 생각을 했었는지, 과거로 돌아간다면 무엇을 바꾸고 싶은지……. 같은 이야기를 수없이 반복해도 지루한 기색을 보이지 않았을 뿐만 아니라 제가 충분히 이야기할 수 있도록 관심을 기울이고 숨을 고르면서 기다려주었습니다. 그저 제가 충분히 말할 수 있도록 "음음" 하고 들어주면서 고개를 끄덕이는 추임새만 넣어주었지요.

또한 제가 슬퍼할 수 있도록 심리적인 공간을 만들어주었습니다. 50분 내내 별다른 말도 못한 채 울기만 한 적도 있었는데요. 하염없이 눈물을 흘리며 그렇게 있을 수 있게 허락해주었습니다. 저는 '울어도 괜찮다'고 허락받았고 '슬퍼해도 괜찮고 충분히 그럴 만한 상황이다'라는 따스한 기다림 속에서 치유되었습니다. 상담자는 귀를 열고 아픈 마음을 공감했을 뿐이었어요. 그런데 그게 결정적이었습니다. 어떤 생각과 감정이든 자유롭게 표현할 수 있는 분위기, 제 감정을 그 자체로 수용할 수 있는 환경 속에서 저는 스스로를 치유했던 겁니다. 변화를 위한 첫 번째 포인트는 그것이었습니다. 현재를 있는 그대로 받아들이는 것 말입니다.

"울어도 괜찮아"

"너는 지금 잘못하고 있어. 더 이상은 슬퍼하지 말고 이제는 변화해야 해."

그때 상담실에서 이런 메시지는 일절 없었습니다. 대신 저는 다음과 같은 이야기를 들었습니다.

"슬퍼해도 괜찮아."

"그 아이의 죽음에 대해 네 탓을 하는 게 무리는 아니지."

"아파하는 네가 이상하거나 약한 게 아니야. 나라도 그럴 거야. 당연해."

"나도 너처럼 힘든 시기가 있었어."

"과거를 되돌려 무엇이든 해보고 싶은 그 마음, 뭔지 알겠다."

"공부가 도저히 손에 안 잡히는 것도 이해할 수 있어."

"변화하지 않아도 괜찮아. 그러니 충분히 아파하렴."

그래서 저는 과거의 슬픈 기억들을 충분히 곱씹고 생각할 수 있었습니다. 기억을 돌려 차근차근 돌이켜보고 하나하나 이야기하며 천천히 숙고했지요. 자살한 친구를 위해 내가 할 수 있었던 게 무엇인지 생각해봤고 후회도 했고 아쉬워도 했습니다. 그리고 내가 할 수 없었던 것에 대해 받아들이며 슬퍼하고 떠나간 친구를 애도했지요.

목으로 넘긴 음식이 몸속 어딘가에서 막힌 채 내려가지 않고 있으면 어떻게 되나요. 더 많은 음식을 먹으려는 시도는 무리일 것입니다. 차근차근 소화를 시켜야 하죠. 체한 사람에게 천천히 소화할 시간을 주지 않고 다른 음식을 억지로 먹이면 어떻게 될까요.

심리적인 상처도 이와 같습니다. 해결되지 않은 심리적인 상처가 이미 삶의 전경으로 다가와 있기 때문에, 다른 것들은 손에 잡히지 않습니다. 심리적인 고통에 에너지가 쓰이고 있기 때문에 새로운 정보가 들어가지 않을 뿐 아니라, 다른 사람들의 이야기가 귀에 들어오지도 않지요. 그렇기 때문에 '지금 문제가 있으니 당장 변화하라'는 요구는, 체한 사람에게 다른 음식을 더 많이 먹이려는 것과 같습니다. 당사자에게는 너무나 버겁고 현실적이지 못한 요구일 테지요. 그렇다면 무엇을 어떻게 하면 상처받은 마음의 문제를 차근차근 소화시킬 수 있는지 알아볼까요.

심리 문제에 관한
오해와 편견

우선은 심리 문제에 대한 오해부터 바로잡는 것이 좋겠습니다. 건강한 몸으로 살려면 무엇을 해야 하나요? 우선 몸 건강에 대한 오해를 풀고 정확한 상식을 알고 있어야 할 겁니다. 마음에 대해서도 마찬가지인데요. 몸 건강에 대해서는 다들 큰 관심을 가지고 있어서인지 미신을 가려내고 올바른 상식을 나누고자 노력하지만, 마음의 건강에 대해서는 그렇지 않은 것 같습니다. 마음 건강에 대한 관심이 예전보다는 훨씬 높아지긴 했어도 여전히 잘못된 편견을 주위에서 접할 때가 많습니다.

때로는 마음이 아프다는 사람에게 "이제 그만 잊어버려", "긍정적으로 생각해야지", "네가 의지만 강하게 먹으면 해결할 수 있는 일이야"라고 말하며 무심함의 폭력을 행사하기도 합니다. 좋은 의도로 한 말이라 할지라도 이는 정말 안타까운 일입니다. 독감에 걸린 사람에게 '의지를 강하게 가지면 다 이겨낼 수 있어'라고 응원하지는 않잖아요.

심리적인 문제는 정신력이 약해서 겪는다?

가장 큰 오해 가운데 하나가 '심리적인 문제는 정신력이나 의지가 약해서 겪는다'는 생각입니다. 많은 사람들이 이런 생각을 갖고 있으면 심리적인 문제를 가지고 있는 이들은 '정신력이 약한 사람', '의지가 약한 사람'이라는 편견에 시달리게 됩니다. 그런데 앞서 말했듯이 심리적인 문제는 인간이라면 누구나 경험하게 되지 않나요. 인간이라면 그게 자연스러운 겁니다. 누구나 육체적인 질병에 시달리고 통증에 고통스러워하며 노화를 겪고 죽음을 맞이하듯, 그와 같은 맥락에서 심리적 문제가 존재합니다. 살아 있는 존재기 때문에 육체적 고통과 통증을 겪는 것이고, 살아 있는 존재기 때문에 마음의 고통도 경험합니다. 심리적인 문제는 고통이 거듭되며 일어나기도 하고, 잘 변하지 않는 패턴화된 심리 문제 때문에 고통이 생겨나기도 하지요.

저는 제가 성장 과정에서 겪었던 상처와 심리적 고통이 정신력이 약해서 생겨난 것이라고 생각하지 않습니다. 어느 이론가는 외상 후 스트레스장애나 급성 스트레스장애는 애초에 기질적으로든 유전적으로든 정신적으로 약한 부분이 있어서 생기는 거라고 주장합니다만, 저는 그렇게 생각하지 않습니다.

성적 경쟁으로 인해 자살한 친구를 기리며 '속상하고 힘들다, 공부의 의미를 어디에서 찾아야 할지 모르겠다'는 청소년에게 '네 취약한 부분을 찾아서 고쳐보자'는 관점으로 상담자가 다가간다면 잘못된 첫걸음을 디딘 것입니다. 물론 도움을 주기 위해 그런 것이겠지만, 그런 접근은 상처받은 이에게 더 큰 한 방을 먹이는 거라고 볼 수 있습니다.

'살다 보면 언제든 시련이 찾아올 수 있는 것이고, 그 시련 속에서 아프고 고통스러운 것은 우리 인간 삶의 본질이다'를 인정하는 것이 마음 항해자인 우리에게 필요한 자세라고 생각합니다. 심리적인 고통과 어려움은 우리 삶이 앞으로 어디로 나아가야 할지, 더 큰 방향성을 제시해주는 중요한 단서기 때문입니다.

지금까지는 뭔가 잘못 가고 있었어.
네가 정말로 중요하게 생각하는 가치가
무엇인지 발견하도록 해.
그리고 너의 가치를 따라 행동하고 살아가도록 해.

이렇듯 심리적인 고통과 문제는 인생의 나침반이 던져주는 메시지가 되기도 합니다. 저는 친구의 자살이라는 트라우마를 겪었지만, 고통스러운 사건의 의미를 발견했기 때문에 외상 후 성장을 이뤄냈다고 생각합니다. 정신력이 약했기 때문에 고통을 겪은 것이 아니라, 인간이기 때문에 만난 인생의 비극 앞에서 고통스러울 수밖에 없었다고 생각합니다. 또한 그 고통을 피하지 않았기 때문에 온전히 아픔을 마주하고 날것 그대로 경험하며 넘어설 수 있었다고 생각하지요.

우등생과 모범생으로만 살았던 저는 비로소 '경쟁에서 이기는 것이 중요하다. 엘리트가 되는 것이 중요하다. 더 많은 성취를 이뤄내는 것이 중요하다. 1등이 좋은 것이다'라는 가치에 의문을 품을 수 있게 된 것입니다. 사회가 주입시키던 가치에 의문을 가지면서, 저는 기성세대가 제게 던져주는 것들을 그저 순응적인 자세로 받아들이지만은 않게 되었습니다. 무엇이든 스스로 생각하고 충분히 숙고해 내 의지로 선택하는 것이 중요하다는 생각을 하게 된 것입니다.

"왜 좋은 대학에 들어가야 하지?"
"왜 돈을 많이 벌어야 하는 건데?"
"위로 올라가자, 올라가자 하는데 그 위에 뭐가 있을까?"
"남들보다 잘하자는 건 궁극적으로 무엇을 위해서일까?"

예전에는 당연하다고 생각하고 넘겼던 것들을 당연시하지 않으면서 저는 좀 더 근본적인 문제들을 파고들기 시작했습니다.

누군가에게는 쓸데없는 생각일 수 있었겠지만, 당시 제게는 스스로 풀어가야 할 중요한 삶의 의문들이었습니다. 그 시절의 저는 제 삶이란 건물을 튼튼하게 짓기 위해 토대를 다졌다고 생각합니다. 기성세대에겐 사춘기의 방황이나 모범생의 일탈처럼 보였을 행동들이 저에겐 인생의 새로운 막을 여는 중요한 의미를 갖고 있었던 것입니다. 공부를 왜 해야 하고 무슨 공부를 해서 어디에 쓸 것인지, 어떻게 살 것이며 무엇을 위해 살 것인지, 그 답을 찾아가면서 말입니다. 아마도 그런 과정이 상담자이자 작가가 된 오늘의 저를 만들지 않았나 생각합니다.

모든 건 마음먹기에 달렸을까?

마음의 성장을 원하는 이들은 자신을 갈고닦을 방법을 찾아 움직입니다. 성당이나 교회에 가서 기도를 하거나 절에 가서 108배를 올리고, 불교대학에 등록해 법문을 듣거나 유튜브로 마음수련 강좌를 찾아 듣기도 하지요. '심리적인 성장을 위한 방법'. 유튜브나 SNS에 검색해보면 아마 1만 가지도 넘는 결과들이 나올 겁니다. 그중에 가장 대표적이고 전형적인 해결책이 '마음 문제는 내 마음먹기에 달렸다'라는 이야기가 아닐까 싶습니다.
　"마음을 고쳐먹으면 무엇이든 바꿀 수 있다."
　"어떤 어려운 상황에서도 긍정적인 마음만 가지면 된다."

그런데 과연 그럴까요? 물론 내가 마음먹기에 달려 있는 일들도 있지만, 세상 모든 일이 다 그렇다는 사고방식은 사회구조적인 문제나 사회문화적 현상으로 인해 아픔을 겪은 이들에게는 폭력적인 시선이 될 수도 있습니다. 인간에게 심리적인 고통을 주는 시련은 외부에서도 얼마든지 찾아올 수 있기 때문입니다. 개인이 혼자 어찌해볼 수 없는 그런 사건들은 우리에게 어느 날 갑자기 닥치기도 합니다. 인간이기 때문에 천재지변을 겪으며, 나약한 생물이기 때문에 다치고 병들고 늙고 죽음을 맞이합니다. 결점이 많은 존재들이 함께 모여 있으니 부실공사로 인해 큰 사고가 나고, 각자가 다른 자아를 가진 존재로서 갈등하기에 법적 분쟁에 휘말리기도 합니다. 물리적으로, 사회적으로 약자인 여성이라서 데이트폭력에 시달리거나 리벤지 포르노 사건으로 인해 스스로 생을 마감하기도 합니다. 성소수자라는 이유로 '호모포비아'를 가진 군중의 혐오에 시달리며 자신과 세상을 비관하기도 합니다. 취업난 속의 청년은 자신의 신세를 한탄하며 우울증에 빠지고, 전쟁을 겪은 이는 외상 후 스트레스장애에 시달리며 여전히 지속되는 전쟁의 참상 속에서 고통받습니다.

　그런데도 심리적인 문제는 정말 내가 마음먹기 나름인 걸까요? 생각만 바꾸면 문제는 더 이상 문제로 존재하지 않게 될까요? 글쎄요. 전쟁의 후유증으로 고통받는 군인에게 마음을 더 강하게 먹으라고 충고한다면 무슨 효과가 있을까요. 취업난으로 연애와 결혼, 출산을 포기한 젊은이들에게 '네가 더 노력하면 반드시 성공할 수 있어!'라고 말하는 것이 무슨 의미가 있을까요. 학교폭력 피해자에게 '네가 마음을 굳건히 다잡고 견디면 괜찮아질 거야' 하고 조언한다면 부조리한 현실의 무엇을 바꿀 수 있을까요.

어떻게 보면 '세상 모든 일은 마음먹기에 달렸다'라는 식의 조언은, 개인으로 하여금 사회구조적 문제를 부인하고 무력한 현재를 받아들이게끔 하는 수단이 될 수 있다고 봅니다. 그래서 '마음수련', '심리적 성장', '힐링' 열풍 속에서, 사회의 문제조차 자신의 개인적인 문제로 떠안으며 스스로를 질책하지는 않았으면 합니다. 우리가 겪는 고통은, 나 자신의 문제 때문이 아닐 수도 있어요. 비유를 하자면 엄동설한에 난방도 안 되고, 창문조차 망가진 곳에서 추위에 떨 수밖에 없는데, 추위를 느끼는 것이 본인 탓일까요. 망가진 집을 고칠 생각은 하지 않고 추위를 느끼지 않도록 끊임없이 제자리 뛰기를 하라고 조언한다면 이 얼마나 웃기는 노릇입니까.

우리가 심리서를 읽으며 상담 이론을 공부하고, 자신을 변화시키는 방법을 익히는 까닭은 사회의 현실적인 문제들을 부인하기 위함이 아닙니다. 나 자신에게 문제가 있다고 보고 자책과 우울에 빠지기보다는 망가진 집을 보수할 수 있는 힘을 얻기 위해서입니다. 그러자면 내 에너지를 알게 모르게 갉아먹고 있는 고질적인 패턴, 자기 패배적인 습관부터 알아차리면 도움이 될 것입니다.

긍정성은 고통을 마주할 때
생겨나는 것

"생각을 바꿔봐. 좀 더 낙관적으로!"

"쓸데없는 걱정은 말고, 긍정적으로 생각해!"

마음의 욱신거림에 시달리는 이에게 긍정적으로 생각하라는 말처럼 도움이 안 되는 조언도 없을 겁니다. 적어도 상담자인 제 입장에서 볼 때는 그렇습니다. 누군가가 힘들다고 하소연하면, 많은 이들은 속으로 이렇게 생각하곤 합니다.

'긍정적으로 바라보면 좋을 텐데 왜 저렇게 예민하지? 최대한 긍정적으로 생각하는 훈련을 하면 좋을 텐데.'

좋은 의도로 그런 조언을 해준다 해도 당사자에겐 사실 별다른 도움이 되지 못합니다. 한때 긍정심리학이 유행하면서 『학습된 낙관주의_Learned Optimism_』같은 책이 크게 인기를 얻기도 했습니다. 스스로를 지독한 비관주의자라 칭하기도 했던 심리학자 마틴 셀리그만(Martin Seligman)이 낙관주의는 훈련될 수 있다고 주장했지요. 긍정심리학은 인간 마음의 '문제', '병리'를 연구하는 데 치중되었던 심리학계에 새로운 관점을 제시했습니다. 우리가 생각하는 방식은 우리가 삶을 살아가는 데 영향을 끼치며, 행복한 삶을 살아가는 이들은 그럴 수밖에 없는 특정한 낙관주의적 사고방식을 갖고 있다고 말입니다. 이들의 이런 사고방식은 삶을 비관하며 고통에 빠진 이들에게 행복하게 사는 법을 가르쳐주고 희망을 줄 수 있다고 했습니다.

저는 기본적으로 삶을 사랑하기에 세상과 타인을 긍정적으로 바라보는 편입니다. 이유가 있어서 이 세상에 태어났다고 생각하고 삶의 의미와 가치를 찾아 하루하루 살아 있음에 감사하는 마음을 가지곤 합니다. 긍정심리학을 좋아하고, 정신건강의학과 병동의 임상심리사로 일할 때 긍정심리학 이론에 기반한 집단상담과 심리상담을 진행하기도 했습니다. 지도교수님과 병원생활을 지도해주신 슈퍼바이저는 긍정심리학을 연구한 분들이었지요. 이렇듯 저는 긍정심리학의 팬이지만 한편으로는 우려하는 마음도 있습니다. 긍정심리학을 오해하는 시선들 때문입니다.

긍정심리학은 무조건 '긍정적으로 생각하자'는 주장을 하지 않습니다. 사랑하는 사람을 상실해 우울감에 젖어 있는 이에게 긍정적인 생각을 주입하려고 하지 않거든요. 오히려 상대와 함께

했던 추억을 기리며 슬픔을 충분히 경험하고 애도할 수 있도록 독려합니다. 이처럼 긍정적이라는 것은 삶의 고통을 있는 그대로 마주할 수 있는 지점에서 시작된다고 생각합니다.

나 자신에게 던져야 할 질문

인간의 삶은 행복과 기쁨도 있지만 그보다는 고통으로 가득한 것이 사실입니다. 우리는 이 세상에 태어난 순간부터 고통에 시달리지요. 안전하고 아늑하던 엄마의 배 속을 떠나 세상으로 나올 때, 분리의 고통을 겪습니다. 산부인과 병원의 눈부신 조명 아래 출산이라는 외상을 견뎌내기 위한 고통스러운 울부짖음 속에서 탄생하는 순간부터 우리는 이 불안한 세상에 홀로 던져집니다. 온전한 한 걸음을 걷기까지 수도 없이 넘어지면서 신생아에서 유아로, 어린이로, 청소년으로, 어른으로 성장합니다. 그런 과정에서 넘어지고 다치고, 병에 걸리고 시험에서 떨어지고, 친구들에게 소외당하고 연인에게 차이고, 가까운 사람의 죽음을 경험하거나 사랑하는 사람을 먼저 떠나보내기도 하지요. 그리고 늙어가면서 한 걸음 한 걸음 죽음으로 향한 길로 걸어가게 됩니다. 이것이 인간의 삶입니다.

　진정한 긍정성은, 이러한 인간 실존의 고통을 바라보고 받아들이는 데서 시작된다고 생각합니다. 이 세상에 존재하는 고통, 수

많은 비관적인 상황들을 외면하는 것은 진정한 긍정성이 아니라고 봅니다. 그것은 '부정'과 '회피'라는 미숙한 방어기제에 해당되겠지요. 전쟁의 참상 속에서 죽어가는 아이들을 보며 '더 많은 아이들이 죽지는 않아서 다행이다'라고 생각하는 게 아니라 '고통스러운 것이 현실이지만, 무엇이든 더 나아지기 위해 내가 할 수 있는 걸 찾아보자'라고 생각하는 것이 긍정성일 테지요.

긍정적으로 살아간다는 것은 현실을 부정하거나 또는 마주해야 할 삶의 과제를 회피하는 것과는 다릅니다. 내가 변화시킬 수 없는 것은 받아들이되, 변화시킬 수 있는 것에 대해서는 마주하고 용기 내는 것, 그것이 진정한 긍정성이 아닐까 생각합니다.

원대한 꿈으로 세상의 빈곤을 해결하고 약자에게 가해지는 차별을 없애고 인류의 평화에 이바지하는 것, 당신은 그것을 원할수도 있습니다. 저 또한 그랬습니다. 그런데 그 막연하고 창대한꿈을 향해간다 하더라도, 지금 내가 이 자리에서 가장 잘할 수 있는 것은 내가 내 삶의 주인이 되는 것입니다. 내가 내 삶부터 구하는 것, 나를 내 삶으로부터 소외시키던 '자동항해모드'를 해제하고 내 인생의 방향키를 스스로 설정하는 것, 자신이 원하는 가치를 향해 오늘 하루를 살아가는 것, 그런 삶을 살기 위해 지금 무엇을 당장 할 수 있을까를 고민하는 것, 아마 그것이 가장 현실적이면서도 긍정적인 방식이 아닐까 생각합니다.

이러한 과정은 지금의 나 자신을 제대로 바라보고 마주하는 데서 시작합니다. 스스로에게 다시 질문해보면 어떨까요.

"나는 지금 어떻게 살고 있는가?"

"나는 내가 원하는 가치에 따라 살고 있는가?"

"그래서, 내 삶을 나의 의지로 결정하고 있는가?"

"내 삶에서 내가 변화시킬 수 있는 것은 무엇인가?

상담실을 찾는 사람들의 공통점

요즘은 상담실 문턱이 많이 낮아졌습니다. 하지만 '마음이 많이 아픈 사람만 심리상담을 받는다'고 생각하는 분들이 여전히 많이 있는 듯합니다. 심리상담을 받는다는 사실을 친구는 물론이고 연인이나 부모와 같이 가까운 이에게조차 말하지 못하는 경우가 흔하니, 아직까지도 심리상담에 대한 오해가 얼마나 깊은지 알 수 있습니다.

저는 대학병원과 정신건강의학과 의원, 프랜차이즈 상담센터, 민간 상담센터 등에서 오랜 시간 상담자로 일하면서 신기한 점을 관찰했습니다. 심리상담을 받으려는 분들에게서 보이는 공통점이 있는데, 정리해보면 다음과 같습니다.

1) 부부문제, 가족문제의 경우 더 건강하고 힘 있는 사람이 상담실을 찾는다.

2) 자신의 마음을 들여다볼 수 있는 내성(introspection) 능력이 있다.

3) 자신의 마음을 타인에게 털어놓을 수 있는 개방성을 가지고 있다.

4) 언어나 미술 등의 매체를 통해 자기 마음을 표현할 수 있다.

5) 특정한 대상을 신뢰하고 의지할 수 있는 능력이 있다.

6) 전문가를 찾는 능력, 또한 전문가에게 특정한 문제에 대해 도움을
받을 수 있는 능력이 있다.

7) 아동상담의 경우 아동을 주 대상으로 상담하지만, 알고 보면 부모
의 문제가 더 근본적인 원인인 경우가 많다.

고통 세포가 살아 있다는 증거

부부나 가족 간 갈등을 들여다보면 사실 한 사람만의 문제가 아
닐 수 있습니다. 그러나 특히 부부문제는 남편은 문제의식이 없
어서 아내만 상담실을 찾아오는 경우가 흔한 편입니다. '상담 받
지 않으면 이혼할 거다'라고 아내가 으름장을 놓아야만 '무슨 문
제가 있는지는 모르겠지만 한번 가보자' 하면서 이끌려오는 남편
들이 꽤 있지요. 어린아이나 청소년, 젊은 성인의 경우도 본인이
상담을 받으러 오지만, 진짜 심리적인 문제가 있는 사람은 그 부
모나 가족인 경우 또한 많습니다.

다시 말해 정작 상담이 필요한 사람은 본인에게 문제가 있음을
잘 모르고 있다는 겁니다. 마음의 문제가 정말 심각한 분들은 오
히려 전문가에게 도움을 잘 구하지 않습니다. 자신의 상태가 어

떠한지 알아차리지 못할 뿐 아니라, 자신으로 인해 곁에 있는 누군가가 고통받고 있음을 섬세하게 눈치채지 못하는 것이지요. 그 뿐 아니라 누군가를 믿고 의지하고, 자신의 마음을 열고 나누는 신뢰의 과정도 더 어려워합니다.

상담실 문을 스스로 두드린다는 것은, 자기 안의 '고통 세포'와 타인을 향한 '안테나'가 살아 있다는 증거입니다. 뭔가가 잘못되어가고 있음을 인지하고 있기에, 그리고 타인을 탓하기보다는 자기 안에서 책임을 발견하기 때문에 나 자신부터 들여다보고자 하는 것이지요. 변화의 열쇠를 스스로가 쥐고 있음을 알고 있는 것입니다. 이것이 심리상담을 받고자 하는 분들이 가진 능력입니다. 많이 고통스럽다고 해도 마음의 통각을 느낄 수 있기에 조치도 취할 수 있는 겁니다.

상담실에서 어떤 일이 일어날까요? 마음의 병이 있기 때문에 그 병을 치유한다? 글쎄요. 병원 수술실은 병이 있는 당사자, 즉 환자가 그곳에 들어갑니다. 하지만 상담실은 그렇지 않습니다. 오히려 가족과 사회가 가진 아픔을 치유할 수 있는 힘을 가진 이가, 고통스러운 결과를 가져오는 삶의 패턴을 어렴풋이 알아차린 이가, 변화를 위한 힘을 기르기 위해 트레이닝을 받는 과정에 임한다고 표현하는 것이 적절하겠습니다.

심리상담은 '헬스 트레이닝'에 비유할 수 있습니다. 우리가 꼭 몸이 아파야만 운동을 하는 것은 아니잖아요. 몸이 아프면 오히려 운동을 할 수 없지요. 건강한 사람이 더 건강해지기 위해, 근육을 키우기 위해, 날렵한 몸을 되찾기 위해 트레이너를 찾습니다. 심리상담 또한 마찬가지입니다. 여전히 건강한 이가, 더 건강한 마음을 갖기 위해 전문가의 도움을 구할 때가 많습니다.

무조건 빨리 잊어버리는 게 상책일까

상담실을 찾는 이들은 고통스러운 기억을 털어놓고 나누는 데 망설임이 없는 편입니다. 아픔을 기억할 수 있는 것도, 그 아픔을 이야기하고 나눌 수 있는 것도 능력이라 할 수 있지요. 하지만 한편으로는 고통스러운 기억을 이야기하는 것에 큰 어려움을 느끼는 분들도 꽤 있습니다. 강박증상이나 이유를 알 수 없는 극심한 우울감, 혹은 심리적 외상으로 인한 과민함에 시달리는 분들 가운데 그런 경우가 많은데요. 상처가 깊고 크게 곪아 있을수록 건드리기만 해도 아프기 때문일 것입니다. 아프면 아플수록 우리의 방어기제는 더욱더 단단해집니다. 저 무의식 깊은 곳으로 기억을 묻어버리는 '억압'이 가장 대표적인 방어기제입니다. 아픈 기억을 빨리 잊어버리고 싶고 혹은 기억조차 하지 못하도록 의식에서 없애버리고 싶은 게 당연할 겁니다.

하지만 복병은 다른 곳에 있습니다. 어떤 일이 일어났는지 상세한 스토리는 잊을 수 있겠지만, 우리의 몸에는 흔적이 남아 있다는 얘기입니다. 몸의 기억과 감정의 기억은 흔적을 남깁니다.

그래서 여전히 우리에게 영향을 미칩니다. 그러면 스스로 이유도 모른 채 무언가를 반복하게 됩니다. 어린 시절 남성에게 학대받은 여성은, 기억은 잊었을지 몰라도 비슷한 분위기를 풍기는 남성 앞에서 본능적인 두려움을 느끼고 움츠러듭니다. 친구들에게 따돌림을 당했던 경험은 여전히 사람들의 시선에 노심초사하는 현실로 나타납니다. 부모의 학대와 방임이 지속되었던 유아기의 경험은, 사람들을 믿지 못하고 두려워하는 현재로 이어집니다.

이렇듯 고통스러운 기억은 묻어두고 덮어버리는 것만으로는 해결되지 않습니다. 기억나지 않는 기억은, 오히려 통제가 불가능한 까닭에 언제든 우리를 위협할 수 있는 지뢰가 되어 떠다닙니다.

기억하지 못하는 기억에 대해서도 이러한데, 여전히 남아 있는 아픈 기억의 경우라면 어떨까요. 그리 좋지 않은 기억이 생생하게 남아 있다면 사람들은 그것 또한 잊고 싶어 합니다. 그 싫은 기억이 떠오를 때면 '이런 생각은 하지 말아야지!' 하고 스스로를 꾸짖기도 하지요. 누구에게나 상처는 쓰라리고 아프기에 잊어버리려는 노력, 생각을 안 하려는 노력은 상처를 부단히 밀어내고자 하는 시도라 할 수 있습니다.

하지만 심리학자들은 기억과 생각에 대해 연구하면서 신기한 현상을 발견해냈습니다. 어떤 생각을 하지 않으려는 시도가 그 생각을 더욱 불러일으키는 역설적인 효과를 가져온다는 것인데요. 아픈 기억에 대해서도 마찬가지입니다. '좋지도 않은 일, 이제는 그만 생각하고 잊어버려야지.' 이렇게 애를 써도, 원하지 않던 생각은 더욱더 망령처럼 따라다닙니다. 상처를 밀어내려고 했건만, 오히려 치유될 기회를 잃은 채 곪아갑니다.

아무리 상처가 아문 척 노력해봐도

제가 자살한 친구에 대한 생각을 떨쳐버리지 못하고 고통스러워할 때, 주변의 많은 어른들은 이제는 그만 잊을 때도 되지 않았느냐고 말했습니다. 저 또한 잊으려고 노력했지만 잘 안 됐습니다. 그런데 방황 끝에 만나게 된 제 상담자는 다른 어른들과 달랐습니다. 그 생각을 그대로 할 수 있도록 허용해주었지요. 기억이 나는 대로, 생각이 떠오르는 대로 마음껏 이야기할 수 있었고, 그에 따른 감정도 충분히 느낄 수 있었습니다. 기억을 떠올리고 이야기를 하며 무수한 반복을 거치자 그 아픈 기억을 말하는 것이 좀 더 편안해지기 시작했습니다. 떠올리기만 해도 가슴이 찢어지는 것 같고, 심장이 조여들어가는 듯했던 고통이 조금씩 줄어들기 시작한 것입니다.

이후로 저는 그 이야기를 제 삶의 한 주제로 가져왔습니다.

'그 친구가 자살할 수밖에 없었던 이유는 무엇인가?'

그에 대한 답을 찾으며 '성취와 경쟁'을 강조하는 한국의 교육 제도에 관심을 갖기 시작했습니다. 그러면서 자연스레 교육 잡지를 만드는 출판사에 드나들게 되었고, 출판인들과 친해졌습니다. 그러던 어느 날 가지고 다니던 일기장을 우연히 편집장님께 들켰습니다. 부끄럽고 창피해서 얼굴이 빨개졌지만, 편집장님은 "이렇게 글을 잘 쓰는 십 대가 있다니!" 하고 연신 감탄하며 교육 잡지에 실을 글을 써달라고 했습니다. '교육제도에 대한 십 대의 생각, 청소년이 들려주는 한국의 생생한 교육현실, 고등학생이 말하는 교실 이야기' 같은 글들이었습니다. 십 대의 생각에 관심을 가지는 어른들이 있었고, '교육이란 무엇이고 어떠해야 하는가'에 대한 진지한 고민을 함께 해주는 독자들이 있었습니다. 그래서 그때는 행복한 시절로 기억에 남아 있습니다. 가장 열정적으로 글을 쓰고 혼을 불태워 나의 아픔을 이야기로 풀어낸 시기였기 때문입니다.

저는 제 인생의 주제로 같은 이야기를 반복해왔습니다, 아니, 지금도 반복하고 있습니다. 이제는 상담실에서, 자살하고 싶어 하는 이들을 살리는 일을 하고 있습니다. 삶의 유한성을 넘어서서 삶의 가치를 찾을 수 있도록, 스스로 의미를 발견할 수 있도록 돕고 있지요. 또한 치유적인 글쓰기를 통해 세상과 사회, 나 자신이 더 나아지도록, 우리가 생각하고 이야기해야 할 화두를 던지곤 합니다.

저는 아픈 기억을 잊지 않았습니다. 잊으려고 하지도 않습니다. 오히려 기억나면 기억나는 대로 내버려둡니다. 상담실에서 일어나는 일은 그와 같습니다. 고통스러운 기억을 천천히 소화시키며,

함께 의미를 발견하고자 하는 것입니다.

　고통스러운 과거의 상처, 트라우마에서 벗어나고 싶나요? 자연스럽게 떠오르는 기억과 생각을 떨치려 애쓰지 않아도 괜찮습니다. 나를 끊임없이 쫓아다니는 힘든 감정이 있다면, 소화되지 않은 기억과 생각들이 어떤 신호를 보내고 있는 것입니다. 그 기억과 생각들 속에, 당신의 삶을 위한 중요한 단서가 들어 있을 가능성이 높습니다. 하지만 그 기억과 생각이 너무나 위협적이라면, 예컨대 끔찍한 사고나 감당하지 못할 외상에 관한 것이라면, 전문가의 도움을 받는 것이 좋겠습니다. 혼자서 소화해내기엔 감당하기 어렵고 버거운 기억과 생각이라면 말입니다.

시간과 끈기력, 인내가
필요한 일

"반복되는 패턴에서 벗어나려면 어떻게 해야 하나요?"

"어떡해야 자존감을 높일 수 있지요?"

"헤어진 남자친구를 빨리 잊을 수 있는 방법을 알려주세요!"

상담실을 찾아와 단번에 해결책을 알려달라고 하는 분들을 자주 봅니다. 마음의 문제가 마치 마법 같은 해답을 알면 바로 해결될 것이라는 기대를 가지고 있는 것이지요. 그런 기대를 품은 분들 앞에서 저 또한 속 시원한 해결책을 당장 알려주고픈 조급한 마음을 느끼기도 합니다. 실제로 상담자의 눈에는 분석을 통해 문제의 원인과 해결 방향이 보이기도 하고, 당장 무엇을 하면 좋을지도 보이기 때문입니다.

하지만 상담자들은 성급하게 해결책을 알려주지 않기 위해, 재빠른 분석과 해석을 하지 않기 위해 훈련을 받습니다. 보이는 게 있어도, 답을 알아도, 내담자의 속도보다 앞서가지 않도록 주의하는 것입니다. 대신 상담자들은 내담자가 스스로 깨달을 수 있도록, 자기의 언어로 자신만의 답을 정리해갈 수 있도록 도움 되는 질문을 던집니다. 가장 좋은 해답은 자기 안에 있기 때문에, 그 길을 터주는 역할을 하는 것입니다.

조급한 마음 내려놓기

왜 눈에 보이는데 즉각적으로 방법을 알려주지 않느냐고요? '스스로 답을 찾을 수 있도록' 기다려주는 이유가 뭐냐고요? 바쁜 현대인들에게 시간당 상담비를 받으면서요? 물론 상담자는 조언을 하거나 방향을 제시하는 일도 하긴 합니다. 시간이나 경제적 상황 등 현실적인 한계에 따라 단시간 코칭이나 컨설팅을 하는 경우도 있고요. 하지만 상담자가 단번에 알려주는 해결책은 큰 도움이 안 될 때가 참 많습니다. 해결책을 재빨리 알려주어도 내담자는 그때만 고개를 끄덕일 뿐, 당장 현실에 적용하는 경우가 드뭅니다.

우리는 습관대로 살아가는 존재고, 이 습관은 몸에 깃든 기억에 따라 자리 잡습니다. 너무나 자동적으로, 무의식적으로, 저절로 이뤄지는 과정인 것이지요. 누군가에게 해결책을 들으면 그때는 일시적으로 속이 시원한 것 같지만, 문제 해결과 직결되는 몸의 습관으로 이어지기는 무척 어렵습니다. 결국 우리는 오래된 습관을 여전히 반복합니다. 삶의 패턴이 잘 바뀌지 않다 보니 어느덧 '자동항해모드'가 다시 내 삶을 통제해버리곤 합니다.

마음의 문제가 해결되고 새로운 습관을 만드는 일은 뇌의 관점에서는 새로운 신경망이 구성되는 것과 같습니다. 마음은 기계가 아니기 때문에 기계적인 해결책과 매뉴얼에 따른 해결책을 머리로 이해한다고 해서 쉽게 바뀌지 않습니다. '자전거 타는 법'을 책으로 읽었다고 당장 자전거를 탈 수 없는 것과 마찬가지입니다. 변화의 과정 또한 자전거 타기, 테니스 치기를 배우는 것과 같은 학습의 과정이기 때문이지요. 새로운 근육을 만들려면 어떻게 해야 하나요? 꾸준한 운동을 반복해야 합니다. 운동을 어떻게 하는지 책을 보고 이해하는 차원을 넘어, 직접적인 체험이 지속되어야 합니다. 마음 또한 그렇습니다. 머릿속에서 해결책을 아는 것을 넘어서서, 변화의 과정이 현실적인 적용과 경험으로 녹아드는 것이 중요합니다.

따라서 상담자는 내담자가 해답을 찾는 과정을 스스로 해냄으로써 자신의 것으로 만들 수 있도록, 새로운 습관을 온전한 자신의 것으로 가져갈 수 있도록 독려합니다. 그런 이유로 시간이 필요하고, 끈기력이 필요하며, 그 과정을 기다릴 수 있는 인내도 필요합니다.

어찌 보면 제가 이 책을 통해 독자들에게 '해결책'을 주려는 것처럼 보일지도 모르겠습니다. 상담실을 방문할 수 없는 분들을 위해서 심리학적인 원리를 통해 자신을 변화시킬 수 있는 방법들을 안내했기 때문입니다. 하지만 해결책보다 더 중요한 것은 나 자신을 알아차리고 내가 반복하고 있는 게 무엇인지를 깨닫는 일입니다. '자동항해모드'로 살아가고 있음을 인지하고 목적지를 재설정하는 일, 내가 중요하게 생각하는 가치를 발견하는 일이라 할 수 있지요.

이 과정에서 결함이 있고 부족해 보이는 나를 받아들이는 것이 그 시작입니다. 변화를 위한 적극적인 연습은 그 이후에 시도해도 괜찮습니다. 나 자신을 온전히 바라보고 반복되는 패턴을 알아차리기만 해도, 변화와 성장을 향한 큰 한 걸음을 뗀 것이기 때문입니다. 그래서 조급한 마음을 내려놓으셨으면 합니다. 시간이 걸리는 게 당연하니까요.

후천적인 경험으로
나는 달라질 수 있다

중요한 욕구가 충족되지 않은 아이의 마음에는 밑그림이 새겨집니다. 생애 초기에 새겨진 밑그림은 크게 달라지지 않은 채, 다른 장으로 넘어가서도 유사한 흔적을 새기곤 합니다. 하지만 비슷한 경험은 누구에게나 같은 마음의 흔적으로 남을까요? 그것은 의문입니다. 사랑받고 싶은 욕구가 충족되지 않았다고 해서, 누구나 소심한 사람이 되는 게 아니니 말입니다. 어린 시절 충분히 사랑받지 못했기 때문에 오히려 더 외향적이고 매력적인 사람으로 성장해 주변 모든 사람의 주목을 끄는 경우도 있습니다.

같은 맥락에서 다음과 같은 의문을 가져볼 수 있겠습니다.

"쌍둥이는 같은 환경에서 자랐는데 어떻게 성격이 다르지?"

"고달픈 환경 속에서도 훌륭하게 성장하는 사람에겐 무엇이 있는가?"

"좋은 부모 밑에서 그다지 큰 굴곡 없이 자랐어도 심각한 심리적 문제에 시달리는 사람은 어째서 그런 걸까?"

아무래도 타고난 기질, 선천적인 경향성이 존재하기 때문일 것입니다. 돌이 안 된 아기들도 저마다 모습이 다 다릅니다. 낯가림이 많고 조심스러운 아기도 있고, 활동적이고 순한 기질의 아기도 있습니다. 까다로우면서도 활달한 아기, 순하면서도 안정적인 아기도 있고요. 이렇게 타고난 기질은 성장 과정의 경험과 어우러지며 아기를 둘러싼 환경을 조정하기도 하고, 이 모든 것은 결국 성격 형성으로 이어집니다. 사교적이고 활발한 아이들은 어른들의 사랑과 관심을 더 많이 끌어내며, 까다롭고 예민한 아이들은 어른들의 불편한 시선이나 양육자의 짜증을 유발하기도 합니다. 기질에 따라 키우는 이의 반응, 세상의 반응도 달라지는 것입니다.

민감한 기질을 타고났지만

이런 이야기를 하면 사람들은 의아해하지만, 저는 기질적으로 민감한 아기로 태어났습니다. 갓 태어났을 때는 2.5킬로그램으로 작고 가냘픈 아기였다고 합니다. 그래서일까요, 아무래도 생존을 위한 촉이 발달했던 것 같습니다. 낯가림도 강한 편이고 낯선 환경을 좋아하지 않았는데요. 외국에 유학 가 있던 외삼촌을 처음 만난 날, 낯을 가리느라 소파 뒤에 숨어서 나오지 않았던 기억의 편린들이 아직도 남아 있으니 말이지요. 피아노 학원에 다닐 때는 선생님이 말을 걸어도 "네", "아니요", "몰라요" 외에는 아무 말도 하지 않아, 별명이 '몰라요'일 때도 있었습니다. 낯가림 많고 소심한 아이, 그게 제 유아기의 모습입니다. 그런데 그 기억들은 조금씩 바뀌기 시작합니다. 초등학교 시절에는 내내 임원을 하며 학예회 때마다 연주회 주자로 나서고, 학교 대표로 큰 대회에 나가고, 학교 행사의 사회를 보기도 했습니다. 중학교 시절에도 사람들 앞에 서거나 리드하는 역할을 자주 맡았고 고교 시절에도 교육 개혁에 앞장서는 십 대였으니, 극히 민감하고 소심했던 유아기를 생각해보면 무슨 변화가 있었던 건지 신기하기만 합니다.

지금 제 모습 또한 대강당에서 대중 강연을 하는 것이 익숙하고, 많은 시청자가 보는 TV 프로그램에 얼굴을 비추기도 하니, 유아기의 모습과는 사뭇 달라진 것이 사실입니다. 하지만 저는 여전히 민감한 제 모습을 알고 있습니다. 감각이 예민해서 남들보다 냄새도 잘 맡고, 밝은 빛에 눈이 금세 피로해집니다. 사람들의 감정이 민감하게 느껴지기에 곁에 누가 있는지에 따라 크게 영향을 받으며, 사람들이 많은 곳에 있으면 금방 기력이 소진됩니다. 사람과 함께하는 걸 무척 좋아합니다만 남들보다 자극을 더 강하게 느끼기에, 때로 캄캄한 곳에서 모든 자극을 차단하고 눈을 감은 채 쉬고 싶은 마음이 간절해질 때가 있습니다. 쉬는 날이면 집에서 사랑하는 가족들과 조용히 휴식을 취하는 걸 좋아합니다. 새로운 것보다는 익숙한 상황을 선호하지요.

민감한 기질은 여전히 내 안에 존재합니다. 하지만 저는 남들 눈에는 '본래부터 외향적이고 에너지 넘치는 데다 털털하고 낯선 환경이 편안한 사람'으로 보인다고 합니다. 그건 아마도 제가 타고난 기질을 넘어설 수 있는 수많은 '경험'을 거쳐왔기 때문일 것입니다. 민감한 딸아이를 키우느라 힘들었던 어머니는 제게 늘 이렇게 말씀하시곤 했습니다.

"너랑 똑같은 딸 낳아서 꼭 이 엄마 마음을 느껴봐라!"

엄마라는 이름으로 감당해야 할 극한 육아

어머니의 주문이 통했는지, 저는 정말 저랑 똑같은 딸을 낳았습니다. 제 딸은 4개월부터 심한 낯가림을 보였고, 작은 변화도 민감하게 알아채며 싫어했습니다. 외할머니가 업었는데도 모르는 사람이 납치했나 싶을 정도로 울어대 어디에 맡기기도 수월치 않았지요. 가족 모임에 가면 할아버지 할머니, 이모가 자기를 쳐다본다고 울었으니 같은 테이블에 앉지도 못했습니다. 다른 아기들은 생후 8개월이면 통잠을 자 엄마 아빠를 쉽게 해준다는데, 우리 딸은 생후 2년까지도 밤새도록 수차례 잠에서 깨어나 울곤 했습니다.

태어나 존재하는 것 자체가 고통스러워 보이는 아기, 말로 표현할 수 없는 불분명한 실존의 고통을 처절한 울음으로 표현하는 아기. 어린 딸을 돌보느라 밤새 잠을 못 잔 날, 24시간 이상을 뜬 눈으로 지새운 날 '이러다가 미칠 것 같다'는 생각이 들기도 했습니다. 민감한 아기는 피곤함과 연민, 죄책감에 휩싸여 우울해진 엄마의 상태를 금세 알아차립니다. 자신에게 친절하지 못한 마음을 느낀 아기는 또다시 상처받고 울음을 터뜨리지요.

아기를 홀로 키우는 많은 이들이 이런 악순환 속에서 살아가고 있습니다. 배우자의 공감과 지지가 없는 상황이라면, 믿을 수 있는 누군가에게 기댈 수 없는 상황이라면, 더욱이 경제적, 시간적 여유가 없어 잠깐의 숨 돌릴 틈도 없는 상황이라면, 지옥과 다름없는 생활을 하고 있을 수도 있지요.

아기가 사랑스러우니 힘든 것보다 좋은 게 많아서 괜찮다고요? 옛날 어머니들은 산후조리도 못 하고 혼자서 다 키워냈는데, 이 정도쯤은 해내는 게 당연하다고요? 흠…… 글쎄요. 저는 드라마, 다큐멘터리, 칼럼, 책 등 여러 매체들이 우리들에게 은근히 주입하는 모성신화를 다시 돌아보았으면 합니다. 저는 이 책을 통해 이전의 많은 심리서들이 그러했던 것처럼 '결국 모든 건 민감하지 못했던 엄마 탓이다', ' 부모가 양육을 잘해야 한다'는 이야기를 하고 싶지는 않아요. '엄마'라는 이름으로 주 양육자가 될 수밖에 없는 여성들이, 어떻게 그런 상황에 처하게 되었는지를 따뜻하게 공감하는 이야기를 하고 싶습니다.

저는 이 책에서 우리가 가진 아픔의 기원을 어린 시절에서 찾을 수 있음을 이야기하지만, 우리가 '엄마의 미숙한 양육'을 지적하고 '과거'의 희생양이 되었음을 강조하는 이야기는 하고 싶지 않습니다. 오히려 저는 지금 여기 '현재'에 대한 이야기, 내가 내 인생에서 가지고 있는 선택과 책임에 대한 이야기를 하고 싶습니다.

엄마 탓이 아닙니다

가족들의 도움 없이 온전히 저 혼자 딸을 키웠더라면 어떠했을지 앞이 깜깜합니다. 엄마가 임상심리학자니까 아이를 더 잘 키워야 할 것 같은데, 좋은 엄마가 되고 싶어서 상담자가 되었는데……. 자신에 대한 최소한의 기대가 무너지는 모습을 바라봐야만 했을 것 같습니다. 아니요, 어쩌면 그런 기대는 이미 무너졌는지도 모르겠습니다. 나 자신이 얼마나 부족한지, 좋은 엄마가 된다는 것이 얼마나 어려운 일인지 깨달으면서 말입니다.

저는 제가 어떤 면에서 약한지 받아들이면서 현실적인 한계 안에서 주변에 도움을 청했습니다. 혼자 할 수 있는 것과 할 수 없는 것을 구분했고, 아이를 키우느라 '정신이 나갈 것 같은' 상황까지 가지 않도록 스스로를 돌보는 일부터 잊지 않기로 했습니다. 그래서 우리 딸의 양육자는 엄마인 나, 남편, 시어머니, 친정어머니 이렇게 네 명입니다. 시어머니는 특히 큰 역할을 하시느라 저절로 체중 감량이 되셨습니다. 죄송하고 감사한 일입니다.

그렇게 여러 양육자의 사랑을 두루 받고 자란 딸이 이제는 지나가는 아이들과 어른들에게 먼저 인사를 합니다. 누가 묻지 않아도 자기소개를 하고, 놀이터에서 놀던 아이들과 금세 친해져 함께 뛰놀고 있습니다. 가족 모임을 하는 날엔 꼭 앞에 나서서 춤을 추고 노래를 하니 온 가족이 신기해합니다. 그래서 저도 "우리 딸, 정말 많이 변했다. (순해져서) 고맙다" 노래를 부릅니다. 후천적인 경험이 극히 민감한 기질을 넘어선 것입니다.

기질은 타고나는 것이지만, 우리는 무엇을 경험하느냐에 따라 달라지는 존재입니다. 그 경험은 어린 시절에는 그저 주어지는 듯이 보였습니다. 하지만 성인이 된 당신은 다른 관점을 선택할 수 있습니다. 자신이 경험을 선택할 수 있다는 사실을 알게 되면서 말입니다.

우리는 어린 시절의 마음속에 무늬처럼 자리 잡은 밑그림에 따라 계속 같은 그림을 그리면서 벗어나지 못함을 한탄하곤 합니다. 하지만 그 마음의 무늬를 좀 더 연하게 지워나갈 수 있음을, 혹은 다른 그림을 그릴 수 있음을 깨달았으면 합니다. 그 시작은 반복되는 드라마를 알아차리는 데 있습니다.

반복되는 삶의 원형,
마음에 새겨진 무늬

우리는 인간이기 때문에 자연스럽게 가지고 있는 마음이 있습니다. 심리학자들은 '인간의 핵심적인 정서적 욕구'라고도 말하는데요, 세상과 교류하며 이 같은 욕구를 적절히 충족시킬 수 있는 사람이 심리적으로 건강하다고 합니다.

인간이기에 타고나는 자연스러운 욕구들을 정리해보면 다음과 같습니다.

- 사랑받고 싶은 마음, 연결되고 싶은 마음 – 연대, 친밀감
- 내가 스스로 할 수 있음을 알아차리는 마음 – 자율, 유능
- 진짜 괜찮은 어른이 되고 싶은 마음 – **자기통제**

- '나 이대로 괜찮아, 충분해'를 알아차리는 마음 – 자기존중
- 내 감정과 생각, 원하는 것을 표현하고픈 마음 – 자기표현
- 안전한 곳에서 편안하고 싶은 마음 – 안전

인간이라면 누구나 이런 마음이 있고, 이 같은 욕구가 충분히 채워질 때 행복을 느낍니다. 욕구가 늘 충족된 상태일 수는 없기에, 우리는 욕구가 불을 지피는 목마름을 채우기 위한 특정한 행동을 하게 되지요. 타인과 연결되고 싶어서 친구를 만나고, 자기를 표현하기 위해 SNS를 합니다. 유능감과 자기존중을 향해 열심히 일하고 공부하며, 더 괜찮은 사람이 되고 싶은 마음에 심리서에 빠져들기도 합니다.

어린아이를 건강하게 키운다는 것은, 이런 욕구들을 충분히 충족시킬 수 있는 환경을 만들어준다는 얘기이기도 합니다. 우리가 행복하게 살아간다는 건 이와 같은 자연스러운 목마름이 삶 속에서 나름 괜찮게 해소되고 있음을 의미합니다.

그런데 성장 과정에서 이 핵심적인 욕구들이 충족되지 않으면 어떤 일이 벌어질까요? 예를 들어 안전하지 못한 곳에서 자라는 어린아이의 마음은 어떨까요? 부모님이 하루가 멀다 하고 싸우고, 부부싸움 때문에 누군가가 다치기도 하고, 부모님 중에 누군가는 가출을 해서 긴 공백이 생기기도 하는, 그런 세상에서 사는 아이의 마음은 어떨까요.

아마도 세상을 안전하게 느끼지 못할 것입니다. 언제 무슨 일

이 벌어질지 모르기 때문에 늘 긴장한 상태로, 위험에 대비한 경계태세가 항상 작동하는 채로 살아갈 가능성이 높습니다. 혹은 부모가 그랬듯 애정을 준 상대가 언제 자신을 떠날지 모르니, 누군가에게 버림받을까 봐 두려워 얼어붙은 채 살아갈 수도 있지요. 그래서 사람을 믿지 않으려 하고 마음을 열고 의지해도 되는 귀한 인연조차 밀어내버린다면 너무나 안타까운 일이겠지요.

이것이 우리가 삶 속에서 무언가를 반복하는 과정입니다. 이는 마음의 무늬로 자리 잡아, 어린 시절에 경험했던 것과 비슷한 상황을 자석처럼 끌어당깁니다. 어릴 적에 반복되었던 경험은 하얀 스케치북에 그리는 밑그림처럼 좀 더 강렬한 기억으로, 우리 몸의 기억으로, 감정의 기억으로 스며들기 때문입니다. 과거에 경험했던 드라마를 어른이 되어서도 되풀이해 상연하며, 우리는 어렴풋이 알아차립니다. 뭔가가 잘못되고 있음을 말이지요. 내 인생이 이대로 흘러가면 안 될 것 같은 두려움을…….

상처받은 정서적 욕구 들여다보기

그렇다면 대체 우리는 무슨 드라마를 반복하고 있을까요? 마음에 새겨진 자기만의 무늬는 우리가 반복하는 삶의 원형이 됩니다. 이 삶의 원형, 마음의 무늬는 핵심적인 정서적 욕구가 성장 과정에서 어떻게 좌절되느냐에 따라 다른 얼굴을 하고 나타납니다.

각각의 주제를 정리해보면 다음과 같습니다.

1. 사랑받고 싶은 마음이 무너졌을 때–연대, 친밀감

• 당신도 언젠가 날 떠나겠지
결국은 혼자 남겨질 거란 두려움에 가까운 사람에게 지나치게 매달리거나, 괜찮은 관계조차 먼저 끊어내는 행동을 합니다.

• 저 사람이 날 속이는 게 아닐까?
남에게 이용당한다는 생각을 떨치지 못하고 타인을 신뢰하는 데 어려움을 겪습니다. 따라서 누군가와 친밀해지는 것, 괜찮은 관계를 유지하는 것이 어렵습니다.

• 날 이해해줄 사람은 세상에 없어
다른 사람이 자신에게 따뜻하게 관심을 가지며 돌봐주고 공감해줄 거란 기대를 하지 않습니다. 늘 채워지지 않는 허전한 마음이 자리합니다.

• 내가 좀 한심한 인간이라……
자신이 결함 있는 존재라는 생각에 수치심과 열등감에 시달립니다. 자신의 진실한 모습을 드러내면 그 누구도 받아들여주지 않을 것이라 생각합니다.

• 역시 난 아웃사이더인가 봐

자기 자신을 남들과 유별나게 다르다고 여기고, 어딘가에 속하지 못한다고 느낍니다. 외로움과 소외감은 생생한 고통이기에 남들과 어울리고 싶을 때가 많지만, 아웃사이더라는 생각으로 괴로워하며 사람들을 피하곤 합니다.

2. 잘 해내고 싶은 마음이 부서졌을 때-자율, 유능

• 내가 혼자서 뭘 할 수 있겠어

스스로를 무능하게 생각하고 무력감에 빠져 일상적인 일조차 혼자서는 못 한다고 느낄 때가 많습니다. 삶을 스스로 결정하고 무엇을 하는 데 어려움을 겪기에, 항상 자신을 돌봐줄 사람 곁에 있고자 합니다.

• 언제 불행이 닥칠지 몰라!

언제든 닥칠 수 있는 갑작스러운 불행을 일상처럼 느끼며 살아갑니다. 예를 들어 갑자기 큰 병에 걸리거나 강도를 당하고, 혹은 엘리베이터가 추락하거나 자동차 사고가 날지 모른다는 두려움에 시달립니다.

• 당신 없이는 아무것도 못 해요

부모님과 같은 가까운 타인과 지나치게 밀착되어 어려움을 겪습니다. 이 경우 자신만의 고유한 생각, 감정, 나만의 선호를 알아차리기가 어렵습니다. 부모가 정해준 대로 입시부터 진로 문제, 직업 선택, 결혼 문제까지 그대로 따라가며 꼭두각시처럼 살아가는 것을 예로 들 수 있습니다.

• 나는 뭘 해도 실패할 게 뻔해

자신을 '실패자'라는 틀에 가두고 있기에, 앞으로 무엇을 해도 실패할 거라고 예상합니다. 삶의 과제들을 대충 처리하거나 회피하고 혹은 실패감을 보상하고자 지나치게 성취에 매달리는 성취 중독자가 되기도 합니다.

3. 진짜 괜찮은 어른이 되고픈 마음이 상실되었을 때-자기통제

• 세상은 나를 중심으로 돌아가

세상의 중심이 자신이라고 믿고 스스로 특별하다고 생각하기에 지나치게 자기중심적인 행동을 하거나, 거만한 태도로 타인을 대합니다.

• 뭐든지 내 마음대로 할래

감정과 충동, 욕구를 조절할 줄 모릅니다. 자유롭게 살아간다기보다는 도가 지나치게 제멋대로 살아가기에 타인에게 피해를 끼칠 뿐 아니라 자신의 삶까지 망가뜨립니다.

4. 내가 진짜 별로인 것 같을 때–자기존중

5. 내가 나의 이야기를 할 수 없을 때–자기표현

• 당신이 원하는 대로 따를게요

상대에게 지나치게 맞춰주는 태도, 부당한 상황에서도 자신을 함부로 대하도록 허용하고 순응하는 식으로 나타날 수 있습니다. 다른 사람들에겐 좋은 사람으로 보일 수 있지만, 본인은 분노를 참으며 부조리의 희생양이 될 수 있습니다.

• 난 괜찮아, 널 위해서라면

타인의 고통에 민감해 자신이 원하는 것, 바람과 욕구는 외면하고 다른 사람의 욕구에 초점을 맞춥니다. 착하고 좋은 사람이지만, 자신의 마땅한 권리는 희생당할 수 있습니다.

• 남들에게 인정받지 않고는 못 살아!

타인의 인정을 받는 것이 삶의 가장 큰 우선순위이기에, 관심의 초점이 자기 내부가 아닌 외부, 다른 사람들의 시선을 향해 있습니다. 자존감이 타인의 시선과 평가에 따라 오르락내리락하며, 누군가가 칭찬하고 인정해주지 않으면 쉽게 우울해집니다.

5. 내가 나의 이야기를 할 수 없을 때–자기표현

6. 안전한 곳에서 편안히 살고픈 마음이 외면당할 때–안전

• 결국은 다 잘못되고 말 거야

모든 일이 안 좋은 방향으로 흘러갈 것 같은 두려움, 비관적인 생각에 빠져 살아갑니다. 삶의 다양한 면들 중에 비관적인 측면만 크게 보이므로 매사가 잘못될 것이라는 믿음이 강합니다.

• 속마음을 들켜선 안 돼

자연스러운 감정과 욕구를 드러내지 않아 겉으로는 감정을 잘 통제하는 것처럼 보일 수 있습니다. 하지만 내면에서 감정에 대한 통제를 잃을 것을 두려워하기에 감정을 억누르느라 애를 쓰며 살아갑니다. 억압된 감정은 갑작스러운 분노폭발로 이어지거나 무기력감, 신체 통증과 같은 방식으로 그 얼굴을 드러냅니다.

• 아직 멀었어, 완벽해져야 해

마음속에 엄격한 기준을 갖고 있어, 자신과 타인을 계속 밀어붙이고 채찍질합니다. 더 많은 성취를 위해 가족과의 시간을 희생하거나 일과 공부, 연구 등을 위해 숨 돌릴 틈 없이 바쁜 삶을 살며 휴식과 여유를 희생합니다.

• 실수는 절대 용서 못 해

실수할 수도 있는 존재, 불완전하고 어딘가 부족한 존재인 자신과 타인을 받아들이기가 어렵습니다. 자신의 특정한 기준, 도덕적 잣대에 따라 자신과 타인을 평가하고, 실수를 저지르면 처벌을 가해야 한다고 생각합니다. 자신과 타인에 대한 용서와 자비, 연민이 부족하기 때문에 이들의 삶은 늘 빡빡하게 돌아갑니다.

아파하거나 피하거나 오버하거나

우리가 삶에서 일정한 패턴을 되풀이하게 만드는 마음의 무늬에는 어떤 것들이 있는지 살펴보았습니다. 우리는 인간인 이상 누구나 마음 깊이 아로새겨진 자기만의 무늬를 갖고 있습니다. 다만 어떤 무늬들을 갖고 있느냐에 따라, 각각의 무늬가 어느 정도로 강하게 새겨졌는지에 따라 다른 삶을 살아갑니다.

그런데 마음에 같은 무늬, 동일한 밑그림을 갖고 있어도 전혀 다른 삶을 살아가는 사람들도 있습니다. '실패'라는 마음의 무늬를 갖고 있을 경우, 어떤 사람은 무엇이든 실패할 거라고 기대하며 아무것도 시도하지 않은 채 무기력하게 살아가는 반면에 또 어떤 사람은 실패감을 느끼지 않기 위해 성공을 좇으며 고군분투하는 삶을 살기도 합니다. 즉, 자신 안에 자리한 마음의 무늬에 어떻게 대처하느냐에 따라, 반복하는 패턴도 달라지는 것입니다. '마음의 무늬에 대해 어떻게 대처하는가'는 다음과 같이 나뉩니다.

• **굴복**

마음의 무늬가 이끄는 방향 그대로 따라가는 삶을 삽니다. 마음의 무늬가 만들어내는 세상을 진실로 받아들이는 것입니다. 마음의 무늬가 만들어낸 행동을 반복하기에 여전히 같은 세상 속에서 존재합니다. '결함/수치심'이라는 마음의 무늬를 가진 경우, 결함의 느낌을 일으키는 연인, 친구를 선택해 비난과 비판 속에서 살아갑니다.

• 회피

마음의 무늬가 일으키는 생각과 감정을 피하고자 합니다. 다른 생각을 하거나, 감정을 느끼지 않으려고 밀쳐버리는 것입니다. 예컨대 '결함/수치심'이라는 마음의 무늬를 가진 경우 결함의 느낌, 수치심이 일어날 만한 상황을 피해버립니다. 거절당할까 봐 두려워 누군가에게 먼저 다가가지 않으며, 수치심을 느끼지 않기 위해 도전을 회피합니다.

• 과잉 보상

마음의 무늬가 만드는 세상과는 정반대의 것을 진실로 만들고자 고군분투합니다. 즉, 마음의 무늬가 자연스럽게 불러오는 생각과 감정을 정반대로 만들기 위해 맞서 싸우는 것입니다. 과거에 익숙했던 것과는 다른 생각과 감정을 좇으면서 살아가는 것이지요. 가령 어렸을 적에 부모에게 방치되어 정서적으로 결핍되었던 아이는, 매력적인 사람이 되어 많은 이들의 관심을 받으려고 애씁니다. 가정 폭력의 희생자였던 아이는 폭력 가해자로 성장함으로써 학대의 기억으로 인한 고통을 씻어내고자 합니다. '결함/수치심'이라는 마음의 무늬를 가진 사람은 스스로 생각하는 결함을 없애기 위해 노력하면서 끊임없는 우월을 추구하며 살아갑니다.

과잉 보상은 언뜻 보면 마음의 무늬가 가져오는 부정적인 상황을 피하게 해주는 것 같지만, 일시적으로만 고통을 완화시켜줄 뿐 결과적으로는 채워지지 않는 허전함과 허무함만 가져오는 경우가 많습니다.

자, 그럼 2부에서는 저마다 다른 색채와 모양을 띤 18가지의 마음의 무늬를 좀 더 자세히 살펴보고자 합니다. 그것들이 어떤 기원을 가졌고 어떻게 모양새를 드러내는지, 아프지 않게 보듬으며 연하게 지워나갈 방법은 무엇인지에 대해 알아보겠습니다. 저마다 다양한 형태의 마음의 무늬를 가진 사람들은 절실한 마음으로 상담실 문을 두드리고, 용기를 내어 변화의 과정으로 발을 내딛고자 합니다. 어쩌면 당신도 궁금하게 여길 그 따뜻한 변화의 이야기를 이제부터 들려드리겠습니다.

누구나 자신의 역사 속에
자기만의 상처를 간직하고 산다

당신도 언젠가 날 떠나겠지

"저한테 희망이 있을까요? 저도 결혼할 수 있을까요, 선생님?"

그는 상담자 앞에서 머뭇거리며 말문을 열었습니다. 작은 목소리로 들릴 듯 말 듯 속삭이는 그의 말투에는 체념이 배어들어 있었습니다. 경수 씨는 삼십 대 중반의 회사원으로 고운 선의 날렵한 몸을 가진 남자였습니다. 서른을 훌쩍 넘어섰지만 제대로 된 사랑을 해본 적이 없다며, 상처 입은 마음을 안고 상담실을 찾았지요. 그는 최근의 마지막 연애 상대였던 여성을 떠올리며 말했습니다.

"그녀에게 사귀겠다는 확답을 받고 뛸 듯이 좋았어요. 그런데 좋은 마음만큼 불안한 마음도 생겼죠. 혹시 나를 싫어하게 되는 건 아닐까, 나를 두고 바람피우는 건 아닐까, 날 버리는 건 아닐까."

경수 씨는 늘 불타는 사랑에 빠졌습니다. 뜨겁고 강렬한 사랑에 빠져들고 상대에게 집착하는 수순을 밟았지요. 이번에도 역시 그러했는데요. 내 여자가 되었으니 무엇이든 확실했으면 싶었습니다. 상대가 나를 사랑하는지, 나를 떠나지는 않을 것인지, 여전히 내 곁에 있는지 확인하고 싶은 마음으로 가득했던 것이지요. 여자 친구가 문자메시지에 바로 답해주지 않으면 통화가 될 때까지 전화를 했고 "왜 연락을 안 받느냐"며 울화통을 터뜨리곤 했습니다. 여자 친구가 동료를 만나러 갈 때에는 불안해서 아무것도 하지 못했습니다.

'나를 떠날지도 몰라.'

그의 마음속에는 '유기불안'이 각인되어 있었습니다. 버림받을지도 모른다는 두려움은 마음의 핵심에 자리한 강렬한 감정이었습니다.

"상대방이 떠날까 봐 두려운 마음을 느꼈던 때가 또 있을까요?"

경수 씨는 이 질문을 듣고 곰곰이 생각에 잠겼습니다.

"늘 그랬어요. 항상 그 누구를 사랑하게 되어도 나를 떠날 것 같았어요."

"그 두려움이 시작된 기억을 조금 더 떠올려보신다면요?"

"어머니의 모습이 떠올라요. 제가 열 살 때였죠. 어머니는 내 손에 돈을 쥐여줬어요. 시장 다녀올 테니까 기다리고 있으라고, 그렇게 말했어요."

"자, 눈을 감고 그 상황을 조금만 더 구체적으로 떠올려보시겠어요?"

"어머니의 눈빛이 흔들려요. 내 손을 꼭 잡아요. 어머니 목소리가 들리네요, 사랑한다고. 시장에 가는 어머니의 평소 모습 같지 않게, 내게 사랑한다고 말해요."

"그리고요?"

"어머니의 뒷모습이 보여요. 그때 어렴풋이 알았어요. 이게 마지막일지도 모른다는 걸……."

경수 씨는 어느새 흐느끼고 있었습니다. 그의 마음에 새겨진 강렬한 두려움, 버림받음에 대한 불안은 과거의 기억에 뿌리를 두고 있었습니다. 그는 밤늦게까지 어머니를 기다렸다고 회상했습니다. 다음 날도, 그다음 날도, 하릴없는 기다림은 계속되었지요. 하지만 어머니의 모습은 그때가 마지막이었다고 합니다. 그는 자신과 아버지를 두고 떠난 어머니를 그리워했다가 미워하고, 상실에 사무치는 아픔을 느끼다가도 무감각해진 듯 덤덤해지곤 했습니다. 어느 날은 어머니의 기억이 떠올라도 마치 남 일인 듯 거리를 두게 되었다고 뿌듯해하는 자신을 발견하기도 했지요. 바쁘게 일하는 아버지가 자신을 돌보지 못하게 되면서 친척 집을 전전했던 기억은 마음 한편으로 밀어두었습니다. 모든 기억과 감정은 덮어버리면 그만이었습니다.

언제나 불길한 예감은 현실이 되어

경수 씨는 자신을 떠나지 않는 가족이 존재하는 미래를 소망했습니다. 회사 근처에 작은 원룸을 구해 혼자 살면서 어둑한 저녁에 집으로 돌아왔을 때 텅 빈 방은 너무 춥고 쓸쓸했습니다. 어두운 방의 조명을 켜고 주섬주섬 혼자만의 식사를 준비해 밥을 먹으면, 배가 불러도 허기가 졌습니다. 실은 사람의 체온이 그리웠던 것입니다. 그런 그에게 연인의 존재는 외로운 삶에서 구원해줄 수 있는 구세주와 같았습니다.

경수 씨는 소개팅으로 만난 여성에게 끈질기게 구애한 끝에 연인이 되었습니다. 상대는 경수 씨에게 알맞은 짝이었을까요? 경수 씨의 이야기를 들어보면 그녀는 쌀쌀맞은 태도에 어딘지 모르게 냉정한 구석이 있는 사람이었습니다. 연인에게 먼저 연락하지 않았고, 연락을 잘 받지도 않았거든요. 경수 씨가 가까워지려고 하면 더 멀어지는 회피적인 태도를 보이는 것 같았습니다.

그런데 경수 씨는 이런 그녀이기에 더 마음이 끌렸습니다. 그녀가 이토록 거리를 둘 때 불안한 마음 이면에서 애타는 감정이 달아오르며 사랑을 확신하게 된 것이지요. 하지만 경수 씨는 늘 노심초사할 수밖에 없었습니다. 여자 친구가 눈앞에 보이지 않으면 두려운 예감에 시달렸습니다. 사랑하는 이의 물리적 부재는 곧바로 심리적인 부재로 이어졌고, 숨 막히는 불안으로 몰려왔습니다. 그가 이런 마음을 다루기 위해 할 수 있는 행동은 상대의 일거수일투족을 확인하는 집착뿐이었지요. 여자 친구가 귀찮아하면 '혹시 나를 싫어하는 거가' 하고 불안해진 마음에 다시금 확인하려고 들었습니다.

"나를 사랑해? 사랑하는 거야? 확실하게 말해줘."

끝없는 물음에 여자 친구의 표정이 일그러지면 마음이 시커멓게 타들어갔습니다. 때론 강렬한 분노로 이어져 여자 친구를 향해 소리치거나 울부짖기도 했습니다. 그러다 여자 친구의 새하얘진 표정에 놀라 무릎 꿇고 잘못했다고 빈 적도 여러 번이었지요. 여자 친구는 그런 그에게 거리를 두려고 했고, 냉랭한 연인의 태도에 경수 씨는 더 집착할 수밖에 없는 악순환이 이어지곤 했습니다. 한순간도 자신을 내버려두지 않는 경수 씨의 태도에 마침내 여자 친구도 폭발해버리고 말았습니다.

여자 친구는 이별을 선언했고, 경수 씨는 또다시 그렇게 버림받았습니다. 무상하게 끝나버리고 말았던 예전의 연애처럼 말이지요. 경수 씨는 여자 친구에게 '다시 만나주지 않으면 죽어버리겠다'고 말하고, 그녀의 집 앞에서 수일을 기다리기도 했습니다. 상대가 경수 씨의 전화번호를 차단하자 수십 통의 폭탄 문자를 보냈고, 확인하지도 않는 이메일을 매일같이 써서 보냈지요. 헤어진 여자 친구가 도무지 받아주지 않자 심리적으로 극심한 위기에 처한 그는 죽을 방법을 궁리해보기도 했습니다. 하지만 폐인이 되기 직전 자신의 삶을 구해야겠다는 생각에 마지막 한 줄기 희망을 잡고자 상담실을 찾게 된 것이었습니다.

경수 씨의 마음에는 '버림받음'이라는 무늬가 아로새겨져 있었습니다. 누군가에게 버림받는 것이 세상 무엇보다 두려운 일이었기에 연인이 자신을 떠나지 못하도록 필사적으로 매달리곤 했습니다. 하지만 언제나 불길한 예감은 현실이 되었고, 그때마다 그는 깊은 우울감에 빠져들었습니다. 사랑을 갈망했지만 사랑은 곁에 머물지 않았고, 유기되는 것을 두려워했지만 버림받을지도 모른다는 불안이 그림자처럼 늘 따라다녔습니다. 그는 앞으로의 만남에서도 자신이 버림받을 것이라 예상했습니다. 그에게 세상은 외로운 자신을 아무도 돌봐주거나 사랑해주지 않는 냉정한 터전이었습니다.

경수 씨는 '버림받음'이라는 마음의 무늬에 굴복 및 과잉 보상한 경우다

굴복	· 안정된 관계를 맺지 않는 상대에게 빠져든다.
회피	· 친밀한 관계를 회피한다. · 혼자 있을 때 과음, 폭식 등의 방법으로 고통을 피하려 한다.
과잉 보상	· 상대에게 집착하며 숨 막히게 만든다. · 사소한 거절의 단서에도 지나치게 과민한 반응을 보인다.

Love & Hate

마음의 무늬

버림받음

'버림받음'이라는 무늬가 마음속에 새겨져 있다면 다음과 같은 성향이 강할 것입니다.

- 사랑하는 사람이 사라지거나 내가 버림받을까 봐 걱정한다.
- 사람들이 나를 떠나는 게 두려워 매달린다.
- 연인에 대한 지나친 집착으로 인해 헤어지게 된다.
- 누군가가 곁에 있지 않으면 견디기 어렵다.
- 삶에서 만난 사람들은 항상 나를 떠나간다.
- 결국 나는 혼자가 될 것이라고 예상한다.

'버림받음'이라는 마음의 무늬를 지닌 이들은 사랑하는 이가 눈에 보이지 않으면 마치 상대가 세상에 없는 것처럼 느끼곤 합니다. 눈앞에 대상이 보이지 않아도 어딘가에 존재함을 아는 것이 '대상항상성'인데요, 발달 과정에서 이 대상항상성이 형성되는 데 문제가 생겼기 때문입니다. 그런 이유로 사랑하는 이와의 짧은 헤어짐에도 그 사람이 영원히 사라질 것이라는 생각에 극심한 두려움을 겪고 혼란스러워하지요. 연인의 찡그림 같은 작은 표정 변화에도 자신을 싫어해서 그러는 거라고 오해하기도 합니다. 결국 지나치게 집착하고 매달리게 되고, 상대를 숨 막히게 통제해질리게 만들어버립니다. 연인을 떠나가게 만드는 것이지요. 버림받음을 두려워하던 이는, 가장 두려워하던 상황을 스스로 불러오는 악순환에 빠지고 맙니다.

더 큰 문제가 되는 것은, 이들이 자신에게 안정된 사랑을 줄 사람보다는 왠지 모르게 불안하게 만드는 사람에게 끌리는 패턴을 가진다는 것입니다. 쌀쌀맞고 냉정한 태도, 회피적이거나 불안정한 상대의 태도는 '버림받음'이라는 마음의 무늬를 활성화시키고, 이때 들썩이는 마음은 끌림, 좋아함, 사랑으로 해석됩니다. '내가 누군가를 사랑하면 그 사람은 날 떠날 것이다'라는 믿음을 다시 확인시켜줄, 그런 사람에게 빠져든다는 것이지요. 따라서 '버림받음'이라는 마음의 무늬는 더욱 뚜렷해지고, 깊은 절망과 우울에 빠지게 됩니다. 세상을 차갑고 모진 곳으로 경험하며 고통을 자아내는 자신의 신념이 한층 견고하게 자리 잡는 것입니다.

버림받음, 그 마음의 기원은?

그렇다면 '버림받음'이란 마음의 무늬는 어떻게 생기는 것일까요? 여기에는 유전적인 소인이 큰 영향을 끼치는 것으로 알려져 있습니다. 어떤 아기들은 기질적으로 예민해서 양육자와의 분리에 상당히 격렬하게 반응하는데요. 이렇듯 분리에 대해 취약한 기질, 즉 생물학적인 소인을 가진 아기들이 특정한 환경을 만날 경우 '버림받음'이란 마음의 무늬를 형성할 수 있다는 것이지요. 부모와 같은 주요한 대상의 상실을 경험한 경우가 가장 대표적이라 할 수 있습니다. 앞의 사례에서 경수 씨는 어머니에게 버림받았다는 외상적 경험을 갖고 있었고 이후 성장 과정에서도 안정된 사랑과 돌봄을 받지 못했습니다. 누군가가 자신의 곁을 지키며 지속적인 사랑을 주지 않았기에, '늘 존재하는 대상'을 경험하지 못한 것입니다. 여기서 '늘 존재'한다는 것은 물리적으로 곁에 있다는 것만을 의미하진 않습니다. 아기들은 안정된 대상이 민감하게 자신에게 관심을 기울이며 돌보아줄 경우, 대상에 대한 심리적인 표상을 내재하게 됩니다. 만약 주 양육자가 엄마라면 '엄마가 눈앞에 보이지 않아도 나는 엄마가 존재한다는 것을 알아'라고 생각할 수 있는 것이지요. 엄마가 잠시 자리를 비우거나 문 뒤에 몸을 숨겨도 내적인 대상, 즉 엄마에 대한 상이 자기 안에 있기 때문에 엄마가 잠깐만 눈에 보이지 않는다는 것을 압니다. 이 같은 경험은 우리가 거쳐야 할 심리적인 발달단계로, 건강한 마음을 위해 필요한 조건입니다.

직접적인 상실 경험뿐 아니라, 불안정한 환경도 '버림받음'이라는 마음의 무늬가 생기는 데 결정적인 원인이 됩니다. 부모가 정신적으로 불안정해 자녀를 돌보지 못하거나 양육자가 자주 바뀔 때 아이들은 분리불안을 느낄 수 있습니다. 이런 분리불안이 정상적인 범주에서 벗어나 극심해지면 유기불안으로 이어지고, '버림받음'이라는 마음의 무늬가 생기는 기원이 될 수 있습니다.

'버림받음'을 마음의 무늬로 새긴 이들은 역설적이게도 자신을 버릴 것 같은 사람에게 빠져들곤 합니다. 경수 씨의 경우도 냉정하고 회피적인 태도의 여성에게 끌렸고, 상대가 거리를 두는 태도를 보이자 자기 안의 불안이 더 강렬하게 올라오며 집착하게 되었는데요. 불안하고 예측할 수 없는 상태가 익숙하기 때문입니다. 그리고 회피적이고 거리를 두는 상대방이 때로 다정하게 대할 때 희망을 찾곤 합니다. 늘 존재하는 불안 속에서 아주 잠깐 보이는 희망, 어둠 속에서 찾은 빛은 이 관계를 놓지 말아야 할 이유가 되면서도, 한편으로는 상처받는 관계를 벗어나지 못하게끔 하는 덫으로 작용합니다. 따라서 당신이 만나고 있는 연인이 다음과 같은 특징을 갖고 있다면, 주의 깊게 알아차릴 필요가 있습니다.

- 나 외에도 다른 이성을 만나려고 한다
- 외도하거나 바람을 피운다.
- 연락이 안 되는 경우가 잦다.
- 한 사람과의 관계에 정착하려고 하지 않는다.
- 나를 만날 때는 강렬한 감정을 보이다가도, 헤어지면 마치 내가 없는 것처럼 행동한다.
- 정서적으로 불안정하다.

- 나를 위한 시간을 충분히 내주지 않는다(업무나 취미생활로 인해 시간이 없다고 한다).

온전히 나와 마주하는 시간

그렇다면 '버림받음'이라는 마음의 무늬를 갖고도 건강하게 살아가려면 어떻게 하는 것이 좋을까요? 지독한 고독과 끊임없이 흔들리는 불안으로부터 자기 자신을 구원해줄 방법은 무엇일까요? 내 마음이 자아내는 '버림받음'의 위협에 시달리고 있다면 상담 심리전문가에게 도움을 받는 것이 가장 이상적이겠지만 상황이 여의치 않다면 다음 단계를 차근차근 밟아보도록 합니다.

1 타고난 나를 이해한다

건강한 삶을 살기 위한 첫걸음은 내가 어떤 사람인지 이해하는 것입니다. 아마 이 책을 읽는 분들이라면 자신을 알고자 하는 동기는 충분할 것이라고 생각합니다. 이 글을 읽고 자신에게서 '버림받음'이라는 마음의 무늬를 발견했다면, 그 기원이 무엇인지 생각해보는 기회를 가지면 좋겠습니다. 우리는 과거의 노예가 아니지만 오늘의 내 모습이 형성된 뿌리를 이해함으로써 현재 맞닥뜨린 삶의 과제에 더 충실하게 대응할 수 있습니다.

스스로에게 질문해보세요.

나는 어릴 때 어떤 기질을 갖고 있었나? 예민하고 까다로운 기질을 가졌었나? 처음으로 부모와 떨어져 양육기관에 맡겨질 때, 어떻게 반응했는가? 낯선 곳에 갔을 때 다른 아이들보다 훨씬 더 불안해하면서 엄마에게 매달렸었나? 새학기에 새로운 친구들을 사귀어야 할 때면 많이 불안했었나? 좋아하는 사람이 생기면 지나치게 집착하면서 매달렸던가? 사람들의 사소한 반응에도 강렬한 감정의 기복을 느껴왔는가?

나의 선천적인 기질, 생물학적인 성향을 알고 성장 과정의 어떤 면이 나의 취약한 면을 깊어지게 했는지 이해하는 것부터가 시작입니다.

2 과거의 기원을 떠올려본다

'버림받음'의 느낌을 가졌던 과거를 떠올려봅니다. 다만 이런 과정은 전문적인 상담자의 도움을 받지 않으면 어렵고 위험한 일이 될 수도 있습니다. 안전하고 아늑한 장소에서, 충분히 이완되고 편안한 상태에서 시도해야 함은 물론입니다.

애인이 전화를 받지 않아 마음이 고통스러울 때, 이 감정과 유사한 경험을 한 적이 있었나요? 언제가 처음이었을까요? 눈을 감고 그 상황으로 돌아간 것처럼 생생하게 떠올려보세요. 과거의 한 장면, 눈앞에 무엇이 보이나요? 어떤 목소리가 들리지요? 내 앞에 마주한 이의 눈빛, 표정, 옷차림은 어떠한가요? 그때의 감정은 어떠하지요?

이렇게 당시 상황을 다시 체험해봅니다.

이런 과정은 억압되어 있거나 제대로 처리되지 않은 채 마음속에 부유하던 과거의 감정을 온전히 경험하는 과정이기에 고통스럽습니다. 마음의 외상을 치유하는 심리상담은 대개 외상적인 경험에 접촉해 다시 체험하는 과정을 거치게 되는데요. 외과 수술에 비유하자면 썩은 살을 도려내고 고름을 짜내는 것이라고 말할 수 있습니다. 아프지만 치유를 위해서는 꼭 필요하다고 보는 것입니다. 지금 여기의 현재 경험을 왜곡시키는 미해결된 감정을 안전하게 처리하고 자기 안에 통합되게끔 하기 위해서지요. 트라우마를 회피하지 않고 들여다보는 것은 더 이상 과거의 경험에 휘둘리지 않고 현재의 경험을 명료하게 알아차리기 위한 하나의 과정이라 할 수 있습니다.

이런 고통스러운 치유의 과정은 혼자서는 감내하기 힘들 가능성이 높습니다. 상담자는 이 과정을 내담자와 함께하며 쓰라린 감정을 공감하고 흔들림 없이 버텨주면서 안정감을 줍니다. 그러므로 '버림받음'의 기억을 떠올리는 것이 너무나 자신을 아프게 한다면 혹은 두려움 때문에 도무지 과거의 외상을 떠올릴 엄두가 안 난다면 전문 상담자의 도움을 받는 것이 좋습니다.

3 어떤 감정이 일어나는지 살펴본다

내게 새겨진 마음의 무늬가 지금 현재 어떤 감정을 일으키는지 알아차리는 게 중요합니다. 대개는 고통스러운 감정이 과도하게 일어날 때가 그 중요한 순간일 가능성이 높습니다. 애인이 출장을 갔는데 연락을 받지 않나요? 친구가 카카오톡 메시지에 바로 답을 안 하고 있나요? 나를 대하는 친구의 시선이 싸늘해 보이나요? 사랑하는 이의 이별 통보에 죽고 싶은 마음이 일어나나요? 어떤 순간에, 어떤 일 때문에 자신에게 어떤 감정이 일어나는지 생각해봅니다. 상실감? 불안감? 위협감? 감정을 알아차리는 게 어렵다면 신체 반응에 주목해보세요. 가슴이 콱 막힌 듯 답답한가요? 심장이 두근거리나요? 혹은 식은땀이 흐르고 숨이 차오르나요? 아니면 어지럽거나 두통이 있나요? 가슴을 콕콕 쑤시는 듯한 아픔이 있나요? 현재 내가 무엇을 느끼는지 알고자 하는 태도는 더 이상 무의식이 이끄는 충동에 휘둘리지 않고 내 삶의 주인이 되기 위해 필요합니다.

4 어떤 행동을 반복하는지 인지한다

'버림받음'이라는 마음의 무늬가 그 색채를 강하게 드러낼 때 사람들은 자신에 대한 통제력을 잃어버리곤 합니다. 그 고통스러운 감정을 느끼지 않고 회피하기 위해 술이나 약물, 게임에 중독되거나 혹은 누군가에게 지나치게 집착해 무모하고 위험한 관계 속에 휘말리곤 하지요. 따라서 먼저 내 감정을 알아차렸다면, 이어서 내가 그런 감정 때문에 무슨 행동을 하게 되는지 찾아보세요. 나의 행동으로 인해 어떤 결과가 일어나는지도 깨닫게 된다면 금상첨화일 겁니다.

예를 들어 애인이 바로 전화를 받지 않을 때 마음속에선 버림받을지도 모른다는 불안이 일고, 이 때문에 애인에게 이성을 잃고 화를 내거나 혹은 집착하는 문자메시지를 연달아 쏟아붓는 패턴을 깨닫는 것이지요. '애인이 당황하며 거리를 둘수록 나는 더 집착하고 매달려서 상대를 떠나가게끔 하고 있다'라는 식으로 무슨 일이 벌어지고 있는지를 파악하도록 합니다.

5 그 행동이 관계 패턴에 어떻게 기여하는지 깨닫는다

만약 이전의 단계까지 진전되었다면, 현재 나의 감정과 행동을 알아차리는 것에서 나아가 과거부터 반복되는 패턴을 깨닫도록 해봅시다.

애인에게 집착하고 매달려서 상대를 질리게 하고 버림받는 상황이 이번 한 번뿐이었던가? 나는 자꾸만 누군가에게 매달리다가 버림받는가? 나를 늘 외롭게 하는 나쁜 남자, 나쁜 여자에게만 빠져드는가? 혹은 버림받을까 봐 두려워 지레 이별을 예상하고 아예 마음을 닫아버리는가, 아니면 사랑하는 이에게 버림받을 것이 두려워 오히려 마음에도 없는 사람들과의 위험한 관계를 반복하는가?

되풀이되는 패턴을 인지하고, 나의 어떤 감정과 행동이 그런 패턴을 일으키는지 깨달아야 합니다. 내가 몸담고 있는 악순환의 굴레를 제3자의 눈으로 관찰하고, 그 굴레를 운전하는 이가 자기 자신이었음을 알아차리는 것입니다.

6 다른 행동을 해본다

악순환을 반복되게 하는 나의 패턴을 알아차렸다면, 이 순환을 끊기 위해 무엇을 할 수 있을지 생각해봅니다. 예를 들어 애인이 떠나갈까 두려운 마음이 들 때 파괴적인 행동을 반복하고 있다면, 자신의 마음을 알아차리고 진정시키는 데 도움이 되는 일들을 해봅니다. 술이나 폭식, 잘 모르는 사람과의 위험한 성관계에 빠짐으로써 고통스러운 마음을 다루기보다는 건강한 대처방법을 찾아보는 것이지요. 에너지를 해소할 수 있는 운동, 몸과 마음을 다스리는 요가, 마음치유에 관한 책 읽기, 감정을 충실히 담은 글쓰기, 감정의 색채를 그림으로 표현하기 등의 방법이 있습니다. 애인에게 수십 통의 문자나 엄청난 양의 메일을 일방적으로 보내기 전에, 상대방에게 폭언하며 날것 그대로의 강렬한 분노를 터뜨리기 전에 시도해보는 겁니다. 자신의 고통스러운 감정을 해롭지 않은 방식으로 다뤄보세요.

힘든 마음이 저 안에서 일어날 때마다 다음과 같이 마음 카드를 작성해서 읽어보는 것도 좋은 방법입니다.

나만의 마음 카드

① 지금의 감정 알아차리기

지금 나는 (감정) ＿＿＿＿＿＿＿＿＿＿＿＿＿＿＿＿ 한 감정을 느낀다.

왜냐하면 (촉발 상황) ＿＿＿＿＿＿＿＿＿＿＿＿＿ 하기 때문이다.

② 마음의 무늬 확인하기

지금 이런 내 경험은 내가 가진 (마음의 무늬) _____ 와

관련된 것 같다.

이런 마음의 무늬는 (기원) _____ 때문에

생겼을 것이다.

나를 (마음의 무늬가 왜곡시키는 상황) _____ 한

상황으로 밀어 넣고 있다.

③ 나의 현실 깨닫기

비록 나는 (부정적인 생각) _____ 하다고 믿지만,

현실은 (건강한 관점) _____ 이다.

내 인생에서 건강한 관점을 지지하는 것들은 (구체적인 단서) _____

_____ 이다.

④ 앞으로 할 행동 계획하기

따라서 나는 비록 (부정적인 행동) _____ 할 것 같지만,

그런 행동 대신 (건강한 새로운 행동) _____ 할 것이다.

7 불안정한 사람과 사랑에 빠지는 것을 주의한다

'버림받음'이라는 마음의 무늬를 갖고 있다면, 당신은 어딘가
불안한 사람에게 끌릴 가능성이 높습니다. 또한 자주 바람을 피
우거나 새로운 이성에게 관심을 보이는 상대, 바쁘다며 자주 곁

을 내주지 않는 상대, 언제든 떠날 수 있다는 단서를 드러내는 상대에게 더 매력을 느낄 겁니다. 불안정하고 불안한 상황이 익숙한 당신은, 익숙한 감정을 일으키는 사람에게 무의식적으로 매력을 느끼고 롤러코스터 같은 관계에 쉽게 끌려들어가는 것입니다. 따라서 당신을 애태우거나 외롭게 하는 사람에게만 끌린다면, 그러한 자기 자신을 발견하고 멈춤 신호를 보내야 할 것입니다.

당신의 감정을 요동치게 하는 설렘의 대상보다는 편안하고 따스하며 안정된 상대와 관계를 유지하는 게 중요합니다. 계속해서 밀고 당기기를 하거나 당신을 회피하는 사람, 언제든 떠날 준비를 하는 사람, 새로운 상대에게 쉽게 눈을 돌리는 사람은 당신의 짝이 아닙니다. 당신은 편안한 대화를 나눌 수 있고 친밀감을 공유할 수 있는 사람, 서로 헌신하며 앞날을 계획할 수 있는 사람을 찾아야 합니다. 오랜 시간 변함없는 사랑을 유지하는 부부, 연인들의 비결은 '우정'입니다. 열정적으로 타오르는 불같은 사랑보다는 눈에 보이지 않지만 없어선 안 될 공기 같은 사랑을 하는 겁니다.

좋은 우정이 밑바탕인 관계를 찾았다면 상대를 믿어줘야 합니다. 상대를 믿지 않으며 격렬한 감정과 하나가 되어 요동치는 것을 멈춰야 합니다. 상대가 눈에 보이지 않는다고 불안이 몰려온다면, 마음 카드를 쓰며 '신뢰'의 힘을 되새겨보세요. 상대에게 집착하며 추궁하는 문자메시지를 연달아 보낼 것이 아니라 손 편지를 쓰며 사랑하는 마음을 전달해보는 것이 좋겠습니다.

02 불신/학대

저 사람이
날 속이는 게 아닐까?

"그런 건 왜 자꾸 물어보시는 거죠?"

고향이나 가족관계, 구체적인 직업, 학력 등 기본적인 신상정보를 묻는 상담자의 질문에 세윤 씨는 날카로운 질문으로 되물었습니다. 우리의 첫 만남에서 전해진 메시지는 '당신을 믿을 수 없다'였습니다.

"왜요? 이런 건 개인정보라 말하기 어려운데."

세윤 씨는 자신이 누구인지 알 수 있는 정보를 알려주고 싶지 않다고 했습니다. 이름마저 가명이었고요. 자신에 대한 중요한 사실을 알려주지 않으며 베일 속에 숨은 그녀는, 그러면서도 상담자에게 다가와달라고 손짓하고 있었습니다. 중요한 정보를 알려주고 싶지 않지만 그럼에도 불구하고 상담실을 찾는 그녀의 마음은 무엇이었을까요. 복잡한 마음들이 그녀의 내면에서 서로 충돌하고 있었을 겁니다. 멀어짐과 가까워짐 사이, 그 중간 지점을 찾을 수 없는 딜레마 속의 관계는 그렇게 시작되었습니다. 세윤 씨에게 상담자인 저는 고통스러운 그녀의 삶에 빛을 비추어주는 희망이기도 했지만, 한편으로는 그만큼 꼭꼭 닫아두었던 철벽의 마음을 위협하는 두려운 존재이기도 했습니다. 상담자의 도움을 받으려면 무엇보다 마음을 열어야 했기 때문이지요. 저 깊은 곳 아무도 볼 수 없게 닫아둔 마음을 자꾸만 보여달라며 다가오는 상담자의 손길과 미소가 그녀에게는 어떻게 느껴졌을까요.

세윤 씨는 제가 던지는 질문에 엉뚱한 대답을 하거나 주제를 바꾸고, 혹은 막연한 답변만을 반복했습니다. 또한 자신의 핵심적인 상처와 결정적인 기억에 대한 이야기는 하지 않았습니다.

"상담을 받게 된 계기, 가장 최근의 계기가 무엇이었을까요?"

"글쎄요…… 조금 답답해서?"

"무엇이 답답했지요?"

"그냥요."

"그냥요? 어떻게 답답했을까요?"

"……."

세윤 씨는 상담 시간 내내 질문에 모호하게만 답하거나 침묵하면서도 매주 정해진 시간에 꾸준히 상담실을 찾아왔습니다. 우리는 오랜 시간 같은 공간에서 함께 숨을 쉬고 함께 침묵했습니다.

간간이 질문을 던지면 그녀는 고개를 숙이고 짧을 답변으로 말끝을 흐리거나 혹은 마음과는 크게 관련이 없는 이야기를 할 뿐이었지요. 예를 들어 상담실의 인테리어가 마음에 든다든가, 어제 본 드라마가 재미있었다든가, 오는 길에 노점상의 붕어빵이 맛있어 보인다든가 하는 이야기였습니다.

매주 한 번, 50분. 우리가 공유하는 시간은 늘어갔지만 그녀의 마음에 다가갈 수 없었습니다. 하지만 세윤 씨가 스스로 마음을 열 때까지 기다리기로 했습니다. 자신의 고통을 털어놓고 싶은 마음과 털어놓지 않으려는 마음이 싸우고 있었을 테니까요. 상담자에 대한 신뢰가 생기기까지, 그녀와 보조를 맞춰가는 것이 필요하다고 판단했습니다. 그녀가 자신의 상처가 무엇인지 말할 수 없다면 충분히 그럴 만한 이유가 있었을 겁니다.

이제는 당신을 조금 믿어보겠습니다

"오랫동안 성추행과 폭행을 당했어요. 양아버지한테."

얼마의 시간이 흘렀을까요. 그녀가 자신의 가장 깊은 곳에 있는 상처를 보여주었습니다. 십수 년간 쌓아온 철벽의 성이 무너지면서 눈물을 흘리기까지 세윤 씨는 마음의 준비를 하고 있던 것 같았습니다.

"이 얘기는 처음 하는 거예요, 선생님한테. 지금까지 그 누구에게도……."

"무슨 일이 있었지요?"

"부모님이 이혼하고 엄마는 재혼을 했어요. 양아버지가 저를 예뻐한 건 사실이지만……."

세윤 씨는 기억을 회상하면서 말을 이을 수 없을 정도로 강렬한 고통을 느끼며 몸을 부들부들 떨었습니다. 심리적인 외상이 처음으로 누군가에게 드러나는 순간이었습니다. 곪을 대로 곪은 상처는 그녀의 내면에서 죽음에 가까운 고통을 주고 있었을 겁니다.

"괜찮아요. 내가 옆에 있어요. 지금 일어나는 일이 아니에요. 내가 이렇게 옆에 있을게요."

세윤 씨는 혼자서만 간직하고 있던 악몽과 같은 기억을 털어냈습니다. 열한 살부터 성인이 될 때까지 이어진 성추행과 신체적인 폭력에 세윤 씨는 아무것도 할 수 없는 어린 희생자로서 고통을 감당해왔던 것으로 보였습니다.

"그때는 어려서 몰랐어요. 그게 잘못된 것인 줄도 모르고."

세윤 씨의 마음을 더 복잡하게 하는 건, 성추행을 단호하게 뿌리치지 못했다는 자책감이었습니다. 세윤 씨는 힘이 없는 소녀였기 때문에 사실 어떤 행동을 취한다는 게 불가능한 일이었지만, 스스로를 지키지 못했다는 사실에 대해 큰 죄책감을 느끼고 있었습니다. 때로는 양아버지를 기쁘게 하기 위해서 시키는 대로 했다는 세윤 씨는 양아버지에 대한 분노와 증오뿐 아니라 자기 자신에 대한 강렬한 수치심과 혐오감에 시달렸던 것이지요.

"엄마는 이런 나를 지켜주지 않았어요. 엄마는 알았을 거예요. 몰랐을 리가 없어요. 그런데 모른 체했던 거예요. 양아버지한테 버림받을까 봐. 나는 엄마한테도, 그 자식한테도 이용당하고 있었던 거예요. 사람들은 나를 이용할 생각만 한다고요."

상담자와 함께 외상의 기억을 다루는 트라우마 치료 세션 중에 세윤 씨는 눈물범벅이 되어 흐느꼈습니다.

"나는 아무도 믿을 수가 없어요. 너무 두려워요. 사람이 너무 무서워요."

세윤 씨는 자신을 아끼는 이들에게 둘러싸여 사랑을 듬뿍 받았어야 할 시기에, 자신을 이용하는 사람으로부터 학대받았습니다. 세상과 타인이 자신에게 친절하고 호의적이라는 것을 경험했어야 할 시기에, 세상은 믿을 수 없는 곳이라는 불신의 경험을 내면화했습니다. 당연히 그녀는 사람들이 두려웠고 누군가를 믿는다는 것은 생명이 위협당할 수도 있는 무서운 일이었습니다. 그녀가 상담자에게 마음을 열기까지 그토록 시간이 걸렸던 것은 사실 자기 자신을 지키기 위한 처절한 몸부림이 있었기 때문이지요. 우리가 인간으로서 방어를 하는 행동이 나쁘다고만은 볼 수 없습니다. 그런 이유로 한낱 인간인 상담자 또한 내담자가 극도로 방어적일 수밖에 없음을 이해할 때, 어떤 마음에서 철벽의 방어성을 쌓았는지를 알아줄 때, 내담자는 충분한 공감과 수용을 받을

수 있습니다. 아마도 세윤 씨가 고통스러운 삶에 직면하면서 그
토록 필사적으로 찾아온 것은 누군가에게 그렇게 이해받는 일이
었을 겁니다.

세윤 씨의 심리적인 외상을 다루기까지 시간이 걸렸고, 외상이
충분히 다뤄진 후에도 세윤 씨의 불신은 여러 차례 우리의 관계
에서 중요한 이슈가 되었습니다. 세윤 씨는 여전히 상담자가 자
신을 이용할까 봐 두려워했고 언제 자신을 배신하고 사라지지 않
을까 의심했지요. 하지만 다행인 것은 이런 의심과 불신의 마음
을 상담자에게 열어 보여주었다는 것입니다. 상담자를 100퍼센
트 믿지 않지만 그래도 자신의 속내를 털어놓을 수 있는 정도의
신뢰는 쌓였다는 얘기니까요. 세윤 씨는 상담자에게 서운한 마음
을 털어놓기도 했고, 천진난만한 기대와 그로 인한 좌절을 표현
하기도 했습니다.

"선생님은 저 말고도 내담자가 많잖아요. 그게 기분이 좀 나빠
요. 제가 선생님을 생각하는 것만큼 선생님은 저에 대한 생각을
안 할 테니까요."

인간적인 감정을 드러내고 표현한다는 것은 우리가 더욱 친밀
해지고 있음을 알려주는 좋은 단서였습니다. 그녀가 한 걸음 더
다가왔다는 증거고, 우리가 인간으로서 이 관계를 마주하며 마음
을 나누고 있다는 증거였지요. 세윤 씨는 한 번도 드러내본 적 없
는 상처를 상담자에게 털어놓고 함께 그 고통스러운 감정에 머물
며 마음을 주고받았습니다. 그리고 자신의 솔직한 감정이 있는

그대로 받아들여지는 경험을 하면서 조금씩 더 성장해갔습니다. 마음의 힘을 키우면서 그녀는 지금까지 쓰고 다녔던 얼룩덜룩한 안경을 조금씩 닦아냈습니다. 타인이 남긴 얼룩으로 인해 안개 낀 것 같은 세상을 바라보던 그녀의 시야가 조금씩 깨끗해지기 시작했습니다. 세상에는 믿을 수 없는 사람도 있지만 믿어도 좋은 사람도 있으며, 세상에는 누군가를 이용하려는 사람도 있지만 순수하고 착한 사람도 많다는 사실을 깨우치기 시작한 것입니다.

세윤 씨는 '불신/학대'라는 마음의 무늬에 회피한 경우다

굴복	· 자신을 괴롭히는 상대와의 관계에서 벗어나지 못한 채 정서적, 신체적인 학대를 당한다.
회피	· 타인을 신뢰하지 않기 때문에 관계를 회피한다. 자신의 약점을 드러내지 않으며 비밀을 유지한다.
과잉 보상	· 본인이 가해자가 되어, 누군가가 자신을 이용하고 학대하기 전에 타인을 먼저 착취하고 학대한다.

불신/학대

세윤 씨의 마음에 새겨진 것은 '불신/학대'라는 무늬였습니다. 이무늬를 지닌 이들은 다른 사람이 자신을 이용하거나 속일 것이며, 괴롭히거나 학대할지도 모른다고 예상합니다. 따라서 다른 사람에게 마음을 열고 다가가기 어려울 뿐 아니라, 자신에게 다가오는 사람에게도 불신의 마음을 품고 경계합니다. 믿을 수 없는 적들로 둘러싸인 처절한 전쟁터에서 살아남으려면 의심과 경계만이 살 길이라고 생각하기 때문이지요. 결국 이들은 누군가와 친밀한 관계를 맺기가 어렵고, 피상적인 관계만을 맺으며 자신의 진실한 속마음을 나누지 못합니다.

이렇게 거리를 두는 것뿐 아니라 '적'에게 먼저 공격을 하기도 하는데요. 다른 사람들이 나를 속이거나 괴롭히기 전에 먼저 속이거나 괴롭히겠다는 식인 겁니다. 남을 믿지 못하고 기대지도 못하는 이들은 친밀한 관계가 부재한 고독한 존재로 살아갑니다. 스스로 둘러싼 방어벽 속에서 자신을 고립시키는 것이지요.

상담자는 '불신/학대'라는 마음의 무늬를 새긴 이들을 만날 때, 무엇보다도 신뢰할 수 있는 관계를 맺는 데 초점을 둡니다. 내담자가 세상과 타인이 생각보다 믿을 만하다는 사실을 깨달아야 하는데, 이러한 깨달음은 상담자와의 관계 체험에서 일어날 수 있습니다. 마음을 터놓고 이야기해도, 솔직하게 자신을 드러내도 자신을 학대하거나 이용하지 않는다는 사실을 상담자와의 관계 속에서 직접 경험해야 하는 것이지요. 따스하고 수용적인 태도를 가진 상담자에게 어린 시절 받지 못했던 정서적인 돌봄을 받음으로써 세상과 타인에 대한 신뢰감을 회복하게 됩니다. 자신을 솔직하게 드러내도 그리 위험한 일은 일어나지 않는다는 것을 경험하고, 세상 사람들 중에는 믿을 만한 사람들도 있다는 사실을 깨닫는 것입니다.

'불신/학대'의 무늬를 극복하고 싶지만 심리상담을 받기가 사정상 여의치 않다면, 스스로 극복을 위한 시도를 해볼 수 있습니다. 무엇보다도 자신에 대해 깊이 이해하는 것이 중요합니다.

우선 자신의 마음을 들여다보며 살펴보도록 합니다.

불신/학대 점검하기

- 사람들이 나를 이용할 것이라고 생각한다.
- 나와 가까운 이가 나를 학대해왔다.
- 사랑하는 사람은 언젠가 나를 배신하거나 속이고 이용할 것이다.
- 세상에서 살아남으려면 다른 사람을 함부로 믿으면 안 된다.
- 누군가 내게 상처주기 전에 내가 먼저 상처주려고 한다.
- 누군가와 친해지면 그 사람은 나를 이용하거나 상처를 줄 것이다.

- 타인에게 이용당하지 않기 위해 정신을 바짝 차려야 한다.

- 근거가 없더라도 사람들의 행동에는 나쁜 의도나 숨은 동기가 담겨 있다고 생각한다.

- 사람들에게 때로 알 수 없는 두려움과 불안을 느낀다.

불신/학대, 그 마음의 기원은?

'불신/학대'라는 마음의 무늬는 어떻게 우리 마음에 자리 잡는 것일까요? 이러한 마음의 무늬의 기원이 되는 경험들의 공통점은 '경계'를 침범당하는 것입니다. 신체적인 경계, 심리적인 경계를 존중받지 못한 어린아이는 세상을 믿을 수 없다고 느끼며 성장합니다. 세윤 씨의 사례에서처럼 어린 시절에 성적으로 학대당하는 경우, 혹은 신체적, 언어적인 폭력을 당하는 경우가 가장 대표적이라고 할 수 있지요. 학대 수준까지는 아니더라도 작은 잘못을 했을 때 가족구성원이 심하게 벌을 주거나 비난을 일삼았다면 '불신/학대'의 마음이 자리할 수 있습니다.

그렇다면 이것은 어떤 모습으로 드러날까요? 세윤 씨처럼 다른 사람을 믿지 않으려고 하며 거리를 유지하는 '회피' 형태가 가장 흔하게 나타나는 패턴입니다. 불신과 학대의 느낌을 일으키는 상황을 피하기 위해 누군가를 믿으려 하지 않고 가까워지려고도 하지 않으며 혼자만의 세계에서 살아가는 것이지요. 이들은 비밀스러운 자신만의 세계를 유지한 채 세상으로부터 거리를 둡니다. 바깥은 위험하다고 생각하기에 철벽같은 방어벽을 두르고 자신이 만든 성 속에서 살아가는 겁니다.

'불신/학대'라는 마음의 무늬를 과잉 보상하는 경우엔 오히려 자신이 먼저 공격하는 패턴이 드러날 수 있습니다. 인간은 고통스러운 상황을 다룰 수 있는 방어기제를 통해 적응하며 살아가는데, 그중 '공격자와의 동일시'라는 방어기제가 있습니다. 자신에게 고통을 주던 대상을 그토록 싫어하면서도 그 대상을 닮아가는 것이지요. 무섭고 엄격한 아버지에게 학대를 받고 자란 아이가 자신이 커서 학대하는 사람이 되는 것이 그 예라고 할 수 있습니다. '불신/학대'라는 마음의 무늬를 과잉 보상하게 되면 자신을 학대하던 대상과 동일시하며 본인 스스로가 가해자가 됩니다. 타인이 나를 괴롭히거나 속이기 전에 자신이 먼저 공격하는 것이지요. '어차피 믿을 수 없는 세상이라면 내가 먼저 당신을 이용하고 착취하겠다, 내가 먼저 공격하겠다'의 자세로 삶을 살아갑니다.

'불신/학대'라는 마음의 무늬에 굴복할 때는 오히려 가학적인 사람을 찾기도 합니다. 자신에게 안정감을 주는 따뜻한 사람보다는 가혹하게 괴롭히고 학대하는 사람에게 끌리는 것이지요. 어려서부터 익숙했던 패턴, 즉 학대당하며 느꼈던 고통에 만성적으로 적응되어 있기에 무의식적으로 익숙한 패턴을 찾아 돌아가고자 하는 것입니다. 고통을 받으면서도 그 고통에 중독된 듯, 가학적인 상대로부터 벗어나지 못하고 악순환을 반복합니다. 만약 당신이 위험한 관계에 중독되어 있다면, 무엇보다 먼저 자신의 마음을 점검해야 합니다. 자꾸만 끌리는 상대가 혹시 다음과 같은 특징을 보이지는 않나요?

- 친구나 가족 앞에서 나를 모욕하거나 낮추어 말한다.
- 나를 지나치게 비난하며 자신 없게 만든다.
- 내 욕구와 바람을 존중하지 않는다.
- 타인에게 자주 거짓말을 하거나 사기를 친다.
- 다른 사람에게 고통을 주면서 즐거워한다.
- 자신이 원하는 대로 해주지 않는다고 비난하거나 위협한다.
- 바람을 피우거나 양다리를 걸치는 등 나를 속이고 거짓말한다.
- 강제로 성관계를 하려고 시도한다.

만약 가학적인 상대와의 위험한 관계에 중독되었다면 이제 이 관계를 그만둬야 합니다. 어린 시절에 받았던 학대를 반복하고자 하는 무의식의 끌림에 휘둘리지 말고, 더 이상은 자신이 함부로 취급되도록 내버려두어서는 안 됩니다.

온전히 나와 마주하는 시간

위험한 관계에서 벗어나 '불신/학대'라는 마음의 무늬로부터 자유로워지려면 어떻게 해야 할까요? 구체적인 방법을 살펴봅니다.

1 심상 속에서 안전한 장소를 경험한다

'불신/학대'라는 마음의 무늬를 다루는 과정은 힘겨운 싸움이될 수 있습니다. 가슴 아픈 학대의 기억과 강렬한 감정들이 해결되지 않은 채 잠재되어 있기 때문에, 치유의 과정은 힘겨우면서도 기나긴 여정이 될 수 있습니다. 따라서 안전지대를 만드는 것이 중요한데, 무엇이든 시도하고 경험할 수 있는 상상 속에서 안전한 장소를 마련해보는 것이 좋습니다. 당신이 한 번쯤 방문해봤던 곳도 좋고, 혹은 잡지나 사진 속에서 봤던 장소도 좋습니다. 아니면 세상에 존재하지 않는 곳을 상상해도 됩니다. 아름다운 바닷가나 깊은 산속, 동남아의 화려한 풀빌라여도 상관없습니다. 당신이 충분히 안전하게 느끼면서 편안하게 이완될 수 있는 상상 속의 장소를 마련해보세요. 그곳에서 지친 몸과 마음을 내려놓고 쉬고 있는 자신의 모습을 떠올려봅니다. 심상 속에서 바람이 피부를 스치는 느낌, 따사로운 햇살이 내리쬐는 느낌, 발바닥이 부드러운 모래를 파고드는 느낌, 새들이 지저귀는 소리, 파도 소리, 나무 냄새 등 구체적인 감각에 집중합니다. 심상 속의 안전지대가 만들어졌으면 이 공간을 그림으로 그려서 눈에 잘 띄는 곳에 붙여두어도 좋습니다. 언제든 마음이 힘들 때면 안전지대에 들어가 쉴 수 있음을 명심하도록 합니다.

2 치유의 과정을 함께할 치료자를 찾는다

이 책은 상담심리전문가의 도움을 받지 않고도 내적인 성장을 일으킬 수 있는 방법을 알리기 위해 쓰였지만, '불신/학대'라는 마음의 무늬의 경우에는 혼자 이겨내기가 상당히 버거울 수 있습니다. 가장 강력한 마음의 무늬라서 과거의 기억을 회상하는 과정에서 강렬한 고통을 일으킬 수 있기 때문이지요. 그러므로 '불신/학대'의 무늬를 마음에 갖고 있을 경우, 상담자를 찾아 신뢰감 있는 관계를 맺으며 상처받은 기억을 드러내어 처리되지 않은 감정들을 다루는 과정이 필요합니다. 상담 비용이 부담스럽다면 정신건강센터나 건강가정지원센터, 청소년상담센터, 학생상담센터 등의 무료 상담기관을 활용해보세요. 혹은 수련과정 중인 상담사에게 저렴한 비용으로 상담을 받을 수 있는 기회를 찾아보는 것도 좋겠습니다.

3 자비와 돌봄을 주는 대상을 떠올린다

고통스러운 기억과 감정으로 괴로워질 땐 상상 속에서 무한한 자비의 마음으로 자신을 돌보아주는 대상을 떠올려보세요. 종교를 갖고 있는 사람이라면 온화한 미소를 짓고 있는 부처님이 될 수도 있고, 따사로운 미소를 보내는 하나님이 될 수도 있지요. 종교가 없다면 가장 이상적인 어머니상을 만들어봅니다. 이때 어머니상은 상징적인 의미일 뿐, 실제의 어머니이거나 꼭 여성이어야 할 필요는 없습니다. 그 대상은 늘 내 곁에서 돌보아주고 보살펴주며 영원히 나를 지켜주는 존재가 될 겁니다. 심상 속의 수호천사, 혹은 이상적인 어머니의 품에 안겨 있는 자신의 모습을 그리면서 안전지대에서 쉬고 있는 장면을 상상해봅니다. 그것이 어떤 느낌인지, 구체적인 감각과 감정에 집중해봅니다.

4 나를 괴롭혔던 사람과의 만남을 줄인다

어린 시절 당신을 학대했던 이와의 만남을 끊거나 줄이는 것이 좋습니다. 고통스러운 과거 경험을 소화하는 과정이 쉽지 않으므로 되도록 아픔이 될 수 있는 자극을 줄여야 하기 때문이지요. 과거의 경험으로부터 어느 정도 자유로워졌을 때 가해자와 대면해 묵혀두었던 이야기를 풀 수 있다면 그게 가장 이상적인 과정일 것입니다.

하지만 현실적으로 쉽지 않은 경우가 많습니다. 가해자 가까이에 가는 것만으로도 괴로울 수 있기 때문입니다. 상대와 대면하는 것이 어려운 상황이거나 상대가 현재 존재하지 않는다면, 마음에만 담아두었던 이야기를 풀어내기 위해 편지를 써보는 방법도 있습니다. 그 사람 때문에 어떤 고통을 받았는지 원망과 분노의 마음을 표현해도 괜찮습니다. 또한 나는 더 이상 과거의 무력하고 힘없는 어린아이가 아니라고 그에게 선언합니다.

5 학대받는 관계 패턴을 끊는다

만약 당신이 위험한 관계에 중독되어 있다면 이제는 그만둘 때가 되었습니다. 자신을 괴롭히는 사람, 심하게 비난하거나 깎아내리는 사람, 신체적인 폭력을 가하는 사람과의 관계에서 벗어나지 못하고 있나요? 이제는 끊어내야 합니다. 당신은 그런 취급을 받을 만한 사람이 아니기 때문입니다. 지금부터라도 당신을 존중하며 충분히 아껴주는 사람과의 관계를 시작해야 합니다.

물론 사람을 쉽게 믿을 수 없겠지만, 그나마 마음을 좀 열 수 있는 사람이 생겼을 때는 그 사람을 믿어보도록 해보세요. 저 깊은 곳에서 자주 의심이 올라오겠지만 상대를 믿을 수 있다는 증거를 찾아보는 것입니다. 상대방을 믿을 수 없다는 자신의 마음을 반박하며, 의심과 싸워 이겨내는 것이 목적입니다.

03 정서적 결핍

날 이해해줄 사람은
세상에 없어

이십 대 후반의 미선 씨는 소개팅에 나갔을 때 퇴짜를 맞은 적
이 한 번도 없습니다. 잔잔한 미소가 배어든 세련된 외모 덕분일
수 있겠지만, 아마도 그녀의 몸에 젖어 있는 배려가 결정적인 원
인으로 작용했으리라 생각됩니다. 미선 씨는 마음에 드는 사람이
든 아니든 겸손한 태도로 상대를 배려하고, 여성임을 내세우며
상대 남성이 모든 비용을 내야 한다고 주장하지도 않았습니다.
밥을 한 번 얻어먹으면 자신도 한 끼를 사고, 선물을 받으면 같은
값의 물건을 선물했지요. 미선 씨에게 인간관계란 빚지지 않고
동등하게 이뤄져야 하는 것이었습니다. 또한 미선 씨는 다른 사
람들의 마음을 알아차리는 데 남달랐습니다. 누가 어디가 어떻게

불편한지를 금세 민감하게 눈치챘기 때문에 남자들은 미선 씨와 함께 있으면 편안함을 느꼈지요. 그런 미선 씨에게 뭇 남성들은 매력을 느끼며 다가오곤 했습니다.

하지만 미선 씨는 자신이 사랑과 연애에는 젬병임을 믿어 의심치 않았습니다. 그 누구를 만나도 자기 자신을 열어 보일 수 없었기 때문이지요. 물론 모든 것을 내려놓고 연애 상대에게 자신을 있는 그대로 내어놓을 수 있는 사람은 없을 테지만, 미선 씨는 너무나 단단한 껍질로 자기 자신을 둘러싸고 있었습니다.

"양파 같은 사람, 까고 또 까도 계속 다른 속이 나오는 거죠. 내가 누구인지, 어떤 사람인지 보여주고 싶지 않아요."

상담실에 방문한 미선 씨는 그 누구하고도 진정한 사랑을 할 수 없을 것 같다며 쓸쓸한 표정을 지었습니다.

"나를 이해해줄 사람은 아무도 없을 거예요."

미선 씨는 많은 남자들의 관심을 받았지만, 정작 자신은 진짜 마음을 드러내며 사랑하는 방법을 모르겠다고 했습니다. 그러나 미선 씨는 상담을 받으면서 누군가에게 조금 더 진실하게 마음을 열어보기로 마음을 먹었습니다. 지난주 소개팅으로 만난 사람에게 연락이 왔다며 그녀는 상기된 표정으로 말했습니다.

"같이 영화 보러 가기로 했어요! 그런데 갑자기 너무 불안해서 견딜 수가 없네요."

설렘과 불안, 여러 가지 감정이 뒤섞인 미묘한 떨림이 전해졌습니다.

"좋은 소식인 것 같은데 뭐가 불안하지요?"

"그분이 영화를 예매했다고 해서, 저는 저녁을 사기로 했어요. 그런데 제가 예약한 레스토랑을 그 사람이 싫어하면 어쩌죠?"

"싫어하다니요?"

"맛있다는 파스타집을 검색해서 예약했어요. 그런데 혹시 별로라고 실망하면 어쩌죠? 실망했으면서 내 비위를 맞추려고 괜찮다고 하는 거면요?"

미선 씨의 상상 속에서는 본인이 예약한 레스토랑에 실망해서 얼굴이 굳어버린 남자가 생생하게 모습을 드러내고 있었습니다. 그가 음식이 마음에 든다고 해도, 싫다고 해도 모두 걱정이었지요.

"애프터를 받아 좋으면서도 너무 피곤해요. 이런 생각을 하는 게……."

마음을 드러내지 않으면서 상처받고 분노하고

미선 씨는 상담 시간에 속내를 터놓으며 머릿속을 복잡하게 하는 생각을 함께 들여다보고, 어디까지가 현실이고 무엇이 상상인지를 점검했습니다. 또한 내가 예약한 레스토랑을 상대방이 싫어하든 좋아하든 그게 별로 큰일이 아니라는 점도 확인했지요. 가장 최악의 시나리오를 그려보아도 실은 그렇게 최악의 일은 벌어지지 않는다는 것, 상대에게 버림받거나 모욕을 당하진 않는다는 것, 설령 버림받거나 모욕을 당한다 해도 삶은 우리에게 또 다른 선택지를 준다는 사실을 확인했습니다.

미선 씨는 상대가 자신을 좋아해주었으면 하는 마음에 늘 이런 생각을 하면서 살았기 때문에 누군가를 만난다는 게 쉽지 않았습니다. 언제나 상대의 표정을 민감하게 살피며 지나치게 배려하고, 상대의 작은 태도에도 실망하며 최악을 상상하고 지쳐버리는 패턴이었지요. 설령 누군가가 나를 좀 덜 좋아하거나 미워한다 한들 그것이 그렇게 큰일은 아닙니다만, 사실 우리도 미선 씨와 그리 다르지 않게 살아가는 듯합니다. 다른 사람들에게 미움을 받게 되면 마치 인생에서 크나큰 실패를 한 것처럼 좌절할 때가 있으니까요.

미선 씨가 결정적으로 어려움을 갖고 있던 부분은 자신의 마음을 솔직하게 말하지 못하는 것이었습니다. 서운하면서 서운하다고 말하지 못했고, 원하면서도 원한다고 말하지 못했던 것이지요. 예전에 데이트를 했을 때 상대가 자신을 집까지 데려다주지 않아 서운했지만, 그 마음을 가슴 한편에 묻어두었습니다.

"집까지 데려다주겠다고 했는데 제가 절대 안 된다고, 괜찮다고 했어요."

"그래서 어떻게 됐죠?"

"몇 번 더 데려다주겠다고 하다가, 결국 그냥 저를 혼자 보내더라고요."

"그때의 진짜 마음은 뭐였나요?"

"이렇게 늦은 시간에, 집 앞까지 데려다주지도 않다니…… 서운했어요."

미선 씨는 진짜 마음을 표현하지 못했고, 그 마음은 '좋은 여자'의 가면 아래 분노의 감정으로 묻히고 말았습니다. 미선 씨는 원하는 것을 표현하지 못했기 때문에 상대방으로부터 정말 받고 싶은 걸 받지 못했고, 그럴수록 분노의 그림자는 더욱 짙어졌지요. 미선 씨만 서운했을까요? 미선 씨에게 잘 보이고 싶었던 그 남성도 미선 씨의 진짜 마음을 알았다면 속상했을 겁니다. '왜 원하는 걸 말하지 못하나, 무엇이 화가 나고 무엇이 좋고 싫은지 말해준다면 당신을 좀 더 배려할 수 있을 텐데' 하고 말이지요.

미선 씨는 상담을 하면서 서운한 마음, 화나는 마음을 들여다보았고 무엇을 원하는지 찾아갔습니다. 이제까지는 누군가가 자신의 마음을 알아줄 거라 기대하지 않았기에 '내 마음은 이렇다'라고 표현하지 않았다는 것도 알게 되었습니다. 내 마음을 알아주는 사람이 이 세상에 없는 게 아니라, 타인이 알아줄 수 있도록 표현하지 않았던 것이지요. 미선 씨의 경우는 '자기희생'(281쪽 참고)의 무늬도 함께 가지고 있었기에 더욱 타인에게 초점을 두고 자신의 욕구를 살피지 않았습니다.

미선 씨는 진정으로 원하는 것을 알아차리는 일뿐만 아니라, 자신의 속내를 표현하는 법도 알아가기 시작했습니다. 상대에게 기대고 싶다면 그 마음을 표현해도 된다는 것, 애써 좋은 여자가 되기 위해 두꺼운 가면을 쓰는 게 상대에게도 자기 자신에게도 도움이 되지 않는다는 사실을 깨달았지요. 타인에게 정서적으로 기대지 못했던 미선 씨가 상담자를 찾아 마음을 표현한다는 것은 사실상 큰 진전이었습니다. 자신을 둘러싼 마음의 벽을 하나씩 허물어가는 그 여정에서 용기 있는 한 걸음을 디딘 것입니다.

한데 미선 씨처럼 타인이 정서적 욕구를 충족시켜줄 것이라고는 애초부터 기대하지 않으면서 거리를 두는 이들도 있지만, 그와는 반대로 지나치게 요구하는 사람도 있습니다. 마치 떼를 쓰는 어린아이처럼 가까운 이들에게 끊임없이 마음을 충족시켜달라고 하는 이들도, 겉모습은 다르지만 한 가지 마음의 무늬에 기원을 두고 있습니다.

지나친 요구를 만들어낸 숨겨진 상처

결혼한 지 십 년, 일곱 살 아이의 아빠인 남군 씨는 아내 '껌딱지'입니다. 좋게 말하면 아내를 너무 사랑하는 것이지만 현실적으로 보면 아내에 대한 집착이 지나친 편이지요. 남군 씨는 연애 상대를 고를 때부터 원하는 상대가 뚜렷했습니다. 자기 일을 갖지 않고 집에서 자신과 아이를 보살필 수 있는 여자, 모성이 강한 여자, 내향적이면서 가족에게 헌신적인 여자.

어려운 가정 형편에 혼자 힘으로 이를 악물고 공부해 의대에 입학한 남군 씨는, 전문의가 되어 좋은 조건의 여성들과 연애할 기회가 여러 번 있었습니다. 하지만 자신처럼 전문직을 가지거나 탄탄한 직장에 다니는 여성들은 어딘지 모르게 너무 자신감이 넘쳐 보여서 싫었습니다. 잘나가는 부모를 둔 좋은 집안의 여성들은 콧대가 세 보였고, 화려한 미모를 가진 여성은 다른 남자들에게도 인기가 많을 것 같아 꺼려졌지요. 남군 씨는 카페에서 아르바이트를 하던 수수한 외모의 규정 씨에게 끌렸고, 그녀에게 적극적으로 다가갔습니다. 자신과 마찬가지로 어려운 형편에서 자라온 규정 씨는 동생 셋을 둔 집안의 장녀였는데, 동생들을 보살피던 것처럼 남군 씨가 원하는 것은 무엇이든 다 들어주었습니다. 모든 친구들과 연락을 끊고 남군 씨만 바라보기, 남군 씨가 부르면 언제든 달려가기, 몸이 편찮은 시어머니 보살펴드리기 같은 일들이었죠. 남군 씨는 결혼을 결정한 결정적인 이유가 있었다면서 아내가 자신의 집에 처음 방문했을 때를 떠올렸습니다.

"어머니가 암 투병 중이셨는데 들깨수제비를 좋아하신다는 얘기를 듣고 재료를 다 준비해왔더라고요. 어머니는 아내가 탐탁지 않아 싸늘하게 대하셨거든요. 그런데 그 모진 대우를 다 참아내더군요. 냉대를 받으면서도 그날 어머니를 위해 음식을 만들어드리는 모습을 보고서, 이 여자와 결혼해야겠다고 생각했습니다."

규정 씨는 남군 씨에게 헌신적인 행동 패턴을 이어갔는데, 결혼을 해서도 마찬가지였습니다. 남편이 집안일은 물론이고 아이 키우는 데 일절 손을 보태지 않았기에 말 그대로 독박육아를 해야 했지만 그러면서도 남군 씨의 끊임없는 요구에 응했습니다. 남군 씨가 아내에게 가장 우선순위로 바라는 것은 '퇴근 시간에 저녁식사 만들어놓고 반드시 집에 있을 것'이었습니다. 실은 낮 시간에도 아내가 친구들을 만나러 나가거나 취미생활을 갖는 것도 싫어했기 때문에 규정 씨는 집을 지키는 일 말고는 따로 할 수 있는 게 없었습니다. 규정 씨가 남편의 말을 곧이곧대로 듣고 자기주장을 하지 않는 편이기도 했지만, 남군 씨의 요구가 지나친 면이 있었습니다.

남군 씨는 아내가 장을 보러 나갔다 조금 늦게 들어온 날, 집 안을 뒤집어엎었습니다. 어린 아들 앞에서 크게 소리치며 아내를 밀치고 물건을 깨부순 것인데요. 남편의 통제되지 않는 분노 앞에서 아내는 두려움에 떨었고, 남군 씨는 가장 사랑하는 사람을 아프게 한 자신의 행동을 뉘우치며 상담실을 찾았습니다. 남군 씨는 무엇이 그토록 자신의 분노를 건드렸는지 마음을 들여다보았습니다. 아내가 따뜻한 저녁식사를 만들어놓고 기다리지 않으면 참을 수 없는 공허감을 느꼈고, 마음 깊은 곳에서 두려움이 스멀스멀 고개를 들고 올라왔습니다. 비슷한 감정의 기원을 거슬러 올라가보니 어린 시절 생계를 위해 바쁘게 일했던 부모님 모습이 떠올랐습니다. 첫 기억은 울고 있는 자신을 밀어놓고 문을 닫은 채 나가버리는 부모님의 뒷모습이었지요.

그는 자신을 정서적으로 방임한 부모님에게 화가 나 있었지만, 그 분노를 아내에 대한 집착으로 표현하고 있었습니다. 알고 보면 방치된 아이가 느끼는 감정, 공허감과 외로움이 감정의 실체였던 것인데요. 그는 상담을 통해 외롭고 쓸쓸했던 어린 시절의 마음을 존중하기 시작했습니다. 부모님의 사랑이 아쉬워 슬퍼했던 마음을 애도하며, 부모님에 대한 섭섭한 마음을 부인하지 않고 들여다본 것이지요.

나는 감정 그 자체가 아니다

그런데 상담실에서 하는 일이 '부모님을 원망하자'는 것이겠습니까. 우리의 목적은 불완전했던 부모님을 비난하려는 게 아닙니다. 남군 씨가 아이의 관점에서 충분히 느꼈을 만한 감정을 존중하고 인정하면서 부모님의 불완전함을 있는 그대로 수용하는 것, 그분들로서는 그 상황에서 나름대로 최선을 다한 것이었음을 이해하는 일이 심리 여행의 목적지라 할 수 있지요. 가난 때문에 하루하루 입에 풀칠하는 것이 힘들었던 시절, 아이들을 먹여 살리는 일만으로도 허덕였던 남군 씨의 부모님이 정서적인 만족감까지 챙기는 건 사치였던 겁니다.

남군 씨는 부모님에 대한 마음이 어떠했는지 바라보고, 어린 시절의 상처가 오늘날 가장 사랑하는 이를 어떻게 아프게 하는지 통찰하기 시작했습니다. 자신의 결핍된 마음을 보듬으며 자기를 바로 이해하고 아내에게 용서를 구했습니다.

우리의 무의식에 스며든 마음, 그 마음으로 인해 반복되는 패턴은 쉽게 사라지지 않습니다. '아, 내가 이렇구나. 이런 방식을 반복하고 있었구나' 하고 머리로 마음으로 깨달아도 몸이 마음대로 움직여지지 않는 것이 사람이니까요. 아내에게 또다시 알 수 없는 강렬한 분노가 치솟기 시작할 때, 남군 씨는 그 분노의 단서를 알아차리는 연습을 했습니다. 분노의 감정을 인지하고 분노를 자신과 분리해 바라보면서 자신이 감정 그 자체가 아님을 깨닫는 과정에 들어간 겁니다. 더 이상 미해결된 감정에 휘둘리지 않기 위한 여정은 몸의 근육을 만드는 과정처럼 시간을 두고 차근차근 이뤄졌습니다. 아내를 사랑하기 때문에, 그리고 무엇보다 자신을 사랑하기 때문에 감정의 주인이 되는 여행길에 오른 겁니다.

**미선 씨는 '정서적 결핍'이라는 마음의 무늬에 굴복한 경우며,
남군 씨는 과잉 보상한 경우다**

굴복	· 정서적 결핍이 지속될 수밖에 없는 상대와 관계를 이어가면서, 상대에게 자신의 정서적 욕구와 바람을 말하지 않는다.
회피	· 애초부터 친밀한 관계를 맺지 않는다.
과잉 보상	· 연인, 배우자, 친구와 같이 가까운 타인에게 자신의 정서적 욕구를 끊임없이 충족시켜달라고 요구한다.

마음의 무늬

정서적 결핍

미선 씨와 남군 씨처럼 '정서적 결핍'을 마음에 새긴 이들은 다른 사람들이 자신의 정서적인 욕구를 채워줄 것이라 기대하지 않습니다. '정서적 결핍'은 가장 흔히 발견되는 마음의 무늬이기에 상담실에서 자주 다뤄지는 주제인데요, 여기서 '결핍'의 영역은 크게 다음 세 가지로 구분됩니다.

양육

아무도 나에게 관심이 없나 봐. 따뜻하게 보살펴주지도 않고.

공감

이 세상에서 내 이야기를 주의 깊게 들어주고 이해하고 공감해줄 사람은 없어.

보호

그 누구도 나를 지켜주고 안전하게 보호해주지 않을 거야.

'정서적 결핍'이라는 마음의 무늬를 지닌 사람들은 자신이 가진 신념을 삶에서 그대로 살아내는 경향이 있습니다. 여기서 이 신념은 앞에서 서술된 세 가지 영역과 관련되어 있습니다. 아무도 나를 보살펴주거나 공감해주고 보호해주지 않을 것이라 믿는 것이지요. 하지만 세상에 관심과 돌봄이 필요하지 않은 사람이 어디 있겠습니까. 이들은 인간이기에 사랑과 관심, 따뜻한 공감과 보호를 원하면서도 자신에게는 불가능할 것이라 믿고, 이러한 믿음은 자기실현적 예언이 되어 현실로 확인됩니다. 따라서 이들의 사랑은 끊임없는 실패의 굴레를 벗어나지 못하게 되는 것이지요. 이처럼 현실로 드러난 삶에 대한 신념은 반복적으로 확인되며 더욱 단단하게 굳어집니다. '정서적 결핍'은 삶에서 흔히 공허감, 외로움으로 나타나며 사랑하는 이와의 관계 속에 방치된 느낌으로 그 실체를 드러냅니다. 결핍되고 부족한 느낌에 사랑을 좇으면서도 다가오는 사랑조차 멀리 쫓아낼 수밖에 없는 굴레를 쓰고 있는 셈입니다.

'정서적 결핍'을 마음에 새긴 이들이 자주 보이는 패턴은 타인에게 따뜻한 관심과 정을 기대하지도, 요구하지도 않는다는 것입니다. 아무도 자신에게 진정한 관심과 돌봄을 줄 것이라 기대하지 않기에 친밀한 관계를 피해버리는 것이지요. 관계란 어차피 상처로 남을 거라 생각합니다.

또 다른 패턴은 정서적 결핍을 느낄 수밖에 없는 상대를 선택하고 그 관계 안에 매몰되는 것인데요. 자기중심적으로 요구만

하는 상대를 만나, 자신의 정서적인 만족은 버려둔 채 상대방에게 휘둘리기만 하는 겁니다. '내 바람도 채워줘, 내 얘기도 좀 들어줘, 내가 원하는 건 이거야.' 이런 마음을 억누른 채 자신이 관계 속에서 무엇을 원하는지, 어떻게 채워졌으면 좋겠는지, 상대로부터 무엇을 받고 싶은지를 좀처럼 말하지 않습니다. 그래서 정서적 결핍은 사라지지 않고 지속되지요. 유독 이뤄질 수 없는 사랑에 빠지는 이들, 자꾸만 불행한 사랑에 빠지는 이들은, '내 사랑은 이뤄질 수 없다. 나는 사랑받을 수 없다'라는 신념을 삶 속에서 재연하고 있는 것은 아닌지 확인해볼 필요가 있습니다.

마지막 패턴은 남군 씨처럼 사랑과 관심을 과도하게 요구하는 경우입니다. 마치 응석 부리는 어린아이처럼 지나치게 요구하며 주변 사람을 지치게 하는데, 상대방이 그런 요구를 끊임없이 들어준다 해도 결핍감은 잘 채워지지 않습니다. 결핍된 마음을 안고 부모에게 사랑을 갈구하던 어린아이로 돌아가 '나만 보고 나만 보살펴달라'고 매달리지만 이런 태도는 상대방을 지치게 합니다. 결과적으로 그 관계에서의 사랑 또한 자주 위태로운 상황에 처하게 되지요.

정서적 결핍, 그 마음의 기원은?

'정서적 결핍'이라는 무늬는 어린 시절의 성장 경험에 그 뿌리를 두고 있습니다. 세상을 처음 마주한 아기는 자신을 대하는 주 양육자의 태도를 통해 세상에 대한 인상을 갖게 되는데요. 세상이 자신을 환영하는지, 환대해주고 따스한 관심을 보여주는지에 따라 세상과 더불어 자기 자신에 대한 인상도 형성됩니다. 신이 아닌 나약한 인간이기에 꿈꿀 수밖에 없는 이상적인 세상, 분리감이 없는 완벽한 일체감을 느끼며 엄마의 자궁 속에서 열 달 동안 보호받다 어느 날 갑자기 떨어져 나온 아기는 마음이 어떤 상태일까요? 누군가의 보살핌에 의존할 수밖에 없는 아기의 심리는 기본적으로 불안하고 결핍되어 있습니다. 완벽한 공생의 환경에서 분리되어 개체가 된 아기, 출산이라는 트라우마를 겪은 아기로서는 혼자서는 살아남을 수 없는 환경에서 양육과 공감, 보호가 절대적으로 필요합니다.

그런 불안한 세상 속에서 아기는 양육자와의 '관계'를 통해 세상은 무엇인지, 나는 누구인지, 타자와 나의 관계는 어떤 것인지 감을 잡아갑니다. 막연한 어둠 속에서 차츰 세상과 나를 구분하게 되고 자아가 생기면서 아기는 몸으로, 마음으로 기억하지요. 세상은 어떻고 나는 어떠한지, 인간이 주고받는 사랑이란 어떤 것인지를요.

이때 아기가 타고난 기질뿐 아니라 아기를 둘러싼 환경은 주 양육자에게 영향을 주고, 주 양육자는 아기에게 영향을 줍니다. 하나의 시스템 속에서 서로가 서로에게 영향을 주고받으면서 아기의 성격이 형성되는데요, 아기의 주관적 세계 속에서 가장 크게 경험되는 것은 주 양육자의 태도입니다. 주 양육자의 일관되고 따뜻한 태도와 보살핌은 아기의 몸에, 기억에, 무의식에 각인되고 이것은 일종의 신념으로 나타나게 됩니다.

그런데 안타깝게도 주 양육자가 어떤 이유에서든 아기에게 충분한 관심과 사랑을 쏟지 못했다면, 그 아기는 세상을 차갑게 경험할 수 있습니다. 양육자가 아기를 학대하거나 전적으로 방치하지 않았다 하더라도, 정서적인 면에서는 따뜻하지 않았을 수도 있고요. 아기는 차갑고 무심한 경험 속에서 '세상은 나를 충분히 보살펴주지 않고 보호하고 공감해주지 않는다'는 믿음을 형성하게 됩니다. 막연하던 믿음은 성장 과정에서 행동으로 드러나고 관심과 보호를 기대하지 않으며 거리를 두는 태도, 혹은 지나치게 요구적인 태도에 진심으로 원했던 관심과 사랑은 더 멀어지고 말지요.

온전히 나와 마주하는 시간

그렇다면 '정서적 결핍'이라는 마음의 무늬를 갖고도 어떻게 하면 가슴속까지 충만한 느낌으로 살아갈 수 있을까요. 진심으로 원하는 사랑과 관심, 보호와 보살핌을 스스로 내쫓지 않으려면 어떻게 해야 할까요? 균형감 있는 관계 속에서 성숙하게 사랑을 주고받고 상대와 함께 살아가는 법, 자기점검을 통해 하나씩 훈련해보도록 합니다.

1 나를 점검한다

먼저 정서적 결핍감의 신호를 점검해볼까요. 아래에서 해당되는 것이 많을수록 관계 속에서 결핍되고 있을 가능성이 높습니다.

- 그 누구도 나를 온전히 이해해주지 않는다.
- 차갑고 무심한 사람에게 관심이 간다.
- 가장 친한 사람과도 진정으로 가깝게 느끼지 못한다.
- 아무도 나를 진심으로 걱정하거나 신경 써주지 않는다.
- 이 세상에는 나를 보호해주고 사랑해주는 사람이 없다.
- 나는 관계 속에서 결국 상처만 받고 만다.

2 관계 패턴을 파악한다

계속 되풀이되는 패턴의 관계를 맺고 있는지도 돌이켜봅니다. 관계의 패턴은 자신도 모르게 삶 속에서 반복되는 경향이 있거든요. 혹시 당신은 파괴적인 관계에 익숙한가요? 늘 당신을 아프게 하는 차갑고 무심한 사람에게 끌리나요? 데이트 상대가 당신의 얘기는 듣지 않고 자기 얘기만 늘어놓곤 하나요? 항상 상대방에게 뭔가를 주는 편인데 그러다 지쳐서 결국 거리를 두게 되나요? 당신이 연인과 주로 이별하게 되는 이유는 무엇이지요?

'정서적 결핍'의 무늬를 마음에 새기고 있다면 친밀한 관계, 특히 이성 관계를 아예 피해버리거나 오랜 시간 유지하지 못하는 경향이 있을 수 있습니다. 상처받지 않기 위해 자신을 드러내지 않고 어느 누구에게도 다가가지 않으며 거리를 두는 경우, 혹은 조금 가까워지면 관계로부터 도망가는 경우(물론 이때 관계가 깨지는 것에 대해선 늘 이유가 있음), 아니면 내게 결핍감을 느끼게 만드는 차갑고 무심한 사람하고만 사랑에 빠지는 경우……. 당신은 어디에 해당되나요? 무엇을 반복하며 자기 자신에게 또다시 상처를 주고 있을까요? 당신은 혹시 어린 시절 가장 사랑받고 싶었던 사람과의 관계에서 상처받은 그 상황을, 지금 여기에서 재연하고 있지는 않나요?

3 기원에 대해 이해하고, 아픈 감정을 깨닫는다

'정서적 결핍'은 때로 매우 미묘한 과정에서 새겨지기에 명료하게 알아차리기 어려울 수 있습니다. 양육자가 아이를 전적으로 학대하거나 괴롭히지 않았어도 생길 수 있기 때문이지요. 앞의 사례로 제시된 미선 씨의 경우엔 부모님이 책임감이 강한 분들이었고 아이였던 미선 씨에게 관심을 기울이며 보살핀 것이 사실이었습니다. 하지만 미선 씨의 어머니는 고된 시집살이를 겪으면서 일로 바쁜 남편에게 이해받지 못해 무척 지쳐 있었던 겁니다. 미선 씨의 어머니도 정서적으로 충분히 채워지지 못했기에 속이 공허했던 것이지요. 미선 씨의 어머니는 다만 자신이 할 수 있는 방식으로 최선을 다했습니다. 아이를 삼시 세 끼 잘 먹이고 씻기고 재우고, 부족함이 없도록 물질적인 지원을 해주며 원하는 공부를 할 수 있게 뒷바라지를 했습니다.

그럼에도 미선 씨는 늘 피곤하고 어딘지 모르게 지쳐 보이는 어머니 앞에서 자신의 진심을 내보일 수 없었습니다. 힘들 때 힘들다고 속마음을 드러내며 헤아려달라고 기대할 수는 없었던 것이지요. 최선을 다해 살고 있는 어머니를 더 힘들게 할 수는 없었기 때문입니다. 공감받고 싶을 때 공감받지 못했던 미선 씨는, 상담을 통해 공허한 마음을 바라보고 아픔을 받아들이기 시작했습니다. 과거를 바라보는 것은 과거로부터 자유로워지기 위한 첫걸음이었습니다.

'정서적 결핍'의 기원을 이해하는 것에서부터 나에 대한 공감을 시작해볼까요? 제대로 보호받고 보살핌을 받아보지 못한 기억, 공감받지 못했던 기억을 떠올려보는 겁니다. 아픈 기억을 끄집어내고 바라보기가 선뜻 내키지 않지요? 하지만 괜히 과거를 들쑤시려고 어린 시절의 나를 돌아보자는 게 아닙니다. 내가 벗어나지 못한 채 오늘의 현실에서 반복하고 있는 것이 무엇인지, 그렇다면 나는 과거의 어느 시점에 머물러 있는지, 무엇이 무의식 속에서 나를 움직이는지 알아차리기 위함이지요. 결국은 나를 이해하고 받아들이기 위한 여정이라고 생각해보세요.

우선은 머릿속에서 떠오르는 이미지가 출발점이 됩니다. 처음에는 이미지가 뚜렷하지 않을 수 있습니다. 기억이 조각조각 파편화되어 있고, 그 무엇이든 뚜렷하지 않을 수 있는데요. 당연한 겁니다. 하지만 퍼즐 조각을 맞추듯이 기억을 조금씩 돌이켜보세요. 따뜻함을 잃어버렸던 사건, 가슴속에서 뭔가를 상실한 것만 같은 경험, 가슴 한구석이 서늘했던 기억……. 오늘 나를 아프게 하는 감정은 어떤 것이지요? 그 감정의 뿌리는 무엇인가요?

4 나의 정서적 욕구를 받아들인다

화가 나고 속상한 마음을 찾았다면, 있는 그대로 받아들이세요. 아픈 감정으로부터 굳이 벗어나려고도 부인하려고도 하지 말고 감정을 아이 다루듯 들여다보는 겁니다. 감정을 하나의 살아 있는 생명체처럼, 아이와 같은 존재로 여긴다면 어떻게 대하는 게 좋을까요? 감정을 피하려고 하는 시도는 우는 아이를 뒷방에 가두어두는 것과 같습니다. 아이처럼 달래주고 안아주며 그 존재를 충분히 알아주는 것이 좋습니다. 울고 화내고 소리치면서 사라지지 않고 버티던 감정은 인정해주고 토닥여주고 껴안아줄 때 비로소 잠잠해질 겁니다. 나 또한 누군가로부터 돌봄과 공감, 보호를 받고 싶었다는 사실을 이제는 받아들여야 합니다. 그것이 자연스러운 우리 인간의 모습이니까요.

5 성숙한 사랑을 위한 상대를 찾는다

이유는 알 수 없지만 왠지 모를 치명적인 매력이 느껴지는 사람이 있다면 잠깐 멈춰봅니다. 회오리같이 강렬한 사랑에 휘말려 들어갈 가능성이 있기 때문입니다. 당신은 무엇 때문에 그 사람에게 그토록 끌리는 걸까요? 관계 속에서 자꾸만 상처받고 있으면서도 자신의 아픔은 모른 체하고 있는 건 아닌가요?

다치기만 하는 사랑을 멈추고 이제는 건강한 관계를 위해 나아갈 필요가 있습니다. 성숙한 사랑을 나눌 수 있는 상대는 당신에게 그다지 매력적이지 않을 수 있는데요. 서로 충만해지는 관계, 공허함이 채워지는 관계 속에서 당신은 심심해하고 지루해할 수 있기 때문입니다. 혹은 마치 사랑이 아닌 것처럼 밋밋하게 느껴지거나, 정서적으로 채워지는 느낌이 익숙하지 않아 어딘지 모르게 불편할 수도 있을 겁니다. 하지만 사랑은 자극적이기보다는 안정적일 때 더 오래 유지되기 마련입니다. 아픈 영혼을 위로하는 것은 한결같은 안정감입니다. 강렬한 색깔도, 강렬한 향도 없지만 우리의 생명을 위해 꼭 필요한 물과 공기처럼 말이지요.

6 분노를 다루는 요령을 터득한다

안정감을 주는 상대를 만났다고 하더라도 관계가 진전됨에 따라 어려움이 생길 수 있습니다. 100퍼센트 완벽한 관계는 없습니다. 서로에게 가깝고 소중한 사람이 될수록 불만도, 분노도 쌓일 수 있지요. 소화하기 힘든 부정적인 감정과 갈등이 찾아오는 것은 관계의 필연입니다. 여기서 깊은 관계를 피해 도망가거나 물러서지 말아야 합니다. 또는 사랑하는 이가 쓰러질 정도로 강한 펀치를 연달아 날리지 않고도 자기 의사를 표현할 수 있어야 하고요. 깊은 관계는 서로의 다름을 표현하고 조율하는 과정에서 이뤄지는 것입니다.

당신은 상대에게 원하는 것을 말하지 않은 채 해주기만 하는 동안 알게 모르게 화가 쌓였을 수 있습니다. 관계를 깊이 있게 이끌어가고 싶다면 원하는 것을 말해야 합니다. 싫은 것은 싫다고, 원하지 않는 것이 있다면 그것이 무엇이라고 이야기하세요. 그리고 상대가 당신을 보살피고 돌보고 배려할 수 있도록 허용해주세요. 당신은 사랑을 받아 마땅한 존재니까요.

　혹은 당신은 분노를 쌓아두다가 상대가 감당할 수 없을 정도로 그것을 강렬히 퍼부을 수도 있습니다. 관대한 연인의 가면을 쓰고 있다가 마치 복수를 감행하듯이 갑자기 헤어지자고 할 수도 있고요. 상대는 영문도 모르고 이별 통보를 받는 것이지요. 하지만 이별에 대한 욕구가 갑작스레 올라올 때, 참을 수 없는 분노에 휩싸일 때 "잠깐!" 하고 외쳐보세요. 지금 당신의 마음을 잠식하고 있는 감정을 알아차리고 신체 감각을 인지해야 합니다. 굳이 분노를 없애려 하거나 옳다 그르다 판단할 필요는 없습니다. 그냥 그렇구나 하고 바라보도록 합니다.

　화가 극에 치달았을 때 상대와 대화를 하는 것은 그리 좋은 방법이 아닙니다. 화가 가라앉을 때까지 기다려야 합니다. 화를 가라앉히기 위해 깊은 호흡이나 명상, 운동을 하거나 글쓰기, 그림 그리기 같은 예술 활동을 하면 좋습니다. 친구와 이야기를 나누는 것도 도움이 됩니다. 하지만 관계를 더 성장시키려면 이렇게 화가 나 있는 감정과 생각에 대해 상대방과 이야기를 나눠보는 것이 좋습니다.

내가 좀 한심한 인간이라······

서른을 앞두고 있는 지윤 씨는 아직까지 제대로 된 연애를 해
본 적이 없습니다. 가끔 썸을 타는 경우가 있긴 했지만 깊이 있는
관계로 진전해본 적은 없다고 했습니다. 큰 키, 새하얀 피부에 윤
기 있게 찰랑이는 생머리, 별을 박은 듯 반짝이는 눈빛. 멀리서 봐
도 한눈에 들어오는 미인이건만 왜 그녀는 남자 친구가 없었을까
요. 사실 그녀에게 관심을 보이며 다가오는 남자들은 많았지만,
이상하게도 지윤 씨는 자신에게 먼저 호감을 갖는 상대에게는 전
혀 마음이 가지 않았습니다. 어딘지 모르게 쌀쌀맞고 냉정하게 보
이는 남자에게만 끌렸고, 상대방의 차가운 태도에 가슴이 설레곤
했지요. 별 관심 없다는 듯한 눈빛, 냉랭하게 피하는 태도, 무심하

게 쏘아대는 직선적인 말투에 운명 같은 끌림을 느꼈습니다. 그런데 그 끌림의 유효기간은 늘 정해져 있어서, 상대방이 지윤 씨에게 관심을 가지기 전 바로 그 순간까지만 지속되었습니다.

냉정하게 거리를 두는 남자들도 지윤 씨가 먼저 다가가 유혹하면 마음을 열곤 했습니다. 부족할 것 없는 아름다운 여성이 다가오는데 제아무리 돌부처 같은 남자라도 흔들리지 않을 수 없었을 겁니다. 하지만 상대가 지윤 씨에게 호감을 표현하면 그 순간 그녀의 마음은 차갑게 식어버렸습니다. 불타던 마음은 상대의 호감에 의해 증발해버린 듯 사라지고 말았지요. 지윤 씨는 왜 그들의 사랑을 받아들일 수 없었을까요. 지윤 씨는 자신에게 뭔가 문제가 있음을 직감하게 되었고, 누군가와 온전히 사랑할 수 없는 자기 자신을 이해하고자 상담실 문을 두드렸습니다.

어머니의 희생양으로 살아온 기억

지윤 씨는 부유한 집안의 둘째 딸로 태어났습니다. 그녀의 어머니는 우리나라 최고의 여대에서 성악을 전공한 음악가였고 눈부신 미모를 가진 여성이었지요. 이름 있는 정치인의 딸로 태어나 공주처럼 자란 지윤 씨의 어머니는 부족함 없이 자유로운 생활을 즐기다가 부모의 뜻에 따라 결혼했습니다. 부모의 마음에 든 남자는 가난한 집안에서 태어났지만 잘나가는 법조인이 되어 명예와 권력을 손에 쥔 사람이었습니다. 지윤 씨의 어머니는 사랑하지 않는 남자와 결혼해야 한다는 사실에 가슴 깊은 불만을 품고 있었는데요. 더욱이 부모의 뜻에 따라 성악가의 삶을 포기하고 평범한 주부로 살아야 한다는 사실을 받아들이기가 어려웠습니다. 세월이 갈수록 젊음과 미모가 사라져가는 것 또한 견디기 힘든 사실이었지요. 그녀는 지윤 씨와 지윤 씨의 언니, 딸 둘을 낳았지만 일평생 남편을 사랑하지 않았기에 가슴속에는 공허감의 그늘이 점점 더 짙어졌습니다. 그녀의 만성적인 불만과 공허감은 둘째 딸을 향한 분노로 표출되었습니다. 무슨 이유로 지윤 씨는 어머니가 품은 분노의 희생양이 되었을까요.

지윤 씨의 언니는 어려서부터 영특했고 무엇을 하든 1등을 놓치지 않는 아이였습니다. 어디서든 눈에 띄는 첫째 딸은 어머니의 자랑거리였지요. 성악가로서의 화려한 삶을 포기한 지윤 씨의 어머니는 무엇이든 잘하는 첫째 아이를 보며 마음의 결핍을 채웠습니다. 만족스럽지 않은 삶에서 유일한 위안거리는 첫째 딸의 성취였으니까요.

하지만 지윤 씨의 어머니는 이혼을 고민했습니다. 사랑하지 않는 남편을 위해 평생 내조해야 한다는 사실이 뻥 뚫린 가슴을 계속 시리게 했기 때문입니다. 하지만 지윤 씨를 임신하면서 그 마음을 포기해야만 했습니다. 그 시절엔 아이 둘을 데리고 이혼녀로서 살아갈 자신이 없었기 때문입니다. 지윤 씨의 어머니는 둘째 아이를 임신했다는 사실을 알았을 때 하늘이 무너지는 것 같았다고 합니다. 지윤 씨의 기억 속에 등장하는 어머니는, 지윤 씨를 배 속에 품으면서 삶이 주는 모든 선물을 포기한 불행한 여인이었지요.

"너 때문에 내가 네 아버지와 이혼을 못 했다고 그렇게 말해요, 엄마가. 그 매정한 눈빛이 잊히지 않아요."

"너는 뭐 하나 잘하는 게 없다고, 너는 나한테 너무 부족한 자식이라고 그렇게 나무라고 있어요."

지윤 씨는 과거를 회상하면서 눈물을 흘렸습니다. 그녀가 기억하는 어린 시절은 어머니의 차가운 눈빛, 날카롭게 찢어지는 비난의 목소리로 점철되어 있었습니다. 음울하고 축축한 기억, 어두운 회색 톤의 기억은 지윤 씨의 성장 과정을 채색하고 있었는데요. 늘 병약했던 소녀는 자신의 존재와 삶에 의문을 품곤 했습니다. 그리고 자신의 존재를 수치스러워했습니다. '나는 결함이 있는 게 틀림없어.' 지윤 씨가 가슴 깊은 곳에 새겨놓은 것은 수치심 그리고 뿌리 깊은 결함의 느낌이었습니다.

사랑을 믿지 못하게 만든 열등감

어려서부터 자주 앓으며 생사의 고비를 몇 번 넘겼던 지윤 씨에게 삶은 끝없는 투쟁이 벌어지는 전장과 같았습니다. 전쟁 같은 삶에서 지윤 씨는 늘 전투에 지고 마는 약한 병졸이었지요. 언니는 건강했고 외향적이었으며 활발했습니다. 총명해서 무엇이든 잘할 뿐 아니라 사람들에게 사랑받는 법을 알았기에 주목받는 존재였고요. 어머니의 노골적인 비교에 마음이 더욱 쪼그라들어 열등감을 느낀 지윤 씨는 가슴 깊은 곳에 이런 느낌을 아로새겼습니다. '나는 잘하는 게 없는 것 같아.' 결함이 있다는 느낌은 마음에 새겨져 그림자처럼 자신을 쫓아다녔습니다. 언니가 국내 최고 대학의 법대에 입학해 아버지의 뒤를 따라 법조인이 된 후엔 뭔가 열심히 해서 언니를 따라잡으려는 노력을 아예 포기했다고 합니다. 대신 그녀는 외모에 집착하기 시작했습니다.

마음 깊은 곳의 수치심을 보상하고자 여러 차례 성형수술을 했을 뿐 아니라 하루에 한 끼를 먹는 극심한 다이어트를 하면서 날씬한 몸매를 유지했지요. 늘 타인의 시선을 신경 쓰며 괜찮은 사람으로 보이고자 노력했음은 물론입니다. 머리부터 발끝까지 흐트러짐 없이 깨끗하고 아름다워야만 외출할 수 있는 용기가 생겼습니다. 잘나가는 부모를 두고 부족할 것 없이 자랐지만 내면은 결함의 느낌으로 가득 차 있었습니다.

'내가 어떤 사람인지 알게 되면 누구도 날 사랑할 수 없을 거야.'

지윤 씨 안에 내재한 믿음은 그것이었습니다. 누군가가 다가오는 것도, 자신을 내보이는 것도 두려울 수밖에 없었습니다. 그녀가 그토록 친밀감을 회피하는 데는 이유가 있었던 것입니다.

그녀가 상담실에서 해야 할 일은 자신의 뿌리 깊은 열등감을 들여다보는 것이 전부는 아니었습니다. 마음 깊은 곳에 감춰진 열등감과 수치심, 결함의 느낌 때문에 친밀감을 회피하고 있다는 사실을 이해하는 것만으로는 충분하지 않았지요. 무엇보다도 자신의 존재에 대해 온전히 인정받지 못한 어린 시절의 자신을 보듬어줄 필요가 있었습니다. 상처받은 내면의 자아는 여전히 강렬한 통증을 끌어안고 울고 있었기 때문입니다.

지윤 씨는 어머니에 대한 분노와 원망을 들여다보았고, 충분히 사랑받았어야 할 과거를 잃은 데 대한 상실감에 머물러보았습니다. 언니에 대한 시기심, 잘난 언니와 비교되며 위축되고 우울했던 어린 시절의 느낌도 다시 알아차렸습니다. 외모에 집착하며 아름다움을 붙들어도 결함의 느낌이 사라지지 않는다는 사실도 깨달았지요. 정말 중요한 건 마음속에 자리하고 있지, 겉으로 보이는 게 다가 아니었으니까요.

지윤 씨는 '결함/수치심'이라는 마음의 무늬에 굴복 및 과잉 보상한 경우다

굴복	· 자신에게 비판적이거나 혹독하게 구는 대상, 자주 수치심을 자극하는 대상과의 관계에서 벗어나지 못한다. · 자신을 지나치게 낮추며 스스로를 비난한다.
회피	· 자신의 모습을 수치스러워하기에 진실한 생각과 감정을 표현하지 않고 거리를 유지하거나 친밀한 관계를 피한다.
과잉 보상	· 결점을 보완하기 위해, 완벽해 보이기 위해 과도하게 애를 쓴다. · 타인을 낮추며 비난한다.

마음의 무늬

결함/
수치심

혹시 당신도 다음과 같은 성향을 가지고 있나요?

- 끊임없이 나를 다른 사람과 비교한다.

- 자신을 타인과 견주며 자꾸 스스로를 낮춘다.

- 누군가 나를 칭찬하면 거짓말처럼 들려서 기분이 나쁘다.

- 상대방이 나를 비난하거나 깎아내리는 상황에 익숙하다.

- 진짜 내 모습을 알면 누구도 날 좋아하지 않을 거라 생각한다.

- 누군가의 타당한 비판에도 매우 위축되고 마음이 상한다.

만약 '결함/수치심'이라는 마음의 무늬가 아주 짙게 새겨져 있다면, 당신은 스스로를 불완전할 뿐 아니라 결함투성이라고 생각하고 있을 겁니다. 당신은 대체 자신의 무엇이 그토록 싫은 걸까요? 스스로를 수치스러워할 때 자신을 비난할 거리는 수도 없이 많이 있습니다. 키, 몸매, 체중, 얼굴형, 여드름 같은 외모부터 시작해서 말투, 눈빛, 성격, 취향 등 모든 것이 싫어할 거리가 되는데요. 자기가 가진 특징 일부나 어떤 행동이 부족하게 느껴지는 게 아니고, 자신의 존재 자체가 수치스럽게 느껴지는 겁니다. 이

때 자신에 대한 수치심은 객관적인 조건과는 큰 관련이 없습니다. 지윤 씨의 사례에서처럼 부족한 점이 없어 보이는 사람도 만성적인 수치심에 시달릴 수 있습니다.

'결함/수치심'이라는 무늬를 마음에 새겼을 때, 사람들은 어떤 특징을 드러내게 될까요? 결함의 느낌에 굴복하는 사람은 자신에 대해 눈에 띄게 비판적인 태도를 갖게 됩니다. 항상 스스로를 낮출 뿐 아니라, 자신을 비판적으로 대하며 함부로 하는 사람들을 곁에 둡니다. 익숙한 결함의 느낌을 강화하는 상황을 자신도 모르게 선택하는 것이지요. 가학적인 연인이나 동료로부터 벗어나지 못하고 늘 당하고 사는 이들에게는 '결함/수치심'이라는 마음의 무늬가 새겨져 있을 가능성이 높습니다. 다른 사람들의 눈에는 '왜 저렇게 당하면서도 관계를 유지하는지' 이해가 안 되지만, '결함/수치심'의 무늬를 가진 사람이라면 익숙한 상황이 편하게 느껴질 수 있습니다.

반면 '결함/수치심'의 느낌에 굴복하기보다는 도피하는 사람들이 있습니다. 이들은 고통스러운 결함의 느낌을 피하고자 수치심을 일으킬 수 있는 상황을 멀리합니다. 이때 가장 전형적인 태도는 친밀한 관계를 회피하는 것입니다. 자신이 먼저 다가가지도 않지만 누군가가 가까워지려고 하는 것도 경계하지요. 타인에게 자신의 깊숙한 내면을 드러내는 것도 꺼려합니다. 본모습을 알게 되면 다들 자기를 거부할 것이라고 예상하기 때문이지요. 또한 뭔가에 도전하는 것도 회피합니다. 실패의 가능성을 수반하는 도전은 부족한 느낌을 일으킬 수 있기 때문입니다. 친밀한 관계와 새로운 도전을 꺼리는 이들의 삶은 적극성과 주도성이 결여된 무기력한 양상을 띤 채 흘러갑니다.

한편 '결함/수치심'이라는 마음의 무늬에 굴복하거나 도피하지는 않지만 과잉 보상하려는 방식으로 살아가는 이들도 있습니다. 수치심을 극복하고자 지나치게 애쓰는 것이지요. 열등감을 극복하려고 노력하면서 더 높은 이상을 추구하지만, 건강한 성장의 욕구보다는 수치심을 보상하기 위한 욕구에 의해 움직입니다. 따라서 자신의 열등감을 자극하는 이들을 시기하고 쉽게 경쟁구도를 만들며 상대를 평가절하하지요. '내가 너보다 낫다'를 확인하는 것이 삶의 중요한 목적이 되는 겁니다. 이들의 삶은 마치 치열한 전쟁과 같습니다. 나보다 나은 사람은 수치심과 열등감을 자극하기에 끝없는 경쟁 속에서 긴장을 놓지 않고 살아가는 것입니다.

결함/수치심, 그 마음의 기원은?

지윤 씨의 사례에서처럼 결함의 느낌이 마음에 새겨지는 데는 비판적인 부모의 역할이 크게 작용합니다. 비판적인 부모와 더불어 형제자매 관계에서 경쟁하면서 좌절감을 마음에 품어온 경우에

도 결함의 느낌이 생기기 쉽고요. '결함/수치심'의 무늬를 새긴 이
들은 성장 과정에서 자신의 존재를 제대로 인정받지 못하고 컸을
가능성이 높습니다. 사소한 실수에도 가혹한 비난이 주어지는 환
경에서 자라온 사람들은 자신에게 뭔가 문제가 있는 게 틀림없다
고 생각하게 됩니다. 질책하는 부모의 목소리는 어느덧 부모를
떠나 자기 자신 안에 내면화되는 것인데요. 성인이 되어서도 가
슴 깊은 곳에 내재한 결함과 수치심의 느낌은 자신을 그림자처럼
따라다닙니다. 아무리 성형을 하고 다이어트를 해도, 아무리 성취
를 이뤄내도 어딘가 부족한 것 같은 느낌은 사라지지 않습니다.

그런데 정말로 결함이 있기 때문에 결함이 있다고 느끼는 걸까
요? 정말 문제가 있었기 때문에 부모가 그토록 가혹했던 것일까
요? 사실 아이들은 그 모습이 어떻든 있는 그대로 사랑받아야 마
땅합니다. 진짜 문제는 그들의 부모에게 있었을 가능성이 높지요.
그들의 부모 또한 부모로부터 존재 자체로 사랑받지 못하며 결함
의 느낌을 내재하고, 그 상처를 자녀에게 대물림했을 것입니다.
자신 또한 그토록 무서워했던 부모의 모습을 닮아간 것이지요.

온전히 나와 마주하는 시간

'결함/수치심'이라는 마음의 무늬를 가진 이들은 다양한 모습으
로 그 특색을 드러냅니다. 비 오는 날 꼬리를 내린 강아지처럼 지

나치게 비굴할 수도 있지만, 경쟁을 일삼으며 사람들 앞에서 오만할 정도로 당당할 수도 있고, 혹은 그 무엇이든 회피하면서 세상과 타인으로부터 거리를 두고 지낼 수도 있지요. '결함/수치심'에 대처하는 방식이 달라서 겉모습이 다른 것일 뿐, 문제의 뿌리는 같을 수 있습니다.

1 나를 점검해본다

나 자신에게서 다음과 같은 결함의 흔적이 발견되는지 돌아봅니다.

- 계속 뭔가가 부족한 것 같은 느낌이다.
- 다른 사람의 칭찬을 곧이곧대로 받아들이지 않고 꼬아서 듣는다.
- 아무리 성취를 이뤄내도 부족하다는 생각이 든다.
- 실패가 두려워서 도전을 피하게 된다.
- 다른 사람에게 가까이 다가갔다가 거절당할까 봐 친밀해지지 못한다.
- 사소한 비판을 들어도 나라는 존재 전체에 흠집이 난 것만 같아 기분이 몹시 상한다.

2 어떤 순간에 결함의 느낌이 떠오르는지 깨닫는다

'결함/수치심'의 느낌은 일상에서 순간순간 떠오를 수 있으며 수치심, 부적절감, 불만감, 불안의 모습으로 찾아옵니다. 자신에게 결함이 있다는 생각과 수치심이라는 감정은 자신을 억제하고 수동적으로 행동하게끔 만들지요. 결함이 있다는 인식과 수치심을 밀어내며 없애려 하기보다는 어느 순간에 자신에게서 그것이 나타나는지, 그때 어떤 행동을 하게 되는지 알아차려야 합니다. 어떤 내적 경험을 없애거나 피하려는 시도는 오히려 더욱 고통스러운 내적 경험을 강화할 수 있으므로, 그저 판단하지 않고 알아차리는 것이 좋습니다. 그대로 놓아두고 고통스러운 결함의 느낌 또한 받아들이는 경험을 연습하는 것입니다. 예를 들어볼까요.

상황	· 대학 동기가 대기업에 입사했다는 소식을 들었다.
생각	· 나는 왜 저렇게 못 하는 걸까. · 다들 취업하는데 나만 못 하고 있구나. · 나한테는 좋은 일이 일어날 리 없어.
신체 감각 / 감정	· 가슴이 조이는 듯한 통증 · 어깨 근육이 긴장됨 · 우울감
행동	· 친구의 문자메시지에 답하지 않고 잠자리에 누워 있다.

상황	· 중간고사 때 문제를 제대로 읽지 않고 풀어서 엉뚱한 답을 쓰는 실수를 했다.
생각	· 이런 못난이 같으니라고. · 또 실수하는 걸 보니 나는 정말 안 되겠다. · 평생 이렇게 실수를 반복하다 보면 내 인생은 망하게 될 거야. · 나는 영 공부 타입이 아닌가 봐.

신체 감각 / 감정	· 가슴이 답답함 · 불안감 · 절망감
행동	· 기말고사 기간에 시험공부를 하지 않고 친구들과 술을 마신다.

3 내 인생에 어떤 영향을 미치는지 찾아본다

'결함/수치심'이라는 마음의 무늬가 인생에 어떤 영향을 미치고 있나요? 그것이 삶에서 어떤 모습으로 등장하는지 구체적인 목록을 작성해보도록 합니다.

1) 시험에 떨어질까 봐 두려워 도전을 피했다.

2) 직장 상사의 지적에 마음이 너무 상해서 버럭 소리를 지르고 회의실을 나와버렸다.

3) 거절당하는 게 두려워 소개팅 약속을 취소했다.

4) 친구에게 건설적인 비판을 듣고도 마음이 상해서 다투었다.

5) 정상체중이라고 하는데도 매일 체중을 체크하며 굶기를 반복한다.

6) 얼굴 주름이 신경 쓰일 때마다 피부과나 성형외과를 찾아 필러를 맞는다.

7) 나 자신의 부족한 행동에 대해 곱씹으며 우울감에 빠진다.

'결함/수치심'이란 마음의 무늬가 존재하는 이유는 무엇일까요? 그 기능을 찾아봅시다. 이해되지 않는 우리 마음속의 흔적은 나름의 존재 이유를 갖고 있습니다. 예컨대 결함이 있다는 생각에 외모에 집착한다면, 그 때문에 늘 부지런히 운동을 하고 건강에 좋은 음식을 먹으며 식단을 관리했을지도 모를 일이지요. 자신이 부족하다고 생각하기 때문에 단점을 보완하고자 노력하며 오늘날까지 열심히 살아왔을 수도 있습니다. '결함/수치심'이라는 마음의 무늬를 나쁘게만 보면서 없애려고 하기보다는, 존재하는 이유를 충분히 알아줌으로써 나 자신을 공감해주면 어떨까요.

4 결함의 느낌이 새겨진 기원을 떠올려본다

만약 당신이 결함의 느낌을 갖고 있다면, 그 기원은 어디에서 비롯된 걸까요? 부족한 느낌, 위축감, 실패에 대한 두려움이 떠오를 때, 이와 비슷한 감정을 느꼈던 과거의 장면을 생각해봅니다. 의식 아래로 가라앉혀두었던 과거의 기억을 되살려보는 겁니다. 눈을 감고 되도록 생생하게 떠올려보세요. 주변에 무엇이 보이지요? 당신은 어디에 있나요? 부모님의 표정은 어떠했지요? 어떤 목소리가 들리나요? 당시 상황을 회상하면서 올라오는 감정과 감각을 느끼고 그 상태에서 머물러봅니다. 쓰라린 감정을 받아들이고, 상처를 가진 자신을 수용해봅니다.

5 과거의 심상을 적극적으로 바꿔본다

과거의 심상 속에서 어린 시절에는 차마 하지 못했던 행동을 시도해봅니다. 심상 속에서는 분노를 자유롭게 표현해도 좋습니다. 그동안 억눌러놓고 미처 드러내지 못했던 감정을 표현하면서 자기 자신을 적극적으로 변호해보는 겁니다.

어린 시절의 관점에서 과거를 떠올리고 나를 비난하는 대상에게 맞서 나를 변호했다면, 이제 같은 상황을 제3자의 관점에서 떠올려 상상합니다. 어른이 된 내가 제3자의 관점에서 지켜본다고 생각하고 그 상황을 바라보는 것입니다.

무슨 일이 벌어지고 있나요? 어린 시절의 나는 어떤 표정을 하고 있지요? 부모님은 어린 시절의 나에게 어떤 말을 해주고 있나요? 상황이 어떻게 흘러가나요? 성인이 된 입장에서 어린 시절의 내가 겪었던 상황을 지켜봅니다. 이어서 그 장면으로 걸어 들어가 어린 시절의 나를 적극적으로 변호하며 지켜줍니다. 부모님에게 할 수 없었던 말을 할 뿐 아니라, 어린 시절의 나를 안아주며 눈을 바라보고 힘을 낼 수 있는 말을 건네보세요.

"너는 이대로도 충분해. 부모님의 말을 그대로 믿을 필요는 없어. 너는 소중한 사람이야."

4번, 5번의 과정은 현재에서 과거의 불합리한 영향을 떨쳐내기 위한 작업이지만, 이런 과정에서 강렬한 감정이 올라올 수 있기 때문에 버겁게 느껴질 경우 전문 상담자의 도움을 받기를 권합니다.

6 결함이 아닌 다른 관점에서 바라본다

자기 자신이 생각하는 결함을 떠올려보고 결함이 아닌 관점에서 바라보도록 시도해봅니다. 당신이 생각하는 결함이 진짜 결함일까요? 만약 '나는 매력이 없어'라고 생각한다면, 당신에게 호감을 보이던 사람들의 반응을 떠올려보거나 당신에 대한 타인의 긍정적인 언급들을 기억해보세요. 또한 결함을 결함이 아닌 관점에서 바라보며 스스로에게 이야기해봅니다. '나는 너무 뚱뚱해'라는 생각을 가지고 있다면 '내가 정말 뚱뚱한가? 정상체중일 뿐이야. 이 정도면 충분해. 더 마른 몸을 강요하는 사회가 잘못된 거야' 하며 다른 입장에서 이야기해보는 겁니다.

7 결함이 주는 감정을 제대로 마주해본다

설령 결함이 사실이라고 한들 어떠한가요. 결함이 주는 감정이 무엇이든 간에, 고통스러울지라도 마주해보는 겁니다. 작고 나약한 나, 한없이 초라한 나를 있는 그대로 바라보며 수용하는 것이지요. 결함이 있으면 뭐 어떤가요? 무엇이 그토록 두려운가요? 이 세상에 결함이 없는 완벽한 인간은 존재하지 않습니다. 불가능한 이상에 다다르고자 자신을 채찍질할 필요는 없어요. 조금 부족하고 못나도 상관없습니다. 당신은 지금 이대로도 괜찮습니다.

05 사회적 소외
역시 난 아웃사이더인가 봐

작고 호리호리한 체구, 섬세한 콧대와 날렵하게 떨어지는 턱선, 창백한 피부에 둥글고 깊은 눈, 붉은 입술에서 작은 한숨이 새어 나올 때마다 가늘게 떨리는 속눈썹. 지호 씨는 여성보다도 더 여성스러운 남자입니다. 작고 부드러운 목소리로 자주 멈칫거리며 자신의 삶을 이야기할 때, 지호 씨는 무척이나 수줍어 보였습니다. 붉어진 얼굴은 '지금 당신 앞에서 이렇게 이야기하는 게 힘들어요. 어디론가 숨어버리고 싶어요'라는 이야기를 전하고 있었지요. 그럼에도 그가 상담실을 찾은 것은 상담자 앞에서 견뎌내야 하는 수줍음보다도 더 곤혹스러운 눈앞의 현실 때문이었습니다.

지호 씨는 회사에서 프로그래머로 일하고 있었습니다. 자기 일을 누구보다도 사랑하는 지호 씨는 이 분야에서 성공한 프로그래머였는데요, 그가 자신의 일에 대해 이야기할 때 반짝이는 눈빛을 보면 누구든 알 수 있었을 겁니다. 그가 프로그래머로 살 수밖에 없는 사람이란 것을요.

지호 씨의 말에 따르면 사람들 앞에서 수줍음을 많이 타고 친구가 별로 없다는 것, 서른 살이 훌쩍 넘도록 오랫동안 연애를 해보지 못했다는 것 외에는 비교적 순탄한 삶을 살았다고 합니다. 혼자 살면서 혼자 놀고, 혼자 밥 먹고, 회사에서도 남들 신경 쓰지 않고 혼자 일하고. 우정과 사랑에 구애받지 않아도 본인이 스스로 즐겁다는데 누군들 그가 사는 방식을 나무랄 수 있을까요.

그런데 이렇듯 타인과 거리를 두며 혼자 사는 삶에 경보가 울린 건 최근이었습니다. 회사에서 그의 업무처리 능력, 인내력을 높게 평가해 프로젝트 리더 역할을 맡긴 것인데요. 지금까지는 프로그래밍이라는 일의 특성상 자신이 맡은 일만 집중해서 잘 해내면 큰 문제가 없었습니다. 하지만 프로젝트 리더는 주도적으로 다른 사람들을 이끌고 서로 협력하도록 독려해야만 했지요. 여러 사람들과 무난하게 어울리며 원활한 의사소통을 해야 하고 자신의 의견을 강력하게 피력하는 과정도 필요했습니다. 이제껏 주어진 일에만 몰입하며 살아온 지호 씨가 시야를 넓히고 타인과 마주해야만 하는 상황에 처하게 된 겁니다.

지호 씨는 어렴풋이 알고 있었습니다. 언젠가는 알을 깨고 나와야 한다는 사실을요. 하지만 알을 깨고 나오는 과정은 두려움을 동반했습니다. 그 변화의 시점이 이리도 빨리 찾아올 줄이야……. 프로젝트 리더가 되었다는 좋은 소식 앞에서 지호 씨는 이제까지 피하기만 했던 삶을 마주해야 한다는 과제와 일 속으로 도피하지 않는다는 과제를 떠안게 되었습니다. 이를 풀어가기 위해 심리학자의 도움을 받고 싶다고 상담실을 찾았던 것이지요.

지호 씨는 '사회적 소외'라는 마음의 무늬를 내재하고 있었습니다. 사회적 소외의 무늬를 새긴 이들은 자신이 세상으로부터 고립되고 소외된 존재라고 생각합니다. 타인과는 다르기 때문에 그 어디에도 소속되지 못한다고 느끼지요. 지호 씨는 무엇 때문에 자신을 소외된 존재라고 생각하는 걸까요. 어째서 자신을 스스로 고립시키고 있는 걸까요. 그는 정말 외로움을 모르는 걸까요.

외로움을 부인하며 혼자 갇혀 사는 삶

지호 씨는 유독 수줍음이 많았던 학창 시절을 회상했습니다. 그때도 내성적이었기에 한두 명의 친구와 친하게 지내며 눈에 띄지 않는 생활을 했다고 합니다.

"그 당시엔 집에 가면 부모님이 싸우고 있고, 학교생활은 학교생활대로 항상 힘들고…… 정말 힘든 시기였어요. 결국 부모님은 서로를 죽일 듯 싸우다가 이혼하셨죠. 우리 집은 왜 이럴까, 화목한 가정에서 산다는 건 어떤 걸까……."

지호 씨는 부모님의 이혼을 수치스럽고 아픈 경험으로 여기고 있었습니다. 다른 사람들과 다르다는 생각의 출발점은 그의 기억 속에서 갈등이 잦았던 가족관계에 뿌리를 두고 있었는데요. 무엇이든 고정되어 있는 것은 없으며 인간의 몸이 변하는 것처럼 마음도 변할 수 있기에 굳고 굳은 사랑의 서약으로 이뤄진 결혼도 피치 못할 사정에 의해 이혼으로 끝날 수도 있는 법인 것을, 그는 부모의 불화와 이혼을 중대한 결함으로 생각하고 있었습니다. 그는 '결함/수치심'(144쪽 참고)이라는 마음의 무늬 또한 함께 갖고 있었던 것이지요.

게다가 마른 체구에 여성스러운 외모와 몸짓, 작은 목소리는 그의 열등감과 소외감을 더 깊어지게 만들었습니다. "넌 대체 여자냐 남자냐?" 하면서 조롱하던 친구들의 놀림을 받으며 '나는 다른 사람들과 다르다. 아니, 틀렸다'라고 느낀 겁니다.

그러던 지호 씨가 고등학교를 자퇴한 것은 학교생활의 고통이 극에 치달았을 때였습니다. 좋아하던 여학생에게 고백하는 편지를 썼다가 친구들의 놀림거리가 되었던 것인데요. 그는 큰 용기를 내어 자신만의 섬세한 감수성을 담아 편지를 썼습니다. 하지만 소중하고 진실했던 그의 마음은 존중받지 못했습니다. 수많은 남학생들이 그가 쓴 편지를 돌려 보며 지호 씨를 놀려댄 것입니다. 지호 씨는 자신을 소외시키는 세상에 대해 더 이상 참을 수 없다고 생각했습니다. 곧바로 학교를 자퇴한 뒤에 혼자 프로그래밍에 빠져 지냈지요. 컴퓨터의 언어로 새로운 세계를 창조하는 기뿜을 느끼면서, 부서졌던 자존심도 조금씩 제 모습을 찾아갔습니다. 그때 그는 '사람들을 멀리하는 게 살길이다', '나는 철저히 혼자고 어느 곳에도 속할 수 없다', '아무도 나를 이해할 수 없으니 나 홀로 살아가야 한다'라는 믿음을 속으로 다지고 또 다졌습니다. 이혼 후 일주일 내내 쉬지 않고 일하며 가족의 생계를 책임지는 어머니, 정신병을 얻어 위태롭게 살아가는 아버지에게 기댈 수는 없었습니다.

그는 탁월한 프로그래밍 실력이 있었기에 일에서는 어느 정도 성취를 이루었지만, 상처받을 것이 두려워 외로움을 부인하며 스스로 만들어낸 방어막 속에 갇혀 사느라 반쪽짜리 삶을 살고 있었습니다. 혼자만의 삶을 즐기는 것처럼 보였지만 내면은 철저히 외롭고 고독했는데요. 누군가가 손 내밀어주기를 기다리고 있으면서도 냉랭한 표정으로 거리를 두는 지호 씨에게 선뜻 먼저 다가와주는 사람은 없었습니다.

어린 시절의 마음을 애도하고 끌어안다

지호 씨는 상담자와의 대화를 즐거워했습니다. 이렇게 누군가와 깊은 이야기를 나누는 것은 처음이라면서 수줍게 웃는 그는, 다른 사람과 연결될 때의 행복감을 발견했습니다. 혼자서만 즐기던 컴퓨터와 대화하는 것과는 다른 경험, 인간과 인간이 마주했을 때 느껴지는 친밀감에 대해 알게 된 것이지요. 그는 온전히 자신의 내면을 드러내고 감정을 표현할 때 타인과 가까워질 수 있음을 깨달았습니다. 조금씩 용기를 내어 누군가와 대화하고 마음을 드러냈기에 '나는 소외되어 있고 아무도 나를 이해할 수 없다'라는 신념을 서서히 깨트릴 수 있었지요.

그러면서 그는 자신을 옥죄던 수많은 신념들을 하나하나 검토해보았습니다. 사실이 아닐 수도 있는, 과거의 상처에서 파생된 신념들 때문에 자신의 삶을 제한하는 것은 스스로 날개를 꺾는 일이라 할 수 있겠지요. 지호 씨는 지난날을 돌아보며 또래들에게 소외된 채 고통으로 점철되었던 어린 시절의 마음을 끌어안았습니다. 상담자와 같은 순간 같은 마음에 머물며 충분히 슬퍼하고 아파하는 과정, 눈물을 흘리는 과정도 거쳤습니다. 고통스러웠던 기억을 홀로 품는 행위를 멈춘 것이지요. 내 곁에 다가온 타인과 순수한 마음으로 같은 감정에 머물고 기억을 공유하는 경험을 했습니다. 깊은 공감은 우리의 영혼을 치유하는 힘을 갖고 있습니다. 우리는 그 힘을 통해 알을 깨고 나올 수 있는 것이고요.

지호 씨는 아픔을 애도함과 동시에 자신에게 영향을 끼치는 기억을 변화시키기로 했습니다. 지호 씨는 상담자의 독려에 따라 타인으로부터 소외되어 또래 친구들에게 놀림을 받던 자신의 심상을 떠올렸습니다. 작고 마른 아이와 그 주위를 둘러싼 수십 마리의 까마귀 떼들, 어둠 속에서 어린 자신을 공격하려 숨죽인 채 기다리고 있는 까마귀 떼들의 번뜩이는 눈빛. 그가 가진 심상은 세상과 자기에 대한 상, 세상과 자기의 관계에 대한 상을 드러내고 있었습니다. 그는 상담자와 함께 무력한 심상을 바꿔보기로 했습니다. 까마귀 떼는 아기자기하고 귀여운 작은 인형들로, 작은 아이였던 자신은 힘이 있는 큰 존재, 성인 남자의 심상으로 바꿨습니다.

아울러 지호 씨는 타인을 실제로 마주하는 경험이 필요했기에 집단상담에 참가했습니다. 사회의 축소판인 집단상담에 참여하면서 회사에서 마주할 법한 일들을 미리 연습할 수 있었습니다. 두려움은 마주할 때 그 힘을 잃기 마련입니다. 물론 쉽지 않은 일이었지만 지호 씨는 변화를 위한 과정을 차근차근 밟아갔습니다. 수줌음 이면에는 자신의 삶에 대한 사랑, 변화할 수 있다는 희망, 그리고 두려움을 이겨낼 수 있는 용기가 자리하고 있었습니다.

지호 씨는 '사회적 소외'라는 마음의 무늬에 굴복 및 회피한 경우다

굴복	· 사람들과 다른 점에 대해 주의를 기울이며, 사회적 소외감의 악순환에 빠진다.
회피	· 사람들과 만나는 상황을 기피한다.
과잉 보상	· 여러 집단과 사회적 모임에 잘 어울리기 위해 과도하게 애를 쓴다.

사회적 소외

사람들 사이에서 자꾸만 위축되나요? 남들 앞에서 말하거나 발표해야 할 때 도저히 부끄러움을 참을 수 없나요? 세상에서 나 혼자만 동떨어져 있다고 느끼고 있나요? 어딘가에 소속되는 것이 어려운가요? '사회적 소외'라는 마음의 무늬는 자기 자신이 타인과 다르다는 믿음과 관련되어 있습니다.

'나는 다른 사람들과는 근본적으로 달라. 철저히 혼자야. 어딘가에 소속될 수 없다고.'

이런 신념이 당신의 내면에 자리하고 있다면, 스스로 세상과 거리를 두며 누군가와 가까워지기를 망설일 수 있습니다. 이는 결국 현실이 되기에 '나는 혼자다'라는 신념은 더욱 단단해집니다. 알게 모르게 사람들 사이에서 거리를 두고, 사람들은 그런 당신에게 다가가지 못합니다. 외로움을 피하고 싶지만 결국은 스스로 고립을 자처하는 것이지요. 이런 악순환 속에서 자신이 소외되어 있다는 생각은 훨씬 더 공고해집니다.

지호 씨는 과거의 상처가 만들어낸 신념을 통해 오늘을 살고 있었습니다. 이제는 성공한 프로그래머로 좀 더 당당해질 수 있었지만, 마음은 여전히 어린 시절 친구들의 놀림 속에서 소외되어 있던 순간에 머물러 있었던 것이지요.

'사회적 소외'라는 마음의 무늬에 대해 확인해볼까요.

- 어디서든 주변에서만 머물며 아웃사이더가 된다.
- 사람들에게 내가 어떻게 비춰질지 너무 염려스럽다.
- 사람들 사이에 있어도 외로움을 느낀다.
- 사람들이 보는 데서 실수할까 봐 위축된다.
- 사람들 앞에 서면 지나치게 수줍어한다.
- 친하게 지내는 사람이 한 명도 없거나 한두 명밖에 없다.
- 사교적인 모임에 나가기가 어렵다.
- 사람들 앞에서 내 의사를 표현하고 발표하기가 두렵다.

'사회적 소외'라는 마음의 무늬를 내재한 이들은 성장 과정에서 자신이 어딘가 다르다는 느낌을 갖게 됩니다. 지나치게 수줍은 기질이나 감성적인 면, 작은 키나 마르고 왜소한 체구, 혹은 뚱뚱한 체형, 피부트러블이나 말더듬증, 독특한 취미나 흔하지 않은 가정환경 등 모든 특성이 '사회적 소외'의 근원이 될 수 있는데요. 다른 사람들과 다른 특성을 지적하는 주변인들의 짓궂은 장난이나 놀림은 소외감을 강화시킵니다. 대체로 타인의 시선에 민감해지는 청소년기는 사회적 소외감이 강화되는 결정적 시기이고요.

어떡해야 '사회적 소외'라는 마음의 굴레에서 벗어날 수 있을까
요? 또는 '사회적 소외'라는 마음의 무늬와 함께 행복하게 살아갈
방법은 없는 걸까요? 어쩌면 당신은 혼자라는 느낌에 익숙해 아
웃사이더의 삶에서 벗어날 필요성을 느끼지 못할 수도 있습니다.
하지만 삶은 언젠가는 당신이 미루어두던 과제를 마주하도록 요
구할지도 모릅니다. 당신 스스로 외로움에서 벗어나고 싶을 때가
찾아올 수도 있고 말이지요. 변화해야 할 필요성을 느낀다면 다
음의 과정을 하나씩 시도해봅니다.

1 현재의 자신을 긍정한다

먼저 혼자만의 생활에 익숙한 당신의 삶을 긍정하세요. 당신조
차 자신을 비난하며 손가락질할 필요는 없지요. 혼술, 혼밥이면
어떻습니까? '사회적 소외'를 '혼자서도 즐길 수 있는 삶'으로 재
진술해봅니다. 변화를 위한 첫걸음은 스스로를 나무라는 것이 아
닙니다. 먼저 있는 그대로의 자신을 받아들이고 인정해줍니다. 당
신은 지금까지 최선을 다했습니다.

2 변화된 모습을 구체적으로 떠올린다

지금의 모습에서 변화하고 싶다면 왜 그런 것인지 이유를 찾아
봅니다. 이제는 외로움에서 벗어나고 싶은 건가요? 아니면 회사

에서 당신에게 변화된 모습을 요구하고 있나요? 혼자만의 삶이 아닌 연인과 함께하는 인생을 살고 싶은 건가요? 변화를 통해 당신이 궁극적으로 얻을 수 있는 것을 생각해봅니다. 취업? 승진? 명예? 친밀감? 친구? 연인? 가족? 당신이 중요하게 여기는 가치를 찾아보세요.

그리고 변화된 당신이 어떤 모습을 하고 있는지도 구체적으로 떠올려봅니다. 사람들 앞에서 자연스럽게 프레젠테이션을 하고 있는 장면이 떠오르나요? 아니면 좋아하는 친구들 사이에 둘러싸여 있거나 연인과 행복한 웃음을 짓고 있는 당신의 모습이 그려지나요? 목표로 하는 모습을 구체적이고 생생하게 자신에게 각인시키도록 합니다.

변화된 모습에 대한 목표의 구체화

1) 언제?

2) 어디에서?

3) 누구와 함께?

4) 무엇을 하고 있는가?

5) 어떤 표정, 어떤 옷차림인가?

6) 어떤 말을 하는가?

7) 어떤 기분인가?

3 나의 다른 점에 대해 다시 생각해본다

지호 씨의 경우 부모님의 불화와 이혼을 큰 결점이자 정상에서 벗어난 부분으로 생각했습니다. 화목하지 않은 가정에서 자라난 사람들은 많이 있습니다. 이혼을 경험한 이들도 많고, 부모의 부부 갈등을 자주 보는 이들도 많고요. 그렇지만 지호 씨는 어린 시절에 느꼈던 수치심과 외로움 때문에, 자신이 남들과 그리 다르지 않다는 사실을 확인할 기회를 놓쳤습니다.

당신이 경험하는 불행은 알고 보면 타인과 나눌 수 있는 것일지도 모릅니다. 당신이 그토록 심각하게 생각했던 결점은 알고 보면 그렇게까지 큰 문제가 아닐 가능성도 높고요. 당신이 스스로 생각하는 결점, 다른 사람과 다른 점에 대해 나열해보고 그것이 정말로 대단히 큰 문제가 되는지 점검해봅니다.

내가 생각하는, 내가 타인과 다른 점

나는 내가 _____ 하다는 점에서 다른 사람들과 다르다고 생각한다.

이 점은 _____ 한 면에서 어느 정도 사실이라고 할 수 있다.

하지만 다른 한편으로 _____ 하다는 점은 많은 사람들이 지니고 있는 부분이기도 하다.

4 외로움을 느끼는 내면아이를 만난다

눈을 감고 떠오르는 장면, 심상 속에서 소외되어 외로움을 느끼는 내면아이를 만나 위로해주고 안아주세요. 고통스러운 감정으로 세상을 만나기를 주저하게 된 과거를 존중해주는 겁니다. 심상 속에서 그 아이를 끌어안고 토닥여줘도 괜찮고, 내면아이에게 편지를 쓰거나 사랑한다는 말을 전하는 것도 좋습니다.

5 두려워하는 일을 상상 속에서 먼저 해본다

만일 목표를 향해 변화하고 싶다면 이제 행동을 시작해봅니다. 당신이 두려워하며 피했던 활동의 목록을 작성해보세요. 두려움을 이겨내기 위한 열쇠는 반복된 경험입니다. 수월한 것부터 가장 어려운 것까지 목록을 작성한 후, 처음에는 상상 속에서 시도해봅니다. 상상을 통해 행동해봤다면 이제 실제 상황에서 가장 쉽게 할 수 있는 일부터 차근차근 해보는 겁니다.

더불어 각각의 활동에서 최악의 상황을 상상해봅니다. 대부분은 내 상상 속에서 벌어지는 일일 뿐 실제 상황에서는 최악이 그리 최악은 아님을 알 수 있을 겁니다. 스스로에게 당당한 자세로 질문하세요.

"So What? 그래, 내가 두려워하던 그 일이 벌어졌어. 그래서 뭐 어쩔 건데?"

가장 피하고 싶었던 경험을 찾아가 마주해보면, 실체를 알 수 없어 막연히 두렵기만 했던 상상이 구체적인 모습을 찾으면서 현실에서 대응할 수 있는 형태로 변화됩니다.

내가 두려워하는 것의 목록 (위에서부터 더 힘든 순서)

1) 사람들 앞에서 발표하기

2) 사람들과 노래방에 같이 가서 노래하기

3) 동호회에 참석하기

4) 회의 시간에 내 의견 표현하기

5) 직장 동료와 커피 마시기

상상할 수 있는 최악의 상황은 무엇인가?

예시 사람들 앞에서 발표하기

→ 사람들 앞에서 말을 더듬거나 할 말을 잊고 멍하니 서 있는다. 사람들이 나를 경멸하는 시선으로 바라본다.

→ (So What?) 경멸받는 게 싫어서 수치스럽다.

→ (나에게 해줄 수 있는 말)

"사람들은 발표할 때 잘하지 못하는 사람을 경멸하나? 오히려 안쓰럽게 보고 돕고 싶어 할 수도 있다. 발표를 모두 잘해야만 하는 것도 아니지 않은가. 살다 보면 발표불안이 심한 사람이 있을 수도 있는데, 그게 바로 나다. 뭐 어때? 설령 사람들이 나를 비난한들 그게 뭐 어떻다는 말인가?"

6 심리상담을 시작하거나 집단상담에 참여한다

상담실에 방문하는 많은 이들이 상담자와의 관계를 통해 '사회적 소외'라는 마음의 무늬를 이겨냅니다. 타인과 깊게 연결되는 경험을 쌓아가면서 '나는 세상에서 철저히 혼자고 아무도 나를 이해할 수 없다'는 신념을 깨트리는 것인데요. 상담자의 이해와 공감도 중요한 요소지만 자신이 그리 이상하지 않다는 사실을 반복적으로 확인함으로써 혹은 타인과는 다른 독특한 자신을 받아들이는 연습을 하면서 세상에 뛰어들 수 있는 용기를 갖게 됩니다.

심리상담 비용이 부담스럽다면 집단상담에 참여할 수도 있습니다. 집단상담은 한 명 또는 두 명의 상담자와 여러 명의 내담자가 함께 참여하는 상담을 말합니다. 물론 여러 사람들과 함께하는 일이 내키지 않을 테지만, 집단상담은 사회의 축소판이면서 동시에 안전한 실험실 같은 곳이라 할 수 있습니다. 전문 상담자의 안내에 따라 안전한 공간에서 사람들을 만나는 연습을 할 수 있기 때문이지요.

내가 혼자서 뭘 할 수 있겠어

"앞으로 뭘 해야 할지 잘 모르겠어요."

윤영 씨는 대학 졸업을 앞두고 혼란스럽다고 했습니다. 남들이 다 인정하는 명문 대학을 우수한 성적으로 졸업하게 되었지만 '내가 어떤 사람인지, 뭘 해야 할지, 어떤 것을 하고 싶어 하는지' 모르겠다는 얘기였는데요. 상담실을 찾은 이유는 "나를 찾기 위해서"라고 했습니다. 그녀는 특목고를 다니며 매끄럽게 대학 입시에 성공한 후 대학에서도 승승장구하며 살아왔습니다. 한 번도 실패해보지 않은 인생. 누가 봐도 부러워할 만했지요. 그런데도 윤영 씨는 스스로를 믿지 못한다고 했습니다.

"저 혼자 결정하기는 어려워요. 여태껏 엄마가 다 해줬는걸요."

윤영 씨의 어머니는 전형적인 '헬리콥터맘'입니다. 하나밖에 없는 딸의 인생을 성공가도에 올려놓기 위해서라면 무엇이든 할 수 있는 극성 엄마였지요.

"엄마가 언제 내 방에 들어올지 몰라서 항상 자리에 앉아 있어야만 했어요. 등이 따가운 느낌……. 불편하긴 했지만 하라는 대로 공부했죠. 모든 스케줄을 엄마가 다 짜줬어요."

초등학교 때부터 공부 공부 공부……. 윤영 씨에게 빽빽한 일정으로 가득 찬 하루 스케줄은 당연한 것이었습니다. 윤영 씨 어머니는 엄마들 사이에서 유명하다는 학원, 실력 좋기로 소문난 입시 강사, 과외 교사 등 최신의 정보를 모아 딸의 일과를 숨 돌릴 틈 없이 만들어주었습니다. 그러니 잡생각이 들 여유 같은 건 없었습니다. 자신이 누구인지, 어떻게 살아야 하는지, 무엇을 좋아하고 하고 싶은지를 생각할 기회 또한 당연히 없었고요.

"대학 전공은 어떻게 정했죠?"

"음…… 엄마가 법을 전공하면 좋겠다고 해서, 그래서 선택했어요. 심리학 공부가 끌리긴 했지만……."

"심리학 전공도 생각해봤어요?"

"잠깐 해봤어요. 하지만 엄마가 가만 안 뒀을 거예요."

"본인이 원하는 걸 하고 싶단 생각을 해봤나요?"

"확신이 없었어요. '내가 선택했는데 그게 아니면 어떡하지?' '엄마가 하라는 건 다 이유가 있고, 나한테 좋을 거야.' 그렇게 생각했어요."

이제 그만 엄마의 그림자에서 벗어나고 싶지만

윤영 씨는 법 공부가 즐겁지 않았다고 합니다. 실질적인 증거를 수집해 타인의 의견에 논박하는 것도, 사람들 앞에 서서 이야기하는 것도, 늘 승자와 패자가 결정되는 것도 견디기 힘들었고요. 하지만 어머니의 바람은 윤영 씨가 법학전문대학원에 진학해 법조인이 되는 것이었습니다. 윤영 씨는 그러한 바람을 현실의 길에서 따르기 전에 망설여졌습니다. 명확한 원인을 알 수 없는 막연한 우울감이 그녀를 뒤흔들었기 때문입니다. 이제는 어머니의 그림자에서 벗어나 나만의 자아를 찾으라는 영혼의 목소리를 들은 것이 아니었을까요.

윤영 씨는 겉으로는 평온해 보였지만, 내면에 가득 차 있는 무능감과 분노에 시달리고 있었습니다. 스스로 자신을 믿지 못할 때 우리는 얼마나 쓰린 아픔을 경험하나요. 어머니가 모든 일을 해주었기에 그녀는 이제껏 공부 외에는 아무것도 할 필요가 없었습니다. 공부는 잘하지만 살아가는 데 필요한 많은 일을 스스로 해본 적이 없는 윤영 씨는 '나는 제대로 하는 게 없는 존재다'라는 뿌리 깊은 믿음을 갖고 있었습니다.

"모든 건 엄마가 다 해주니까요. 제가 생각할 필요가 없죠. 어떻게 해야 하는지 모르겠을 땐 엄마한테 물어보면 바로 답이 나왔거든요."

어머니에게 기대면 달콤한 보상이 나왔습니다. 그대로 따라가기만 하면 골치 아프게 생각할 필요도, 결정하는 데 따르는 불안을 느낄 필요도, 결정에 대한 책임을 질 필요도 없었기 때문이지요. 누군들 그 유혹을 쉽게 마다할 수 있었을까요. 하지만 윤영 씨는 자신의 삶이 휘둘리는 것에 대한 강한 분노도 가지고 있었습니다. 스스로 할 수 있는 게 무엇인지 알 수 없는 무력감 또한 강한 그림자로 드리워져 있었습니다.

의지할 사람 없이 자란 큰딸의 다짐

윤영 씨에 대해 큰 관심과 애정을 갖고 있는 어머니 또한 상담실을 방문했습니다. 딸이 겪는 어려움에 본인이 무게를 싣고 있다면 부모로서 자신의 마음을 들여다보고 싶다고 했습니다. 그녀는 딸에 대한 집착이 강했지만 충분히 괜찮은 어머니였습니다.

   상담을 통해 돌아본 윤영 씨 어머니의 삶은 딸과는 정반대였습니다. 부친이 크게 확장한 사업이 실패한 후 식당을 차린 부모님은 네 딸들을 돌볼 여력이 없었습니다. 장녀였던 윤영 씨 어머니는 부모님에게 의존하지 못한 채 무엇이든 스스로 해야만 했습니다. 초등학교 시절부터 준비물 챙기기, 동생들의 도시락 싸기, 하교 후 동생들을 씻기고 먹이는 것까지 그녀의 몫이었는데요. 부모님이 그녀를 사랑하지 않은 건 아니었습니다. 무엇이든 알아서 잘하는 큰딸을 그러려니 하고 여긴 것이었지만 자식을 믿는 것과 방임하는 것은 종이 한 장 차이였습니다.

"그때 누군가가 필요하긴 했어요. 어떻게 해야 할지, 뭘 해야 할지 모를 때 부모님에게 의지하고 싶었죠."

윤영 씨 어머니는 인생 가이드가 없어 시행착오를 반복했던 시간들이 아까웠다고 했습니다. 그래서 자신이 아이를 낳으면 반드시 든든한 멘토가 되어주리라 다짐했습니다. 출발선에 서기 전미리 인생 로드맵을 그려서 목표에 빨리 다다를 수 있게 도와주겠다고 말이지요. 윤영 씨 어머니가 품고 있는 것은 분명 자식에 대한 사랑이었습니다. 다만 딸이 뭔가를 결정하고 판단하기까지, 스스로 할 수 있다는 것을 알기까지 조금 더 기다려주지 못했을 뿐입니다.

윤영 씨의 어머니는 자신의 삶을 돌아보면서, 과거 자신이 부모님에게 의지하지 못했을 때의 상심한 마음을 마주했습니다. 도움이 절실히 필요한데도 애써 그 마음을 부인할 수밖에 없던 마음, 부모에게 의지하고 때로 울고 싶은 어린아이임에도 다 큰 어른인 척할 수밖에 없었던 마음을 들여다본 것입니다. 오랜 세월 저 먼 기억 아래 아득히 묻혀 있던 감정은 딸에 대한 집착으로 이어졌고, 그 딸은 어머니의 강력한 보호를 받는 대가로 무력감과 무능감, 분노를 끌어안고 있었습니다. 윤영 씨의 어머니는 충분히 괜찮은 엄마로서 그런 현재를 바라보았고, 딸이 끌어안은 고민에 자신이 어떤 영향을 끼치고 있는지 이해하고자 했습니다. 대학 졸업 이후 딸이 걸어갈 인생은 스스로 결정할 수 있게 기다려주겠다고,

조급하고 불안한 마음을 내려놓겠다고 다짐하기도 했고요.

    윤영 씨는 자신이 삶에서 중요하게 생각하는 가치가 무엇인지 생각해보았습니다. 가장 우선인 것은 '타인과의 친밀하고 조화로운 관계'였고, 두 번째로 중요한 가치는 '보람 있는 일'을 갖는 것이었습니다. 무엇에서 보람을 느끼는지 묻자 '고민을 가진 누군가를 도울 때'라고 답했습니다. 타인의 이야기에 경청하고 마음을 나눌 때 기쁘다는 것이었지요. 그녀는 그런 가치 있는 삶을 실현하기 위한 방법을 찾고자 했습니다. 이와 함께 십 년 후의 미래, 바람이 이뤄진 어느 하루를 구체적으로 떠올려보기도 했습니다. 더불어 윤영 씨는 어머니로부터 독립하기 위해 무엇을 할 수 있을지 정리해보았습니다. 돈 관리, 운전 등 성인으로서 더 이상 어머니에게 부탁하지 않아도 될 일들은 스스로 해보기로 했습니다.

**윤영 씨는 '의존/무능감'이라는 마음의 무늬에 굴복한 경우며,
윤영 씨 어머니는 과잉 보상한 경우다**

굴복	· 자기 삶의 모든 결정을 타인에게 맡긴다. · 작은 일도 스스로 하지 못하고 남에게 부탁하며 책임을 피한다.
회피	· 새롭게 도전해야 하는 것뿐 아니라 일상의 책무, 삶의 결정들을 회피한다.
과잉 보상	· 자기 자신만을 믿고 지나치게 독립적인 모습을 보이며 타인에게는 아무것도 요청하지 않는다.

마음의 무늬

의존/
무능감

윤영 씨와 윤영 씨의 어머니는 '의존/무능감'이라는 마음의 무늬
를 공유하고 있었습니다. 언뜻 생각하면 이는 윤영 씨에게만 해
당되는 것처럼 보이기도 하는데요. 윤영 씨의 어머니는 어려서부
터 무엇이든 독립적으로 척척 잘해온 슈퍼우먼 같았기 때문입니
다. 하지만 '의존/무능감'이라는 마음의 무늬는 겉으로 보이는 것
과는 다르게 나타나기도 합니다.

　윤영 씨의 경우 '의존/무능감'이라는 마음의 무늬에 굴복해왔
습니다. 든든한 보호자 아래 있는 느낌을 받으며 삶이 주는 불안
을 회피할 수 있었지만 대신 무능감이라는 대가를 치러야 했습니
다. 그녀의 든든한 보호자는 자신을 지켜주기도 하지만 한편으로
는 통제하고 억압하는 대상이기도 했으니까요. 의존하는 대상에
게 분노가 쌓이더라도 자신은 무력하기에 분노를 공공연히 표현
할 수도 없었습니다. 결국 의존의 대가는 자기를 잃어버리는 결
과로 이어지고 말았습니다.

　"나는 부족하기 때문에 혼자 할 수 없어. 세상은 혼자서 뭔가를
하기엔 두려운 곳이야."

　이런 신념을 가지고 있으면 자신을 믿을 수 없기에 늘 어린아

이의 유약한 심리 상태로 살아갈 수밖에 없습니다.

  반면에 윤영 씨 어머니는 '의존/무능감'이라는 마음의 무늬에 반격해 싸운 경우라고 할 수 있습니다. 일종의 과잉 보상이라고 할 수 있지요. 불안할 때 중요한 타인에게 의존할 수 없었던 좌절감과 심리적 상처는 지나치게 독립을 추구하는 태도로 나타났습니다. 어린아이로서 세 명의 동생을 충분히 돌볼 수 없다는 무력감, 무능감은 그 본모습을 감추고 유능감의 탈을 썼습니다. "나는 무엇이든 혼자서도 잘할 수 있어!" 침착하게 모든 일에 대처하지만 사실 그 아래에는 혼자서 할 수 없으면 어쩌나 하고 불안에 시달리는 내면아이가 있었습니다. 하지만 마치 그런 마음이 존재하지 않는 것처럼, 약한 모습은 깊은 곳으로 감춰지곤 했지요. 그러면서 스스로를 더 채찍질하게 됩니다. 유능한 가면을 쓴 그녀는 실제로 유능하고 독립적이었지만 마음껏 무능할 수 없었고 누군가를 편안하게 의지할 수도 없었습니다. 그 누구에게도 도움을 청하지 않고 잘해냈지만 서서히 지쳐가고 있었지요. 타인에게 의존하는 것이 더 자연스러운 상황에서조차도 스스로 다 해내려고 했기 때문입니다. 그러면서 그녀가 가진 무능감, 의존하고 싶은 마음은 딸에게 모두 전가되고 있었습니다.
  누군가에게 의존하는 것이, 또 의존하고 싶은 마음을 가린 채 독립적으로 해내는 것이 뭐 그리 문제가 되느냐고 할지도 모르겠습니다. 의존하고 싶은 마음은 우리 인간이 가진 자연스러운 욕구니까요. 하지만 의존하고 싶은 마음이 지나쳐 자기를 잃어버릴 때, 지나치게 의존함으로써 자유와 권한을 잃고 분노가 쌓여갈 때, 자신을 믿지 못하고 무력해질 때 문제가 될 수 있습니다. 또한 윤영 씨의 어머니처럼 누군가에게 기대고 싶어도 기대지 못하고 모든 것을 혼자 감당하려고 하거나, 그러면서 누군가가 도와줄 수 있도록 곁을 내주지 않으며 타인을 무력하게 만드는 경우도 자신을 점검해볼 필요가 있습니다.

의존/무능감, 그 마음의 기원은?

'의존/무능감'이 생겨나는 과정은 윤영 씨와 그녀의 어머니의 경험이 대표적인 사례라 할 수 있습니다. 윤영 씨는 자녀에 대해 불안한 마음으로 '무엇이든 해주려고 하는' 어머니 아래에서 자랐습니다. 과보호하는 부모의 심리는 불안과 관련되어 있는데요. 부모 입장에선 자녀가 물가에 내놓은 어린아이처럼 느껴지기에 일거수일투족을 참견하고 간섭하며, 자녀가 뭔가를 스스로 시도하거나 도전하기 전에 혼자 할 수 있는 기회를 막아버립니다. 대학생 자녀의 과제를 대신 해주는 부모, 자녀의 수강신청을 대신해주거나 학점관리를 해주는 부모, 연인을 사귀지 못하도록 휴대전화와 사적인 물건을 감시하는 부모의 마음은 사랑이 근간이지만 그 사랑이 그릇된 모습을 하고 나타나는 것입니다. 자녀는 독립심을 키울 기회를 갖지 못하고 자신이 뭔가를 할 수 있다는 사실을 알아차릴 수 없게 되지요. 자신을 불안한 눈으로 바라보는 부모 앞에서 자연스럽게 '아무것도 스스로 할 수 없는 어린아이'가 되고, 부모에게 모든 것을 맡겨버립니다.

'의존/무능감'이 마음에 새겨지는 또 하나의 기원은 '성장 과정에서 충분히 의존하지 못했을 때'입니다. 진정한 독립성은 역설적이게도 '충분히 의존할 수 있었던' 경험에서 나옵니다. 아기가 성인으로 성장하는 발달 과정을 살펴볼까요. 세상에 던져진 아기는 혼자서 생존할 수 없기에 철저히 양육자에게 의존해야만 합니다. 작고 무력한 생명체는 완전한 의존을 허용하는 민감한 보살핌을 통해 아이로 성장하지요. 유아는 자신을 안전하게 지켜주는 부모를 든든한 배경으로 두고 세상을 탐험하고, 거친 비바람이 버거울 때는 다시 부모의 울타리로 돌아갑니다. 부모가 자신을 지켜주는 탄탄한 바탕이 되어줄 때, 충분히 기댈 수 있도록 허용할 때 유아는 불확실하고 위험한 세상에 대한 불안을 이겨낼 수 있습니다. 이런 안정감을 토대로 독립을 연습하고 세상을 향해 한 발씩 한 발씩 내딛는 것입니다. 이렇듯 진정한 독립성은 건강한 의존의 경험을 바탕으로 차곡차곡 쌓여 이뤄집니다.

하지만 부모에게 건강한 의존을 허락받지 못한 아이는 의존할 대상, 의존할 수 있는 정도를 구분하지 못하는 무분별한 의존자가 되거나, 지나치게 독립을 추구하는 외로운 존재가 될 수 있습니다.

온전히 나와 마주하는 시간

그렇다면 의존과 무능감을 마음에 새기고도 잘 살아갈 수 있는 방법은 없을까요? 이제 와서 다시 태어날 수도 없고 어린 시절로 돌아가 부모를 바꿀 수도 없는데 어떻게 해야 할까요? 우리는 내 선택에 따라 더 이상 과거의 희생자가 아닐 수 있으며, 현재 가진 어른의 힘으로 나의 내면아이를 다시 키울 수도 있는 존재임을 알아차리면 좋겠습니다.

1 나를 점검한다

당신의 마음은 어떤가요? '의존/무능감'의 무늬를 점검해보세요.

- 나 스스로 판단하고 결정하기가 어렵다.
- 내가 내린 결정을 신뢰하기 어렵다.
- 나 자신보다 다른 사람이 나를 더 잘 돌봐줄 수 있다.
- 일상적인 일들을 혼자 처리하기 어렵다.(예: 재정관리, 세금처리, 운전 등)
- 혼자서는 무슨 일이든 해내기 힘들다.
- 나는 무능력한 것 같다.

2 관계를 들여다본다

'의존/무능감'을 마음에 새기고 있다면 특정 관계 패턴을 반복하기 쉽습니다. 예를 들어 일일이 간섭하고 참견하는 부모 밑에서 무력한 마음으로 의존하던 사람이, 거의 유사한 패턴을 가진 사람에게 끌리는 것입니다. 독립을 허용하지 않는 부모 밑에서 자존심과 자기효능감, 자기감을 희생시켜왔으면서도 부모와 같은 사람에게 끌린다면 마음이 어떨까요. 일생을 같은 패턴 속에 갇혀 자기를 잃어버리고 무력감에 굴복할 수도 있는 겁니다.

당신이 만나는 사람은 당신을 어떻게 대하지요? 부모님이 그랬던 것처럼 당신을 어린아이처럼 취급하나요? 당신이 새로운 것을 시도하겠다고 하면 불안해하고 못 믿어주나요? 사사건건 간섭하면서 당신의 중요한 일들을 대신 처리해주겠다고 나서나요? 당신을 무시하거나 비판적으로 대하나요? 자주 충고하며 사소한 일들까지 어떻게 해야 하는지 알려주고 지시하고 있나요? 혹은 당신은 당신을 어린아이 취급하면서 작은 일까지도 대신 해주고 보살펴주는 사람에게만 마음이 끌리나요?

만약 당신이 의존하고픈 마음에 대항해 싸우고 있다면 가까이에 있는 누군가를 어린아이처럼 취급하고 있지는 않나요? 소중한 사람을 불안한 눈으로 바라보며 무력하게 만들고 있지는 않나요?

이렇게 관계를 점검해보면서 무엇을 반복하고 있는지 알아차리도록 합니다.

3 의지할 수 없다고 화내는 것을 멈춘다

당신이 '의존/무능감'이라는 마음의 무늬에 굴복하고 있다면 주변에 있는 가족이나 동료에게 자연스럽게 기대며 의존하고 있을 겁니다. 가령 직장상사에게 사소한 일까지 결정해주길 기대하거나, 배우자에게 집안의 대소사와 관련된 모든 결정권을 맡겨버렸을지도 모르지요. 혹은 연인에게 자신의 보고서를 대신 써달라고 부탁하거나 부모님에게 세금 처리 같은 귀찮은 일을 전부 해달라고 떠넘겼을 수도 있고요. 만일 당신이 '특권의식'(239쪽 참고)이라는 마음의 무늬까지 가지고 있다면, 당신의 일을 대신 해주지 않는 이들에게 실망스럽고 화가 날 수도 있습니다.

하지만 누군가가 당신을 돌보는 일이 당연한 의무는 아니라는 점을 인지해야 합니다. 기대고 싶은 마음이 들거나 나 혼자 할 수 없다는 생각이 자신을 뒤흔들 때 잠깐 멈춰보세요. 당신은 정말 그토록 무력한 존재인가요? 타인에게 기대지 않고서는 아무것도 할 수 없는 걸까요? 어떤 감정이 당신을 사로잡고 있지요? 불안한 마음? 두려운 마음? 기억하세요. 고통스럽게 나를 흔드는 감정은 결국 손님처럼 떠나갈 것이라는 사실을요. 이전의 패턴을 또다시 반복하기 전에 잠깐 멈춰서 심호흡을 해봅니다. 당신은 불안과 두려움 자체가 아닙니다. 고통스러운 감정도 결국은 잠잠해질 거예요. 의존할 수 없다고 해서 큰일이 벌어지는 것은 아닙니다.

4 내가 어떤 일들을 피하는지 생각해본다

'의존/무능감'이라는 마음의 무늬에 굴복하고 있었다면, 당신은 마땅히 부딪혀야 할 일상의 책임을 피했을 가능성이 높습니

다. 당신은 지금 무엇을 피하고 있지요? 스스로 하고 싶은 일들의
목록을 한번 적어봅니다.

1) 운전하기

2) 적금 들기

3) 옷장 정리하기

4) 휴가를 보낼 여행 계획 세우기

5) 각종 공과금 내기

6) 화장실 전구 교체하기

7) 먼지 쌓인 선풍기 닦기

5 독립성을 어느 정도 높일 것인지 구체화한다

의존하기를 포기할 때, 당신은 어떤 모습이 되고 싶은가요? 독
립적이라는 것은 무엇을 의미하는 걸까요? 변화하기로 결정했다
면, 당신이 어떤 모습을 추구하는지 되도록 구체적으로 떠올릴
필요가 있습니다. 의존하고픈 유혹에서 자유로워진 당신은 어떻
게 살고 있을까요? 어떤 일을 얼마나 스스로 해내고 있지요? 그
리고 그런 자신은 스스로에 대해 어떻게 느낄까요? 당신이 추구
하는 앞날의 모습을 구체적으로 떠올리고, 그런 자신의 모습을
체감해봅니다.

6 새로운 행동을 시도한다

앞 단계에서 이루고자 하는 목표를 떠올렸다면, 이제는 새로운 행동을 시도해봅니다. 처음부터 너무 버거운 일을 할 필요는 없습니다. 가장 사소해 보이는 일, 가장 쉽게 할 수 있는 일부터 스스로 해보는 겁니다. 중요한 건 당신이 할 수 있다는 것을 깨닫기 위해 성취감을 경험하는 일입니다.

7 의존하고 싶은 마음을 인정해본다

만일 당신이 의존하고픈 마음을 부인하며 의존심과 싸우고 있던 중이라면 어떨까요. 의존심에 대항하고 있었다면, 이제는 그 싸움을 멈춰보세요. 당신 안에 있던 의존 욕구를 자연스럽게 받아들이기 위한 여정을 시작해보는 겁니다. 어린 시절 기대고 싶은 마음이 좌절되어 아프고 힘들었나요? 충분히 기댈 수 있도록 어깨를 내어주지 않는 타인이 원망스러웠나요? 그렇다면 그 마음을 가만히 들여다봐주세요. 당신이 왜 그 누구에게도 곁을 주지 않는지, 왜 그토록 애써 꿋꿋한 척하는지 그 마음을 알아줘야 합니다.

그리고 도움이 필요한데도 모든 걸 스스로 감당하려고 한다면, 자신이 지쳤음을 인정하도록 합니다. 할 수 있는 것 이상을 혼자서 다 해내려고 하지 말고, 누군가에게 부탁을 해보세요. 당신에게 기대기만 하려는 사람보다는 당신도 기댈 수 있는 누군가를 곁에 두어야 합니다.

07 취약성
언제 불행이 닥칠지 몰라!

"선생님, 너무 겁이 나요……. 아무 데도 갈 수가 없어요. 두려워요."

"어떤 점이 두려운가요?"

"또다시 공황발작이 일어나면 어떻게 하죠? 이번엔 정말 죽을 것 같아요. 어디에도 가고 싶지 않아요, 무서워요, 선생님."

은율 씨는 공황장애를 앓고 있는 삼십 대 초반 여성이었습니다. 남편과의 사이에서 두 살 된 아이를 두었지만 오랜 기간 앓아 온 마음의 병으로 인해 아이를 직접 키울 수 없는 상태였습니다. 아이를 제대로 돌보지 못할 뿐 아니라 아무것도 아닌 일에 화를 내게 되고 손찌검까지 하게 되니, 아이를 시댁에 맡기고 심리상담을 받으며 마음을 다스리기 위해 노력 중이었습니다.

"어려서 엄마한테 온 몸에 피멍이 들도록 맞을 때 나는 그러지 말아야지, 그러지 말아야지, 그렇게 다짐했는데……. 결국은 이렇게 돼서 너무 속상해요. 자꾸만 나도 모르게 아이한테 내가 당했던 대로……."

은율 씨는 아이에게 좋은 엄마가 되어주지 못해 미안한 마음이 크다면서 고개를 떨구었습니다. 은율 씨는 상담을 통해 오랜 기간 기억의 끝자락에 묻어두었던 과거를 떠올렸습니다. 기억하고 싶지 않았지만 불쑥불쑥 떠오르는 과거의 트라우마는 지금까지도 그녀의 삶에 영향을 끼치고 있었지요.

"아버지는 무책임했어요, 열등감 덩어리였고요. 연이은 사업 실패로 구질구질한 삶을 살고 있는 화풀이를 엄마한테 쏟아냈죠. 집 안의 물건들이 다 부서지고 깨질 정도로 화를 냈어요. 엄마가 아버지한테 밟히는 모습을 내 눈으로 직접 봐야만 했고요."

"저런……."

"그러면 엄마는 그 화풀이를 저한테 했어요. 왜 내가 이렇게 맞아야 하는 걸까. 엄마 기분에 따라 이유도 없이 맞아야 할 땐 정말 억울했어요."

은율 씨의 어머니는 영세한 호프집을 운영하며 먹고살기가 바빠 그녀를 돌볼 여력이 없었다고 합니다. 할머니와 이모 손을 전전하며 자란 그녀는 세상에서 가장 무서운 사람이 어머니이기도 했지만, 차가운 세상 속에서 기댈 사람도 어머니밖에 없었지요.

"엄마랑 헤어질 때는 까무러치듯 울곤 했어요. 그래도 엄마는 일하러 가야 했죠."

그녀는 열아홉 살 때 학교를 자퇴하고 어머니에게 편지 한 장을 남긴 채 집을 나왔습니다. 이후 고시원에서 생활하며 아르바이트를 해 하루 벌어 하루 먹고사는 삶을 지속했다고 합니다. 돈이 떨어지면 대중교통을 이용할 수도 없었고 며칠씩 굶기도 했지요. 미래가 없는 삶이었지만 지긋지긋하게 싸우는 부모님 모습을 보지 않아도 되었기에 견딜 만했다고 합니다.

억압된 고통이 만들어낸 마음의 병

그러던 그녀는 아르바이트하던 곳에서 운명처럼 현재의 남편을 만났습니다. 행복한 중산층 가정에서 자라 어느 정도 규모가 있는 회사에 다니고 있던 남편은, 멀끔한 외모에 자상하고 온화한 마음씨를 가진 사람이었지요. 두 사람은 사랑에 빠져 3개월 만에 살림을 합쳐 혼인신고를 했고, 1년 후엔 정식으로 결혼식까지 올렸습니다. 하지만 그녀를 수소문해 찾아낸 아버지는, 결혼식을 앞둔 딸을 협박하기 시작했다고 합니다. 사업을 시작하려고 하는데 돈을 보태라는 것이었지요.

"부잣집 아들을 만나지 않았느냐고 하면서 사업자금을 대라고 했어요. 정말 미칠 것 같았죠, 왜 나는 이런 아버지를 만났나…….

대체 내가 무슨 잘못을 해서……."

은율 씨의 아버지는 사업자금을 대지 않으면 시댁 어른을 만나 딸의 과거를 털어놓겠다고 협박했다고 합니다.

"과거요? 과거가 뭐가 있겠어요, 고등학교 자퇴한 거? 엄마한 테 죽도록 맞으면서 큰 거? 엄마 호프집에서 일 도왔던 거? 돈 안 보태주면 너 술집에서 일한 거 다 말할 거라고, 딸을 술집 여자로 만들겠다고 그렇게 협박한 거죠."

은율 씨는 아버지의 끈질긴 협박에도 불구하고 사업자금을 보 태지 않았고, 꿋꿋이 결혼식을 올렸습니다. 하지만 결국 그녀의 아버지는 딸의 결혼식장에 찾아와 축의금을 훔쳐갔습니다. 친아 버지가 딸에게 할 수 있는 행동이라고는 믿기 힘든, 충격적인 사 건이었습니다.

인생에서 가장 아름다워야 할 날 핏줄로부터 가장 충격적인 일 을 겪은 그녀는, 그날 이후로 공황발작을 겪게 되었습니다.

"그땐 이러다 죽는 거구나 싶었어요. 정말 죽을 것 같았죠."

현기증이 나고 온몸에 진땀이 흐르며 발작처럼 다가오는 심장 의 고통과 질식감에 곧 죽음이 다가오는 거라고 믿어 의심치 않 았다고 합니다. 응급실에 실려 간 은율 씨는 병원에 입원해 여러 가지 의학적 검사를 받아봤지만, 신체적으로는 아무런 이상이 없 다는 얘기를 들었습니다. 공황장애라는 극심한 불안발작 증세, 마 음의 병을 얻게 된 것입니다.

과거로부터 벗어나는 첫걸음

은율 씨의 심리평가 결과는 어린 시절부터 누적되었던 극심한 심리적 고통과 강한 무력감을 시사하고 있었습니다. 자기보고식 검사에서 드러나는 고통이 경미한 수준인데 비해 무의식이 드러나는 로르샤하(Rorschach Inkblot Test) 검사 결과에선 내면적인 불행감이 상당히 깊은 것으로 나타났는데요. 스스로 의식하지도 못하는 고통이 억압되고 누적되면서 해소될 기회를 잃고 있었던 것입니다.

성장 과정에서 그 누구에게도 감정을 공감받지 못했던 은율 씨에게, 고통스러운 상황을 처리하는 방법은 감정을 외면하고 억압하는 것뿐이었습니다. 감정을 억압하고 부인하는 일은 그 순간을 모면할 수 있는 유일한 방법이지만, 상처는 환부를 드러내지 않은 채 곪고 곪아 온몸에 욱신거리는 통증을 일으키고 맙니다.

로르샤하 검사 결과는 정서 자극에 의해 강한 불편감을 느끼고 압도되지만, 감정을 인식해 적절히 표현하고 대처하는 능력은 발달되지 못한 측면을 보여주고 있었습니다. 억압된 고통들이 그 수용 용량을 넘겨 이제는 발작을 통해 모습을 드러내고 있는 것이었지요. 자신의 힘으로는 아무것도 상황을 변화시킬 수 없다는 무력감은 그녀를 영원한 과거의 희생양으로 만들고 있었습니다. 불편한 상황을 이해할 수 있는 방법은 오직 신체에 이상이 있다고 믿는 것뿐이었습니다.

"선생님, 전 분명히 심장에 문제가 있는 것 같거든요. 심장이 조이는 느낌, 그게 너무 고통스러워요. 무슨 문제가 있을 거예요."

그녀는 아무런 이상이 없다는 의학적 검사 결과를 의심하며 건강에 대해 염려하고 있었습니다. 내면을 들여다보는 과정보다 건강에 문제가 있다고 생각하며 걱정하는 것이 지금으로서는 한결 손쉬운 방법이었기 때문이지요.

은율 씨는 심리상담을 통해 과거의 기억에 직면하면서 억압해두었던 감정들을 인식하고 표현하는 과정을 거쳤습니다. 자신을 학대하고 방치했던 부모님을 충분히 미워하는 동시에, 그들로부터 사랑받고 싶은 바람이 좌절되었음을 애도하는 시간을 가졌습니다. 자신에 대한 연민, 그리고 미숙함으로 인해 자식에게 불행을 대물림해줄 수밖에 없었던 부모님에 대한 연민도 경험했습니다. 아직까지 부모님을 용서할 수 없지만 지금 현재 자신 또한 좋은 부모가 되지 못하고 있기에, 인간의 불완전함을 수용하기로 결심했습니다. 과거의 트라우마를 극복할 수만 있다면 괜찮은 부모로 거듭나기 위한 밑거름이 될 거라고, 노력을 통해 자신을 변화시킬 수 있을 거라고 믿기로 했지요. 수동적인 과거의 희생양이 아니라 적극적인 미래의 개척자가 되기로 결심한 것입니다.

또한 공황장애 치료를 통해 공황발작에 대한 과도한 두려움도 거두었습니다. 지나치게 신체 감각에 초점을 맞추며 파국적으로 해석해 불안이 가중되는 패턴을 깨닫게 된 것이지요. 이렇듯 은율 씨는 불안해질 때 스스로 마음을 조절하는 법을 알아가면서, 세상을 향해 한 걸음씩 나아가고 있었습니다.

"선생님, 저도 좋은 엄마가 될 수 있을까요?"

"그럼요, 자신을 알아차리기. 그것이 과거로부터 자유로워지는 첫걸음이거든요. 앞으로 같이 해나가요."

"고맙습니다……."

은율 씨는 처음 상담실을 찾았을 때보다 한결 밝아진 모습으로 문을 나섰습니다.

은율 씨는 '취약성'이라는 마음의 무늬에 굴복 및 회피한 경우다

굴복	· 일상에서 위험한 일, 재난, 파국적인 상황을 예상하며 늘 불안해한다.
회피	· 안전하다고 생각되지 않는 곳에 가는 것을 꺼린다.
과잉 보상	· 현실적인 위험조차 부정하며 지나치게 무모하게 행동한다.

취약성

위 사례에서 은율 씨가 마음에 새기고 있는 마음의 무늬는 '취약성'입니다. 취약성의 덫을 갖고 있는 이들은 불행이 언제라도 일어날 것이라고 생각하지요. 그 불행은 암이나 에이즈, 치매와 같은 의학적 질병일 수도 있고 혹은 정신병이 될 수도 있습니다. 건물이 무너지거나 비행기가 추락하거나 지진이 일어날 것 같은 공포를 느끼기도 합니다. 공황발작이 예측할 수 없이 찾아와 심각한 고통에 시달리는 공황장애뿐만 아니라, 생활 전반에 걸쳐 만성적인 불안을 느끼는 범불안장애나 건강염려증으로 알려진 질병불안장애의 형태로 나타나기도 합니다.

은율 씨가 겪고 있는 공황장애는 공황발작으로 인해 심각한 고통을 겪는 마음의 병으로, 공황발작은 전혀 예상하지 못한 상황에서 갑작스럽게 극심한 불편감과 공포가 밀려오는 증상을 말합니다. 공황발작이 오면 수분 이내에 증상이 최고조에 달하는데, 당사자는 '이러다가 죽거나 미쳐버릴 것 같다'는 공포를 느끼게 됩니다. 공황발작을 한 번 겪은 이들은 '또 이런 발작이 일어나면 어떡하지?' 하면서 만성적인 불안에 시달리게 됩니다. 언제 또 극심한 공황발작이 일어날지 모르기 때문에 계속 걱정에 시달리며 발작이 일어날지도 모를 무수한 상황들을 피하려고 하는데요. 그러다 보면 혼자서는 가까운 편의점에도 가지 못하고 은둔하게 되거나 알코올 문제나 우울장애를 겪게 되기도 합니다.

공황장애가 취약성의 대표적인 예이긴 하지만, 항상 공황장애의 형태로 나타나는 것은 아닙니다. 마음의 병으로 진단 내릴 정도는 아니더라도 언젠가는 가난해질지 모른다는 불안에 시달리며 사는 구두쇠, 심각한 병에 걸린 것이 틀림없다고 믿으며 여러 병원을 전전하는 사람, 만성적인 걱정과 불안에 시달리는 사람, 비행기나 엘리베이터 타는 것을 두려워하는 사람에게서도 취약성의 그림자를 찾아볼 수 있지요.

취약성을 갖고 있는 이들의 주된 정서는 '불안'이며 머릿속에서는 늘 최악의 상황이 시나리오로 펼쳐집니다. 불안의 정도는 우려하던 일이 실제로 일어날 가능성과는 거리가 있습니다. 따라서 취약성을 가진 이들은 불안을 해소하기 위해 여러 병원을 다니거나 강박행동에 빠지고 혹은 술에 의존하거나 두려워할 만한 상황을 회피하게 되지요. 취약성은 삶의 기쁨을 빼앗고, 많은 것들을 누릴 수 있는 소중한 기회를 앗아갑니다.

혹시 '취약성'이라는 마음의 무늬를 갖고 있지 않은지 점검해볼까요.

- 언제라도 불행이 닥칠 것만 같다.
- 언젠가는 심각한 병에 걸릴 것 같다.

- 미치거나 정신을 잃을 것 같아 불안하다.
- 가난해지거나 파산할 것이 두렵다.
- 재난이 일어날 것 같은 두려움에 시달린다.
- 혼자 비행기를 타는 것이 두렵다.
- 엘리베이터처럼 밀폐된 장소에 혼자 있는 게 힘들다.

취약성, 그 마음의 기원은?

'취약성'이라는 무늬는 어디에서 기원한 것일까요? 무엇 때문에 일어날 가능성이 적은 일을 떠올리며 불안에 시달리는 것일까요.

가장 대표적인 경우는 은율 씨의 사례처럼 부모에게 안정된 돌봄을 받지 못한 데서 원인을 찾아볼 수 있습니다. 부모와 맺는 애착은 세상과 타인이 안전하다는 느낌을 주고, 자기 자신을 신뢰할 수 있게 하는 기반이 됩니다. 언제든 불안하고 힘이 들 때면 부모가 만들어준 심리적인 안전기지에 들어갈 수 있다는 믿음은 우리의 몸에 기억되어 있지요. 자신과 세상, 타인을 안전하게 믿을 수 있는 경험이 부족하면 몸의 기억은 '불안하다'고 말합니다. 정서적인 박탈과 학대의 경험은 우리의 몸과 마음에 깊은 각인을 새기지요.

"불행이 너를 따라다닐 거야."

하지만 공황장애의 경우 심리적 요인 외에도 유전적, 생물학적인 원인도 증상에 기여할 수 있습니다. 어떤 사람에게 공황장애가 있을 때 피를 나눈 가족에게 공황장애가 생길 확률이 더 높다는 연구결과가 있고 신경학적인 민감성, 신경증적 경향성, 불안민감성이 위험요인으로 유전된다는 이론도 있습니다.

취약성은 또한 성장 경험에서도 생겨납니다. 어린 시절에 큰 병을 앓았거나 갑작스럽게 부모를 잃는 등의 사고를 당했다면 세상이 자신을 지켜주리라 믿는다는 것이 어려운 일일 테지요. 그리고 취약성을 가진 부모가 아이에게 지나치게 겁을 주며 과잉보호한 경우에도 취약성이 마음에 새겨지기 쉽습니다. 아이들은 부모를 보고 배우며 어린 시절 부모의 말은 진리로 들리기 마련이니까요.

뿐만 아니라 인지적인 왜곡도 취약성을 유지하는 원인이 될 수 있습니다. 인지적인 왜곡이란 쉽게 말해 우리에게 도움이 되지 않는 생각으로, 세상을 행복하게 살아가는 데 방해가 됩니다. 인지행동치료를 하는 상담자들은, 내담자가 자신이 가진 생각의 오류를 알아차리고 바라볼 수 있도록 돕습니다.

인지적인 왜곡의 종류는 다음과 같은 것들이 있습니다.

전부 아니면 전무라는 생각

흑과 백으로 세상을 바라본다. 성공 아니면 실패, 좋은 사람 아니면 나쁜 사람, 모든 것은 극단적으로 구분된다.

"오늘은 과자를 한입 먹었으니 다이어트는 실패했어. 오늘은 완전 망했으니 일단 먹고 보자!"

지나친 일반화

사소한 일, 한 번의 일을 확대 해석해 일반화한다.

"친구가 내 제안을 거절한 걸 보니, 다른 모든 사람들도 나를 거절할 게 분명해."

독심술의 오류

자신이 타인의 마음을 읽는다고 확신하며, 근거가 빈약한데도 자신의 생각을 확신한다.

"저 사람이 인사를 안 한 걸 보니, 나를 싫어하는 모양이네."

감정적 추론

감정에 근거해 현실을 판단한다.

"내가 기분이 나쁜 걸 보면 뭔가가 잘못되어가고 있는 게 틀림없어."

'해야 한다'라는 사고

반드시 무엇을 해야 한다고 강박적으로 생각한다.

"나는 반에서 꼭 1등을 해야만 해."

개인화

부정적 사건의 원인이 자신에게 있다고 판단한다.

"이번 우리 회사 프로젝트가 잘못된 건 다 나 때문이야."

취약성이라는 마음의 무늬로 인한 대가는 생각보다 상당합니다. 상상 속의 두려움으로부터 회피하기 위해 삶이 주는 선물을 누릴 수 없게 되니까요.

먼저 취약성을 다루기 위해 무엇이 그다지 효과적이지 않은지부터 살펴보도록 합니다.

• 회피하기

취약성을 갖고 있는 이들은 대개는 두려워하는 상황을 회피합니다. 공황발작이 일어날까 봐 외출을 피하고, 비행기 사고가 날까 봐 비행기를 타지 않으며, 가난해질까 봐 소비가 주는 즐거움을 피하는 식이지요. 하지만 불안으로부터 도피하는 행동은 역설적으로 더 큰 불안을 불러옵니다. 두려워하는 일이 상상하는 시나리오대로 일어나지 않을 것이라는 사실을 확인할 기회를 놓쳐 버리는 것이니까요.

• 강박적인 행동하기

강박적인 행동 또한 회피의 일종입니다. 불안을 회피하기 위한 행동으로 볼 수 있기 때문이지요. 병에 걸렸을까 두려워하며 수많은 병원과 의원을 반복해 찾아다니며 의사에게 질문하기, 밤새도록 인터넷에서 건강에 대한 정보 찾기, 병에 걸리지 않으려고 피부가 벗겨질 때까지 손 씻기, 불안이 떠오를 때마다 특정한 행동을 통해 이완을 시도하기, 자녀가 걱정될 때마다 수차례 전화하기 등 강박적인 행동이 나타날 수 있습니다. 이런 행동은 짧게는 불안을 완화시켜주는 것 같지만, 장기적으로는 불안을 줄이는데 도움이 되지 않습니다.

• 술에 의존하기

불안을 쉽게 잠재우기 위해 술에 의존하는 경우가 흔한데요. 술을 마시면 일시적으로는 편안해지는 것 같지만 결과적으로는 부작용에 시달리게 되며, 점차 의존의 악순환에 빠져들 뿐입니다.

• 생각 억제하기

심리학 이론으로는 '사고억제의 역설적 효과'라고 알려져 있습니다. 어떤 특정한 생각을 하지 않으려고 하면 할수록 그 생각이 역설적으로 더 생각나는 것을 가리키는 말이지요. 우리는 불안한 생각이 떠오르면 그 생각을 하지 않으려고 노력합니다. 하지만 어떤 생각을 하지 않으려는 노력은 오히려 그 생각이 더 떠오르게 되는 결과로 이어지지요. 따라서 심리상담 과정에서는 불안을 다루기 위해 불안과 관련된 생각들을 바라보며 수용하는 데 초점을 둡니다. 내담자가 걱정을 하면 멍석을 깔아놓고 그 걱정에 대해 들어주는 겁니다. 악몽을 꾸었다고 하면 그 악몽에 대해 더 자세히 얘기해보도록 하고, 고통스러운 과거 기억 때문에 힘들다고 하면 그 고통스러운 과거 기억을 천천히 되살리며 숙고하는 기회를 갖습니다. 소화되지 않은 채 의식의 흐름을 방해하던 괴로운 감정, 사고, 심상은 이런 과정을 통해 마음의 일부분으로 자연스럽게 통합됩니다.

심리상담이 기분을 좋게 해주는 과정일 것이라고 오해하는 분들이 많은데 길게 보면 맞는 말일 수 있지만 심리상담을 받고 난 다음에는 오히려 정서적인 동요를 경험할 수 있습니다. 마치 트레이너에게 개인 트레이닝을 받고 난 후 근육이 아픈 과정을 거치면서 더욱 튼튼해지는 것처럼, 정서적 고통을 견디는 연습을 통해 감정에 대한 내성이 커지게 되는 겁니다.

1 내 마음에 자리한 취약성의 기원을 찾아본다

나에게 자꾸만 불행이 닥칠 것 같은 이유는 무엇일까요? 당신은 부모에게 방임되었나요? 혹은 학대를 받았나요? 아니면 불안, 근심 걱정을 달고 사는 부모의 과잉보호 속에서 세상이 위험하다는 이야기를 듣고 자랐나요? 과거에 자리한 내 상처의 기원을 이해하는 과정은 힘겨울 수 있습니다. 하지만 깊게 자리한 상처를 치유하기 위해 우리는 먼저 상처를 들여다볼 수 있는 용기를 가져야 합니다.

2 불안에 대한 생각을 점검해본다

'취약성'이라는 마음의 무늬를 갖고 있는 이들은 흔히 불안을 겪습니다. 불안과 함께 살아가는 것이지요. 늘 곁에 있는 불안에 대해 어떤 생각을 갖고 있나요? 혹시 불안을 지나치게 나쁘게 바라보고 있지는 않나요? 불안 그 자체는 나쁜 것이 아닙니다. 불안은 우리의 생존을 위한 감정이기에 불안이 없는 이들은 진화의 과정 속에서 도태되곤 했으니까요. 지나치게 겁이 없다면 어떻게 될까요? 적당한 불안은 우리가 더 잘 살도록 도와줍니다. 당신의 불안은 지금까지 어떤 기능을 했을까요? 왜 취약성과 함께 자리하게 되었을까요? 밉게만 바라보지 말고 예뻐할 구석도 찾아줘야 합니다.

3 최악의 상황을 상상하고 그 가능성에 대해 따져본다

병에 걸렸다는 두려움이 사라지지 않나요? 언젠가는 틀림없이 노숙자가 될 것 같아 불안한가요? 그런데 현실적인 가능성은 얼마나 될까요? 실제로 불행한 일이 일어난다는 증거가 있나요?

자, 다음과 같은 생각의 흐름을 따라가봅니다.

사람들 앞에서 또다시 공황발작이 일어난다면 어떻게 될까?

→ 온 몸에 땀을 뻘뻘 흘리면서 소리 지를 것이다.

→ (그다음에는 무슨 일이 일어날까?)

→ 사람들이 나를 쳐다보고 나는 매우 창피할 것이다.

→ (그렇다면 어떻게 되는가?)

→ 나는 창피하지만 주변 사람들은 나를 안심시키려 할 것이다.

새로 시작한 사업이 잘되지 않으면 어떻게 될까?

→ 나는 경제적인 어려움에 시달릴 것이고 좌절할 것이다.

→ (그래서 어떻게 되는가?)

→ 저축을 할 수 없거나 예전에 모아둔 돈을 써야만 할 것이다.

→ (그래서 무슨 일이 일어나는가?)

→ 덜 넉넉한 생활을 하게 될 것이다.

→ (그래서 어떠한가?)

→ 아끼면서 살아야 할 것이고, 사업을 성공시키기 위해 더 노력할 것이다.

→ (사업이 잘되지 않을 것이라는 증거가 있는가?)

→ 현재 고객 반응이 나쁘지 않고, 추가비용은 발생하지 않는 상황이다.

'그래서 뭐 어떤데?' 우리는 최악의 상황을 상상하며 다소 뻔뻔해질 필요가 있습니다. 최악의 상황이 벌어져도 당신은 어떻게든 대처할 수 있습니다. 불안한 상황을 직시할수록, 우리는 불안으로부터 더 자유로워질 수 있습니다.

4 몸을 이완시킬 수 있는 방법을 찾는다

취약성은 비관적인 생각으로도 나타나지만 몸에 각인되어 있기도 합니다. 따라서 생각을 점검하고 감정을 다루는 것 외에도 몸을 이완시키는 것도 좋은 방법지요. 복식호흡을 하거나 명상, 요가와 같이 이완을 도와주는 운동을 하면 좋습니다. 몸을 적당히 움직이며 호흡할 수 있는 유산소 운동도 바람직하지요. 마사지나 사우나, 따뜻한 물로 목욕을 하는 것도 좋은 방법입니다.

5 불안한 상황을 차근차근 마주한다

사람들의 시선을 두려워하는 은율 씨의 치료 사례를 살펴볼까요? 은율 씨는 두려워하는 상황을 위계 순서대로 목록으로 만들었습니다. 가장 두려워하는 것부터 순서대로 적었습니다.

1) 대강당에서 사람들의 시선을 받으며 발표하는 것
2) 광장에서 많은 사람들에게 둘러싸여 있는 것
3) 사람들이 많은 광장에서 걸어 다니는 것
4) 사람들이 적당히 있는 시장에서 걸어 다니는 것
5) 사람들이 한두 명 있는 도로에서 걸어 다니는 것
6) 한 명의 사람이 지나쳐가는 도로에서 걸어 다니는 것
7) 길가에 혼자 서 있는데 저 멀리서 한 사람이 보이는 것

은율 씨는 복식호흡을 통해 몸을 충분히 이완시킨 후, 가장 두렵지 않은 상황부터 차근차근 상상하며 떠올려보는 훈련을 했습니다. 상상 속에서 불안이 사그라질 때까지, 한 단계 한 단계 점진적으로 밟아나갔습니다. 상상을 통해 1)번의 상황까지 도달하게 된 후에는 실제 상황에 도전했지요. 집 안에서만 은둔하는 생활에서 벗어나 사람들을 마주치기 시작한 것입니다.

08 융합/미발달된 자기

당신 없이는
아무것도 못 해요

"우리 부부는 정말 사이가 좋았는데 말이죠. 어쩌다 이렇게 된 건지 모르겠습니다."

삼십 대 초반의 동갑내기 부부가 상담을 하고 싶다고 했습니다. 이들은 2년간의 불타는 열애를 거쳐 이제 결혼한 지 채 1년도 되지 않은 신혼이었지만 어느새 서로에 대한 마음이 싸늘히 식어버렸다고 했습니다. 작은 체구, 단정한 생머리를 어깨까지 늘어트린 아내의 배 속엔 아기가 자라고 있었지요. 아이가 자라는 만큼 부부의 사랑도 더 커지면 좋았겠지만, 두 사람 사이에는 점점 틈이 벌어지고 있었습니다. 왜 이렇게 관계가 악화되었는지 모르겠다는 남편의 하소연에 아내는 눈물을 떨구며 말했습니다.

"이 사람은 우리 엄마를 싫어해요. 엄마가 집에 드나드는 걸 원하지 않아요. 나는 혼자 사는 엄마가 너무 안쓰러운데 말이죠."

남편은 아내의 말에 목소리를 높였습니다.

"제가 장모님을 싫어하는 건 아닙니다. 하지만 너무 간섭이 심하세요. 하나밖에 없는 딸이 임신해서 신경이 쓰이는 건 알겠지만, 하루가 멀다 하고 드나드는 건 좀 아니지 않습니까?"

"혼자 사는 엄마가 딸을 보러 오는 게 잘못인가요?"

아내의 눈빛이 흔들렸습니다. 그러더니 작은 목소리로 말을 이었습니다.

"저도 시어머니 등쌀에 못살겠다고요. 반찬 만들어놓았다고 주말마다 시댁으로 불러서 저를 앉혀놓고는 남편한테 아침은 챙겨주느냐, 요즘 아범이 피곤해 보이던데 제대로 보필하는 게 맞느냐, 그렇게 감시하듯 물어보시는 거예요. 우리 부부 사이에도 간섭이 심하시고요. 그런데 이 사람한테 이런 말을 들으니 황당하네요."

부부는 상담실에서도 거친 항변을 이어가고 있었습니다. 이런 다툼의 싹은 결혼 전에도 그 모습을 살짝 드러냈었다고 합니다.

"시어머니가 저를 마음에 들어 하지 않으셨던 건 알아요. 아버지 없이 혼자 자랐다고요. 아버지가 일찍 돌아가신 게 죄인가요? 저는 제 성장 과정을 부끄럽게 여겼던 적이 없어요. 친정엄마가 저를 이렇게 키워내시기까지 얼마나 고생을 하셨는데요."

아내 정윤 씨의 아버지는 젊은 나이에 암 투병을 하다 일찍 돌아가셨습니다. 교사였던 어머니는 생활력이 강해 혼자의 몸이었지만 딸 정윤 씨를 부족함 없이 번듯하게 키워냈지요. 정윤 씨는 어머니의 기대를 저버리지 않는 착한 외동딸이었습니다. 어려서부터 총명하고 성실했던 그녀는 어머니의 기대대로 사범대학에 입학했고 졸업하자마자 임용고사에 합격해 선생님이 되었습니다.

"아니, 제 어머니가 반찬 만들어두었다고 집에 오라고 하는 게 잘못인가요? 주말에 그 정도도 못 합니까? 저희 어머니가 얼마나 고생을 하시는데요. 며느리한테도 그렇게까지 잘해주시는데 아내는 뭐가 그리 불만인지."

"남편과 같이 영화 보러 가기로 한 날이었어요. 오랜만에 데이트한다고 한껏 신이 나 있었는데, 어머님에게 전화가 온 거예요. 지금 당장 반찬 가지러 오라고요. 그러면 남편 된 입장에서 먼저 거절해줘야 하는 거 아닌가요? 며느리인 제가 어떻게 거절을 해요. 그런데 남편은 시어머니 앞에서는 꼼짝도 못 해요. 그날도 결국 시댁에 가서 어머님 잔소리를 잔뜩 듣고 왔죠."

"우리 어머니가 얼마나 고생을 하시는데, 당신은 무슨 말을 그렇게 해?"

심리적으로 독립하지 못한 어른아이

남편인 현석 씨도 어머니에 대한 마음이 애틋합니다. 어머니와 아버지가 평생을 함께 살아왔다고는 하지만, 사실상 감정적으로는 이혼을 한 상태나 마찬가지였습니다. 아버지는 평생 사업 때문에 가족들에게 소홀했을 뿐 아니라 정서적으로 냉담했습니다. 아버지가 사업에 실패한 후 집안에 경제적인 어려움이 드리웠고 어머니는 닥치는 대로 일을 해서 공부 잘하는 외아들의 뒷바라지를 했습니다. 현석 씨의 어머니는 아들의 공부를 위해서는 모든 지원을 아낌없이 쏟아부었습니다. 가장 큰 명예가 따른다는 전문직, 특히 의사가 되어야 한다며 무슨 일이 있어도 의대에 가라고 종용했고 결국 빚까지 지면서 의대 공부를 시킨 것이었는데요.

현석 씨는 어려운 환경에서도 자신을 지극정성으로 뒷바라지해준 어머니에 대해 미안한 마음과 죄책감을 느꼈습니다. 한편 현석 씨의 어머니는 냉랭한 부부관계 속에서 남편에게 사랑받기를 포기한 채 외동아들에게 깊은 애착을 느꼈지요. 부부관계의 결핍은 아들에 대한 크나큰 애정으로 이어졌고, 아들은 그런 어머니에게 무조건 따라야 한다는 마음과 아직 충분히 빚을 갚지 못했다는 부담감을 점점 더 크게 갖게 되었습니다.

이는 아내인 정윤 씨도 마찬가지였습니다. 홀어머니가 외동딸인 자신만을 보며 살았기에, 그런 어머니의 각별한 사랑을 받으며 이 사랑을 갚아야겠다고 다짐하며 성장했지요. 어머니의 기대에 부응하고, 어머니가 원하는 것을 하면 다 될 것 같았지만 결혼을 앞두고서는 유독 마음이 아렸습니다. 친정어머니를 홀로 두고 떠나 자기 삶의 둥지를 꾸린다는 것이 죄스럽게 느껴졌던 겁니다. 이상하게 그토록 사랑스러워 보이던 남편이 밉기까지 했습니다. 친정어머니를 홀로 두게끔 하는 사람이 남편인 것처럼 생각되었기 때문입니다.

결혼을 준비하는 과정에서도 삐걱거림은 있었는데요. 시어머니가 며느리에게 예단 목록을 적어주었는데, 명품 브랜드의 가구와 가전제품, 값비싼 보석류와 자동차를 요구했다고 합니다. 정윤 씨는 교사로서 자부심을 느꼈지만 교직을 은퇴한 어머니와 함께 살면서 경제적으로 그리 넉넉한 상황은 아니었기에 당황스러웠습니다. 그때 정윤 씨의 어머니는 시어머니 될 사람의 흉을 보며 이 결혼에 대해 불만스러운 마음을 드러냈습니다.

"나는 네가 이런 집에 시집가는 게 마음에 안 든다. 걔가 의사라는 것 빼고는 뭐가 그리 잘났다고 너한테 이렇게까지 요구를 하니? 네가 뭐가 부족하다고?"

이런 상황이 탐탁지는 않았지만 친정어머니는 하나 뿐인 딸을 위해 무리를 해서 혼수를 마련해주었습니다. 고이 기른 딸이 결혼 후에 혹여라도 서운한 대접을 받을까 염려되었기 때문입니다.

그 사람과 내가 하나의 몸과 마음인 것처럼

갈등의 씨앗을 품고 시작된 결혼은 양가 어머니들의 간섭이 지속되며 위태로워지고 있었고, 남편과 아내의 갈등은 회오리바람이

덩치를 키우듯 점차 심화되고 있었습니다. 하지만 둘 사이에는 여전히 사랑이 남아 있었고, 무엇보다 사랑의 결실인 아기가 정윤 씨의 배 속에서 커가고 있었습니다. 이렇게 다투기만 하면서 살아갈 수는 없었기에 제3자의 도움이 필요했습니다. 아내 정윤 씨는 매일 베스트프렌드나 다름없는 친정어머니와 부부 사이의 내밀한 이야기까지 미주알고주알 나누면서 고민을 공유했지요. 이는 남편 또한 마찬가지였습니다. 주말이면 어머니를 만나 아내와 장모에 대한 불만을 가득 털어놓으며 위안을 구했던 것입니다. 결과적으로 어떻게 되었을까요. 각자의 어머니들은 하나밖에 없는 외동딸과 외동아들을 위해 최선을 다해 마음을 나누고 조언했지만, 부부 사이는 더 멀어지고 있었습니다. 사실 남편과 아내는 부부의 행복을 위해 가장 먼저 해야 할 일을 오히려 정반대로 해오고 있었던 겁니다. 서로의 부모님으로부터 심리적으로 독립해 부부만의 경계를 세우는 일을 잊고 있었던 것이지요.

이들 부부가 갖고 있는 마음의 무늬는 '융합'과 '미발달된 자기'입니다. 성격이 조금 다르긴 하지만 '융합'과 '미발달된 자기'는 마음에 함께 새겨지는 경우가 많습니다. '융합'은 인생에서 중요한 역할을 했던 타인과 지나치게 밀착되어서 경계가 없는 상태에 이른 것을 말합니다. 보통은 자신에게 헌신했던 부모가 그 대상인 경우가 많고, 혹은 아주 친밀했던 형제자매나 친구, 배우자가 융합의 대상이 되기도 합니다. 융합되어 있는 사람은 어디까지가 자기 자신이고 어디까지가 타인인지 구분하지 못합니다. 나만의 생각, 나만의 감정, 나만의 선호가 무엇인지 모르기 때문입니다.

정윤 씨는 친정어머니가 시어머니를 싫어하기 때문에 자신도 시어머니를 싫어하고 있었습니다. 친정어머니의 감정을 고스란히 가져와 자기의 것으로 느끼며 친정어머니의 생각을 그대로 공유하고 있었지요. 어머니와 분리된 나만의 정체성이 없는 상태라 할 수 있습니다. 이처럼 중요한 대상과 융합된 경우, 진정한 자기감이 발달되기 어렵기 때문에 '미발달된 자기'라는 마음의 무늬가 대부분 함께 따라오게 됩니다. '미발달된 자기'를 마음에 아로새긴 이들은 자신의 정체감이 부재하기에 마치 자기감이 결여된 듯 방향 없이 세상을 표류하는 느낌을 가집니다. 그러다 보니 불안한 세상에서 살아가기 위해 융합된 대상에게 더욱 밀착하게 됩니다.

정윤 씨는 어머니 없이 살아가기 어렵다고 생각하고, 이는 정윤 씨의 어머니도 그러했습니다. 정윤 씨는 결혼하면서 죄책감을 느꼈고 어머니와 거리를 두지 못했습니다. 어머니와 심리적으로 분리되어 부부만의 경계를 갖는 것은 무의식적인 수준에서 어머니를 배신하는 것과 같았습니다. 그런 이유로 정윤 씨는 남편과 시어머니를 미워할 수밖에 없었습니다. 친정어머니와 공생하는 이 관계를 지키기 위해서 말이지요.

남편인 현석 씨 또한 마찬가지였습니다. 그는 어머니의 말을 잘 듣는 외동아들로서, 어머니의 고민을 함께 나누고 어머니의 애정을 고스란히 받는 존재였습니다. 현석 씨는 늘 어머니에게 충성해야 한다는 의무감을 지고 있었습니다. 뭔가 빚을 진 느낌처럼 어머니에게 잘해야 한다는 생각을 가지고 있었고, 이런 생각은 부부만의 경계를 만들지 않는 상황으로 이어졌습니다. 어머니가 달려오라고 하면, 싫다는 생각이 떠오르기도 전에 순응하곤 했습니다. 따라서 어머니의 간섭에 의해 부부 사이의 약속은 언제든 깨질 수 있었습니다.

부부는 서로를 사랑하고 각자의 어머니를 사랑했지만, 경계를 지키지 않는 사랑은 부부 사이를 파국으로 치닫게 하고 있었습니다.

정윤 씨와 현석 씨는 '융합/미발달된 자기'라는 마음의 무늬에 굴복한 경우다

굴복	· 성인이 되었는데도 융합된 중요한 대상과 경계 없이 가깝게 지내면서 모든 이야기를 털어놓는다. · 결혼한 후에도 자신이 마치 부모님의 배우자인 것처럼 살아간다.
회피	· 가깝고 친밀한 관계를 회피한다.
과잉 보상	· 융합된 중요한 대상과 비슷한 모습을 지나치게 싫어하며, 그와 같이 되지 않고자 과도하게 노력하거나 정반대로 행동한다.

마음의 무늬

융합/
미발달된
자기

'융합/미발달된 자기'라는 마음의 무늬가 새겨져 있는지 점검해 봅니다. 혹시 다음과 같은 성향이 있지는 않나요?

- 내 인생에서 중요한 사람(부모님, 형제자매, 친한 친구 등)의 간섭으로 인해 연애를 하는 것이 어렵다.
- 내 인생에 중요한 이 사람이 없으면 제대로 살아갈 수가 없다고 느낀다.
- 내 인생에 중요한 사람의 생각과 감정을 비판적인 태도 없이 그대로 공유한다.
- 나는 내 나이에 맞는 수준으로 내 인생의 중요한 사람으로부터 독립할 수 있었던 적이 없다.
- 내 인생에서 중요한 사람과 나는 서로의 삶과 문제에 대해 크게 관여하고 간섭하는 경향이 있다.
- 내 인생에서 중요한 사람과 나는 사소한 일 조차도 숨김없이 터놓고 지낸다.
- 내 인생에서 중요한 사람에게 비밀을 가지면 나는 죄책감을 느낀다.
- 내 인생에서 중요한 사람의 선택에 내 인생을 맡겨왔기에 나만의 인

생이란 없는 것 같다.

- 나는 종종 내 인생에서 중요한 사람으로부터 독립된 나만의 정체성이 없다는 생각이 든다.

- 늘 내 인생에서 중요한 사람의 의견을 따라왔기에 내가 무엇을 좋아하고 싫어하는지, 내 적성은 무엇인지 등에 대해 알 수 없다.

만약 '융합/미발달된 자기'이라는 마음의 무늬가 깊게 아로새겨져 있다면, 당신의 마음 핵심에는 '나는 상대방 없이는 살아갈 수 없고 상대방 또한 나 없이 살아갈 수 없다'라는 믿음이 자리 잡고 있을 겁니다. 그 대상은 내게 헌신했던 가족이었을 수 있는데요. 마치 한 몸과 마음인 것처럼 융합되어 살아왔기에, 나만의 정체감이라는 것이 발달하지 못했을 가능성이 높습니다. 예를 들어 어머니의 의견이 내 의견이고, 어머니의 감정과 생각이 마치 내 것인 그런 삶을 살아왔기에 나만의 자기감을 발달시킬 기회가 없었을 겁니다. 어머니 또한 내게 지나치게 밀착되어 사소한 부분까지 알고자 하며, 모든 것을 공유하고자 할 수 있습니다.

마치 가장 친한 친구처럼 둘 사이에는 비밀이 없지만 이렇듯 융합된 관계는 종종 덫으로 작용합니다. 특히 성인이 되어 둥지를 떠나 자신만의 가족을 만들 때 원가족 구성원과의 융합된 관계는 부부만의 경계를 방해하게 됩니다. 부부만의 경계가 단단하게 만들어져야 건강한 부부로서 살아갈 수 있는데, 그렇지 않을 때 부부관계는 갈등으로 향하게 되지요.

융합되었던 어머니의 입장에선 무의식 수준에서 자식을 빼앗긴 것처럼 느낄 겁니다. 스스로 의식하지 않아도 자녀에게 죄책감과 부담감을 지우며 자녀의 배우자와 경쟁하게 되지요. 부부입장에서 볼 때는 남편과 아내의 가족들로부터 쉽게 침범받고 간섭받기에, 부부 둘만의 고유한 심리적 공간을 가질 수 없게 됩니다. 아내는 시어머니와 결혼한 것처럼 느끼고 남편은 장모와 결혼한 것처럼 느끼는 것이지요. 양가의 간섭이 부부 사이를 멀게하는 이런 사례는 우리 문화권에서 흔하게 볼 수 있습니다.

융합/미발달된 자기, 그 마음의 기원은?

자신의 인생에서 중요한 역할을 하는 대상과 밀접한 관계를 맺을 때, 그 대상이 부모이거나 부모 역할을 하는 사람일 때 '융합'이 마음에 새겨지기 쉽습니다. 누군가와 융합될 경우 그 대상과 극단적으로 얽히게 되는데, 둘은 마치 하나인 것처럼 가깝게 밀착됩니다. 서로 모든 것을 알고 있기에 눈빛만 봐도 통한다고 느끼지요. 이런 상태에서는 자기만의 생각과 감정은 따로 존재하기어렵습니다. 둘 사이에 어떤 경계가 생기는 것이 용납되지 않는겁니다. 상대방을 배신하는 것이라고 느끼기 때문입니다. 그런 이유로 자기만의 생각과 감정, 독립된 자기(self)를 꿈꾸는 소망을가지면 죄책감이 생겨납니다.

'융합/미발달된 자기'가 생기는 전형적인 기원은 가족관계에서 비롯됩니다. 예를 들어서 일 때문에 늘 집을 비우는 남편과의 관계에서 외로움을 느끼는 여성이 자녀에게 강한 애착을 느끼고 자녀의 가장 친한 친구가 되어 모든 것을 공유하는 경우를 살펴볼까요. 자녀와 정서적으로 밀착된 상태에서 자녀가 자신으로부터 거리를 두거나 경계를 만들 낌새를 보이면 크게 서운해하거나 상실감을 느끼게 됩니다. 자녀로서는 그런 어머니가 부담스러우면서도 자신만의 심리적 공간을 가진다는 것은 어머니를 배신하는 일이라고 생각해 죄책감을 갖게 되지요. 그래서 독립할 나이가 한참이 지나도 어머니와 공생하는 것처럼 살아가게 됩니다. 어머니의 감정과 생각, 소망은 모두 자녀의 것 그대로가 되어 이어집니다. 자녀는 어머니와 분리된 자기만의 정체성을 가질 수 없게 되는 것인데요. 마치 어머니의 꼭두각시처럼, 어머니의 분신처럼 조종당하는 삶을 살게 되는 겁니다. 어머니에게 어긋나는 나만의 생각과 감정, 소망은 애초에 싹을 틔우기 어려워지고, 싹을 틔우더라도 억압되기 일쑤입니다.

이렇듯 부모가 자녀와 건강한 경계를 세우지 못할 때, 자녀가 고유한 개체로 성장하도록 독립성을 독려하지 못하고 집착할 때, 자신의 가치관과 욕구와 바람을 자녀에게 그대로 이식할 때, 자녀의 '자기'는 발달될 수 없습니다. 부모가 스스로 해결하지 못한 욕망, 욕구, 상처, 그리고 윗세대로부터 대물림되며 이어지는 집안의 아픔은 자녀가 심리적으로 성장하는 것을 막으면서 덫으로 작용합니다. 부모의 미해결된 상처를 해결하는 도구로 자녀가 이용당하면서, 자녀는 정작 자기가 누구인지, 무엇을 원하고 무엇을 좋아하는지, 어떤 삶을 살고 싶은지, '자기'를 찾아가는 인생의 숲길에서 가야 할 방향을 잃어버리게 되지요.

온전히 나와 마주하는 시간

'융합/미발달된 자기'는 당신의 인생을 파괴시키지 않을 수도 있지만, 가끔 내면이 텅 비어 있는 듯한 허전함이라든지 중요한 타인과 함께하지 않을 때 엄습하는 불안감, 혹은 중요한 타인에 의해 질식되는 듯한 압박감이 느껴질 수 있습니다. 또한 당신이 아직 결혼하지 않았다면 큰 문제가 안 될 수도 있겠지만, 결혼을 앞두었거나 기혼자일 경우에는 '융합/미발달된 자기'가 큰 문제를 일으킬 수 있습니다. 앞에 나타났던 사례처럼 원가족 구성원과의 융합으로 인해 배우자와 관계 형성에 어려움을 겪을 수 있는 것이지요.

'융합/미발달된 자기'라는 마음의 무늬를 갖고도 건강하게 살아가는 방법이 무엇인지 살펴볼까요?

1 자기 자신에게 질문해본다
건강한 삶을 살기 위한 첫걸음은 항상 나 자신에 대해 이해하는 것입니다. 이 장을 읽고 자신의 모습을 발견했다면 그 기원을 찾아봅니다. 과거를 돌이켜보는 것은 우리가 과거로부터 자유롭지 못하기 때문이 아닙니다. 과거에 기원한 뿌리를 찾는 일은 자신에 대한 이해를 넓히고 새로운 미래를 만들어가기 위한 하나의 방략일 뿐이지요.

스스로에게 질문을 던져봅니다. 나는 어떤 누군가와 마치 한 몸, 한 마음인 것처럼 살아가고 있나? 그 사람 없이는 살아갈 수 없다는 생각이 드는가? 상대방 또한 내가 없는 것을 견디지 못하는가? 그렇다면 그 이유는 무엇인가? 나의 부모님은 내가 나만의 심리적인 영역을 주장할 때 어떤 태도를 취하셨나? 나만의 비밀이 없이 모든 것을 터놓기를 원하셨나? 늘 부모님의 의견에 따라야만 했었나?

2 내 삶에 어떤 영향을 미치는지 적어본다

'융합/미발달된 자기'라는 마음의 무늬가 현재의 삶에 어떤 영향을 미치는지 찾아봅니다. 연애를 할 때마다 부모님의 간섭으로 인해 상대와 사이가 나빠지곤 하나요? 부모님의 입맛에 맞는 사람을 찾느라 연애하기가 어려운가요? 혹은 결혼했는데도 부모님에게 사소한 일까지 간섭받지는 않나요? 부부싸움을 할 때 양가 집안의 문제가 원인이 되고 있나요? 전공, 직업 선택, 결혼까지 부모님의 뜻대로 살아왔기에 뭔가를 내 마음대로 해본 적이 없었나요?

3 변화해야 할 이유를 찾아본다

당신은 지금까지 누군가와 융합된 채 살아가는 게 더 편했을지도 모릅니다. 비록 부모님의 간섭으로 인해 연애에 실패하고, 어른이 되었음에도 심리적으로는 어린아이처럼 살아갈지라도, 나름대로의 이점이 있었을 수도 있습니다. 자기만의 독자적인 정체성을 갖지 않은 채 누군가의 생각과 감정, 소망을 그대로 따라 살아가는 것이 더 편했을지도 모르지요. 내가 무엇을 느끼고 생각하는지 고민할 필요도 없고, 그 무엇에 대한 책임을 혼자 지지 않아도 되었으니까요. 하지만 당신이 변하고 싶다면, 변화해야 할 이유를 찾아 스스로를 설득할 필요가 있습니다. '융합/미발달된 자기'라는 마음의 무늬 때문에 당신은 무엇을 포기하고 있나요?

4 내 안의 신념을 검토하고 유연하게 바꾸어본다

또한 융합할 수밖에 없도록 만드는 내 안의 신념을 검토하도록 합니다. 상대방과 친밀한 관계를 맺으면서도 나만의 독립적인 정체성을 갖는 것은 얼마든지 가능합니다. 내 안의 건강하지 못한 신념을 검토하고 좀 더 유연하게 바꾸어보도록 합니다. 예를 들면 다음과 같습니다.

- 상대방의 요구를 거절하는 것은 배신과 다름없다.
- → 거절이란 내가 해볼 수 있는 독립적인 행동일 뿐 배신이 아니다. 상대방의 모든 요구를 들어줄 수는 없다.

- 아내가 싫어하더라도 부모님의 모든 요구를 들어줄 수밖에 없다. 불효는 용납될 수 없기 때문이다.
→ 부모님의 모든 요구를 받아들이는 것은 애초에 불가능하다. 원만하고 행복한 결혼 생활을 하는 것이 진정한 효도다. 내가 앞으로 평생을 함께할 사람은 아내이고, 아내와의 관계를 잘 꾸리는 일이 내게는 더 중요하다.

5 중요한 타인과 분리되는 모습을 떠올려본다

융합되어 있는 중요한 타인과 분리되는 모습을 상상해보세요. 예를 들어 부모님과 의견이 다를 때, 혹은 부모님 뜻을 따르고 싶지 않았던 상황을 떠올려 자신이 진정으로 하고 싶었던 무엇인가를 해보는 겁니다. 가장 최근의 일부터 과거 어린 시절의 일까지 떠올려 생생하게 체험할수록 좋습니다.

부모님의 의견 때문에 사랑했던 사람과 헤어진 경험이 있는 사람이라면, 부모님에게 맞서 "내가 사랑하는 사람이니까 내가 결정하겠어요"라고 말하는 모습을 상상해봅니다. 좀 더 어린 시절로 되돌아갈 수 있다면 학교에서 일어났던 일을 모두 털어놓으라는 부모님의 압력 앞에서 "이건 제 일이니까 전부 다 얘기하지는 않을래요"라고 말하는 모습을 상상해봅니다. 이렇듯 과거에는 하지 못했던 구체적인 행동을 상상 속에서 해봄으로써 상대방과 나 사이의 경계를 만들어보는 겁니다.

6 균형 잡힌 시각을 갖도록 노력한다

당신이 '융합/미발달된 자기'라는 마음의 무늬를 갖고 있다면, 마치 한 몸인 것처럼 지냈던 중요한 대상을 현실적인 시선으로 바라보지 못할 가능성이 높습니다. 상대방의 좋은 면만 발견하려고 하면서 단점이라든지 나를 힘들게 하는 점들은 애써 외면해왔을지도 모르지요. 누가 봐도 며느리에게 함부로 대하는 무서운 시어머니인데, 내 어머니이기 때문에 좋게 보려고만 했던 것일 수도 있습니다. 또한 친정어머니가 나에 대한 집착이 강한 것이 사실인데 그저 이해하려고만 시도했을지도 모릅니다. 상대방의 부정적인 면을 회피하지 않고 직면해 균형 잡힌 시선을 갖는 것이 중요합니다.

7 현실에서 할 수 있는 '분리' 작업을 해본다

이제는 상상이 아니라 현실에서 분리를 시도해보도록 합니다. 융합된 대상의 삶을 대신 사는 것이 아니라 자기의 삶을 살기 위해 작은 시도부터 해보면 좋습니다. 예를 들어 자녀 부부의 일에 사사건건 간섭하는 어머니에게 "아니에요. 우리 부부 사이의 일은 우리가 알아서 할게요"라고 하는 겁니다. 만약 부모님이 여자 친구와 있었던 일을 미주알고주알 털어놓길 원한다면 "제가 그 부분까지 말씀드리기는 어렵겠습니다"라고 말해봅니다.

그리고 부모님의 기대에 맞추기 위해 자신의 욕구를 억압하면서 맞지 않는 옷을 입은 것처럼 어색하고 불편하다면, 자신이 무엇을 원하는지부터 찾아봅니다. 스스로에게 질문해보는 겁니다.

내가 원하는 직업을 갖고 있는가? 내가 원하는 사람과 사랑하고 있는가? 내가 원하는 삶을 살고 있는가?

09 실패

나 는 뭘 해 도 실 패 할 게 뻔 해

　건우 씨는 대학을 졸업하고 수년간 의학전문대학원 입학시험을 준비했습니다. 취업준비는 미루어둔 채 수차례 도전했지만 원하는 결과를 얻지 못했고, 최근 마지막 시험에 실패한 후 어머니의 권유에 따라 상담실을 찾았습니다. 건우 씨에게 의사가 되고 싶었던 이유를 묻자 그는 망설이며 답했습니다.

　"안정적이고…… 무엇보다도 아버지가 원했으니까요. 달리 할 줄 아는 것도 없고……."

　건우 씨의 아버지는 대학병원에서 일하는 의대 교수였습니다. 건우 씨는 물질적으로는 풍족했어도 성장 과정에서 마음이 풍족했던 적은 한 번도 없었다고 말했는데요. 건우 씨의 아버지는 밖에서는 명망 높은 의학자이고 호인이었지만 집에서는 독재자이자 폭군이었기 때문입니다. 연구와 빡빡한 수술 일정으로 언제나 신경이 날카로운 아버지의 눈치를 보느라 가족들은 모두 숨죽여 살아야만 했습니다.

건우 씨의 형은 아버지의 바람대로 의대에 진학해 교수가 될 예정이었습니다. 어려서부터 무엇이든 잘했던 건우 씨의 형은 아버지의 기대에 부응하는 삶을 살고 있다고 했습니다. 하지만 둘째인 건우 씨는 아버지의 눈에 차지 않는 자식이었지요. 형보다 잘하는 게 없었던 건우 씨는 위축되어 열등감을 느끼던 과거를 회상했습니다. 성적표가 나오는 날은 집에서 혼나는 날이었기 때문에 두려움에 떨어야 했습니다. 아버지는 영 실망스러운 아들을 미국으로 유학 보냈습니다. 건우 씨가 중학교에 다닐 때였는데요. 하지만 외국인들 사이에서 알아들을 수 없는 말로 공부한다는 것은 상상 이상의 고역이었습니다. 누군가는 유학할 수 있는 환경을 부러워했을 테지만 건우 씨 본인에게는 스스로 원치 않던 유학생활이 고문 받는 것처럼 고통스러웠습니다.

스스로를 실패자의 프레임에 가두다

"바보가 된 것 같았어요. 남들은 웃는데 나는 무슨 말인지 모르겠고……."

그는 결국 우울의 늪에 빠져 유학생활을 포기하고 돌아왔습니다. 아버지는 그를 한심하게 바라봤고, 형은 그에게 "넌 대체 제대로 할 줄 아는 게 뭐냐?"라고 물었지요. 사실 원하지 않는 유학생활은 그 누구에게도 견디기 힘든 일이었을 텐데, 건우 씨는 비난의 눈초리 속에서 스스로를 더더욱 질책했습니다.

"그때부터 나는 해도 안 되는구나 하고 생각했어요. 구제 불능이라고."

우울증을 제대로 치료받지도 않은 채 어두운 학창 시절을 보낸 건우 씨는 대학에 입학한 건 '운이 좋아서'라고 했습니다. 대학 시절의 학점은 2.9. 잘하겠다는 생각보다도 졸업만 할 수 있기를 바랐습니다. 의학전문대학원에 입학하기는 어려울 것이라 생각했지만, 그렇다고 아버지의 뜻을 거스를 자신은 없었습니다.

"붙을 거라 생각하진 않았어요. 그래도 달리 할 것도 없고……취업은 어디 쉽나요."

합격을 기대하지 않는데도 서른이 될 때까지 의학전문대학원 시험에 매달렸다니, 선뜻 이해하기 어려운 행동인데요. 하지만 건우 씨의 내적 세계에서는 아버지가 시키는 대로 시험 준비를 하는 것이 최선의 선택이었습니다. 취업에 성공할 자신도 없고, 달리 하고 싶은 것도 없었으니까요. 그는 자신을 '실패자'의 프레임 속에 넣고, 이미 삶이 실패했을 뿐 아니라 앞으로의 인생 또한 반드시 실패할 것이라 믿어 의심치 않았습니다. 자기 삶에는 불합격과 실패, 좌절의 소식만이 기다리고 있다고 믿은 것이지요. 그는 사실상 자신의 신념대로 현실을 만들어 살고 있었던 것입니다.

그는 상담을 통해 '실패'라는 상처를 뼈저리게 마음에 새기게 된 기억을 돌아보았습니다. 반에서 5등을 했던 기억, 전교 3~4등인 형과 비교당하며 잘하지 못한다고 혼났던 어린 시절의 건우 씨는 자신을 무능력자로 바라보았습니다. 누군가는 반에서 10등 안에만 들어도 성공했다고 생각할 수 있지만 건우 씨에게는 '반에서 5등'이라는 성적이 자신의 열등함을 드러내는 증거였습니다. 그에게 주어진 아버지의 기대는 건우 씨가 다다르기에는 너무 높기만 했습니다. 서울권의 대학에 입학했을 때, 아버지의 굳은 표정도 떠올랐습니다.

"네 형처럼 의대에 들어가기는커녕 겨우 이 정도 수준이라니……. 정말 실망스럽다. 앞으로 의전원을 준비하도록 해라."

자기 삶에 대한 진지한 고민을 시작하다

그는 대학 시절 내내 열등감에 시달렸습니다. 도무지 잘하는 게 없는 것 같았습니다. 그런데 정말 그랬을까요? 알고 보니 건우 씨는 어려서부터 모형비행기를 만드는 데 소질을 보였습니다. 무엇이든 손으로 만드는 건 잘 해낼 수 있었습니다. 공예작품을 만들어서 상을 타기도 했고요. 요리에도 소질이 있어 웬만한 음식은 간단한 레시피만 보고도 뚝딱 만들어낼 수 있었습니다. 패션 감각도 탁월해 몇 벌의 옷으로도 세련된 스타일을 연출할 수 있었지요. 감수성도 풍부했기에 틈틈이 시와 그림을 통해 마음을 표현해왔습니다. 그가 수년간 기록했던 마음의 흔적들은 상담자의 마음을 울렸습니다.

"이런 감수성을 갖고 있으면서 어째서 아무것도 못 한다고 말하는 거죠?"

"부모님이 원하는 건 못 했으니까요."

"본인이 원하는 건 무엇인데요?"

"내가 원하는 거요?"

건우 씨는 스스로 원하는 게 무엇인지 의식적으로 떠올려본 적이 없었습니다. 실패의 굴레 속에서 삶의 과제들을 회피하며 수동적으로 살아오는 데 익숙해져 있기에 자신이 뭘 하고 싶은지, 어떤 분야에 도전하고 싶은지는 중요하지 않았던 것이지요. 건우 씨는 상담자의 물음을 통해 자신의 삶에 대해 진지한 고민을 품기 시작했습니다. 자신이 좋아하는 건 무엇인지, 어떻게 살고 싶은지, 무엇을 잘할 수 있는지 답을 찾아보기로 했습니다.

건우 씨는 지금까지 인지하지 못했던 과거의 성공경험을 들여다보았습니다. 자신을 실패자로 바라보기를 멈추고, 지나간 경험을 있는 그대로 바라본 것이지요. 그는 학창 시절 모형비행기 동아리에 빠져들었던 기억을 떠올렸습니다. 긍정적인 경험에 푹 젖어서 뭔가에 흥미와 열정을 가지고 몰두했던 자신의 모습, 할 수 있다는 느낌으로 충만했던 시절을 떠올렸습니다. 그러면서 건우 씨는 평소 취미로 여기고 있던 '요리'를 해보고 싶다고 했습니다. 결국 실패할 것이라는 신념에 굴복하지 않고, 요리학원에 등록하고 새로운 분야를 개척하기로 한 겁니다. 건우 씨에게 삶은 더 이상 자신을 좌절시키기만 하는 무거운 숙제 같은 것이 아니었습니다. 더 이상 삶을 그렇게 내버려둘 필요가 없다는 사실을 깨달은 것이지요.

건우 씨는 '실패'라는 마음의 무늬에 굴복한 경우다

굴복	· 무슨 일이든 성공하지 못할 거라고 예상해 노력을 기울이지 않고 대충한다.
회피	· 취업, 시험 등 삶에서 마주하는 과업, 도전을 피한다.
과잉 보상	· 실패감을 보상하기 위해 지나치게 성취를 추구하며 살아간다. · 끊임없이 스스로를 몰아붙이며 더 큰 성취를 좇는다.

실패

만약 '실패'라는 마음의 무늬를 내재하고 있다면, 당신은 자기 자신을 '실패자'로 정의하고 있을 것입니다. 자신에 대한 이런 태도는 삶에 대한 열정을 꺾고 스스로를 좌절시킬 뿐입니다. 실패와 관련된 신념과 태도를 점검해볼까요.

- 나는 내가 하는 일, 학업 등의 영역에서 실패했다.
- 나는 다른 사람들만큼 유능하지 못하다.
- 나는 능력이 부족한 것 같다.
- 나는 이 나이까지 이뤄놓은 것이 없기 때문에 실패자다.
- 내가 무엇에 도전하든 나는 실패할 것이 뻔하다.
- 실패할 것이 뻔하기 때문에 나는 되도록 도전을 피한다.
- 내가 성공하지 못할 것 같은 과제들은 기피한다.

때로 누군가는 이렇게 말하기도 합니다.

"나는 정말 실패했는걸요? 내 삶이 그걸 증명해요. 그건 내 신념이 아니라 사실일 뿐이에요."

자, 그렇다면 실제로 삶에서 수차례 실패를 겪었다고 가정해봅시다. 잦은 실패의 경험이 '실패'라는 마음의 무늬를 만들어낸 원인이 되었을 수도 있습니다. 그런데 이 '실패'라는 마음의 무늬는 우리의 삶을 실제보다도 더 고되게 만들 겁니다. 실패하지 않을 과제에 대해서도 도전을 피하려 하고 움츠러들 테니까요. 자신을 믿지 않은 채 부정적인 결과만을 예상하고 불성실하게 행동함으로써 불필요한 실패를 불러올 수도 있고요. 꾸준히 인내하기보다는 무엇이든 쉽게 포기할 가능성이 높습니다. 이렇듯 '실패'를 마음에 새김으로써 자신을 배신하는 결과를 불러올 수도 있는 겁니다.

'실패'라는 마음의 무늬는 어떻게 새겨지는 걸까요? 건우 씨의 사례에서처럼 가족이 지나치게 높은 기준을 가지고 있거나, 부모가 비판적이고 엄격한 태도를 보이거나, 잘나가는 형제자매를 둔 것도 하나의 원인이 될 수 있습니다. 상대적인 비교 속에서 실패가 아닌 것을 실패로 인식하면서 부적절감과 열등감이 마음에 자리하는 것이지요.

그 밖에 실제로 주의집중력, 지적능력이 부족하거나 신체적 능력이 평균에 미치지 못했을 수도 있습니다. 정말로 잦은 실패 경험을 할 수밖에 없는 상황에 처했을 수도 있는 것이지요. 자신이 잘할 수 있고 즐길 수 있는 것보다는 외부에서 기대하는 것을 해내고자 수차례 시도하다, 거듭되는 실패를 경험하게 되는 겁니다. 그런 과정에서 스스로를 실패자로 바라보며 새로운 시도를 포기했을 수 있습니다.

'실패'라는 마음의 무늬로부터 좀 더 자유로워질 수 있는 방법을 알아볼까요?

1 진짜 실패였는지 검토한다

우선 당신이 진짜로 실패자인지를 점검해보는 게 좋겠습니다. 당신이 말하는 실패는 정말 실패인가요? 건우 씨는 아버지가 요구하는 것을 해내지 못했을 뿐, 자신이 원하는 분야에서는 능력을 발휘할 수 있었습니다. 당신은 어떤 면에서는 누군가와 비교했을 때 상대적으로 부족할지도 모르지만, 그렇게 능력을 저울질하는 행동을 멈추고 한번 생각해보세요. 혹시 당신의 기준이 너무 높은 건 아닌가요? 부모와 형제가 부여하는 기준에 자신을 맞추고 있지는 않나요? 소위 잘나가는 사람들과 자신을 비교하며 위축되는 습관에 익숙해져 있는 건 아닌가요? 자신을 낙담시키는 습관을 갖고 있다면 이제는 좌절의 굴레에서 벗어나야 합니다.

2 '피드백'으로 리프레이밍한다

당신은 스스로 실패했다는 자신의 판단에서 벗어나기 어려울 수 있습니다. 의사가 되고 싶어 하는 사람에게 의대 불합격은 실패와 같을 수 있지요. 신춘문예에 당선되는 것이 꿈인 소설가 지망생에게 탈락 소식은 실패를 뜻할지도 모릅니다. 하지만 '실패

vs. 성공'의 프레임으로 세상을 들여다보지 말고, 스스로에게 질문을 한번 던져볼까요.

삶에 대한 전체적인 조망을 가졌을 때 이번의 실패 경험에서 어떤 의미를 찾아낼 것인가? 죽음을 눈앞에 둔 미래의 나는, 이번의 실패에 대해 어떤 말을 해줄 수 있을까?

실패는 더 나은 삶으로 나아가기 위한 피드백이 될 수 있습니다. 실패 경험에서 의미를 찾아낸다면, 실패는 단지 실패에 머물지 않고 삶의 자양분이 될 수도 있습니다. 건우 씨는 의학전문대학원에 불합격한 것을 계기로 비로소 자신을 제대로 돌아볼 기회를 갖게 되었습니다. 아버지의 '아바타'로 사는 것을 멈추고, 스스로 어떤 삶을 추구해야 할지 점검하게 된 것입니다.

3 실패로 인해 좌절했던 과거의 기억을 끌어안는다

당신은 실패로 인해 좌절했던 과거의 상처에 머물러 있을지도 모릅니다. 우리의 기억 속에서 소화되지 않은 강렬한 감정들은 현재까지도 불쑥불쑥 나타나며 영향을 미치곤 하는데요. 건우 씨의 경우 아버지의 기대를 만족시키지 못해 두려웠던 기억을 떠올리며 어린 시절의 상처를 끌어안았습니다. 과거의 자신을 연민하며 '이제는 불안해하지 않아도 돼. 너는 충분히 잘 해내고 있어. 네 잘못이 아니야'라고 토닥여주기도 했습니다. 아픈 감정을 부인하지 않고 고통 속에 머무르며 소화시키는 과정을 거친 겁니다.

4 한계를 수용하고 도움을 구한다

당신이 도저히 해낼 수 없는 것이 있다면 한계를 인정할 필요도 있습니다. 버거운 목표를 해내도록 요구하기보다는, 할 수 있는 것과 할 수 없는 것을 구분해야 합니다. 도무지 넘어설 수 없는 상황이라면 아이를 바라보듯 부드러운 시선으로 한계를 가진 자신을 수용해봅니다. 적절한 대상에게 의존하거나 도움을 청하는 것도 좋습니다. 당신은 혹시 의지의 문제가 아닌 것을 의지로 해결하려고 애쓰고 있는 것은 아닐까요? 주의력결핍장애가 있다면 집중하려고 애쓰기보다는 전문가의 도움을 받아 적절한 치료를 받아야 할 겁니다. 우울증 때문에 무기력해서 아무것도 할 수 없는 상황이라면 심리상담을 받는 것이 바람직합니다.

5 내가 즐겁게 할 수 있는 일을 찾는다

성공과 실패를 벗어나 당신이 적극적인 태도로 뭔가에 흥미롭게 빠져들었던 경험을 찾아봅니다. 성취의 차원을 벗어나서 뭔가를 기꺼이 즐겁게 해낸 적이 있었나요? 열심히 하려고 굳이 애쓰지 않아도 되는 것, 그만두지 않으려고 이를 악물고 버티지 않아도 되는 일은 무엇일까요? 당신이 느꼈던 긍정적인 정서가 문제해결의 열쇠가 될 수 있습니다. 건우 씨는 과거를 돌아보며 아픈 기억만이 아니라 행복했던 기억을 찾아냈습니다. 모형비행기 만들기에 즐겁게 몰입했던 경험 속에서 할 수 있다는 느낌, 좋아하는 것에 대한 열정, 자신감이라는 희망을 발견할 수 있었습니다.

10 특권의식
세상은 나를 중심으로 돌아가

"지금 제 얘기 못 들었어요? 아니 일을 제대로 해야지, 내가 알아듣게 정확히 얘기하란 말이에요!"

대기실이 쩌렁쩌렁 울렸습니다. 분노에 가득 찬 중년 여성의 목소리였지요.

"어머님, 제가 지난번에 분명히 여러 번 말씀드렸는데 일요일 저녁에는 상담이 어렵다고요……."

"그럼 나더러 어쩌란 얘기죠? 내가 분명히 평일에는 시간이 안 된다고 말했잖아요. 내가 얼마나 바쁜 사람인데, 나한테 맞춰야 되는 거 아니야?"

"어머님, 그렇게 말씀하시면 제가 정말 곤란하고요."

"곤란? 무슨 상담센터가 이래? 고객이 원하는 걸 맞춰줘야 하는 거 아닌가요?"

"……"

명문 대학의 교수인 그녀는, 자신의 분야에서 세계적으로 명성을 떨치는 학자이자 한 아이의 엄마였습니다. 그녀가 상담실을 찾은 건 하나밖에 없는 외동딸 때문이었습니다. 열 살 아이가 어딘지 모르게 위축되어 있고 자신감이 없는데, 심리적인 어려움은 없는지 궁금하기도 하고 전반적인 발달 상태를 점검하고 싶다고 했습니다. 그녀가 딸아이를 데리고 상담실에 들어와 함께 나란히 앉았는데, 아이가 고개를 푹 숙인 채 얼굴을 들지 못하고 있었습니다.

"재영아, 선생님은 아이들의 이야기를 들어주고 마음을 알아주는 사람이란다. 그런데 고개를 들지 않는구나. 지금 마음이 어떠니?"

왜소한 체구의 작은 여자아이는 슬픔을 담은 눈빛을 하고 슬며시 고개를 들었습니다.

"제, 제 마음은요……."

"아니, 애가 이렇게 자신감이 없고, 자기가 못 한다는 말만 자꾸 한다니까요. 공부도 못하고, 가족들이 다 같이 공부하는 시간에 집중도 못 하고 말이죠. 뭔가 문제가 있는 건 분명한 것 같아요. 그런데 문제가 있건 없건 아이 상태를 한번 살펴봤으면 해서요."

"어머님, 저는 재영이에게 질문했는데요……."

아이는 엄마의 섣부른 대답 앞에서 다시 고개를 푹 숙였습니다. 대기실에서도 엄마 옆에 편안하게 앉아 있지 못하고 위축된 채 고개를 숙이고 있었는데, 상담실에서도 마찬가지였지요. 아이에게 초점을 맞추며 질문해도 엄마가 기다리지 못하고 대신 대답하는 패턴이 계속되었습니다.

"그런데 선생님, 일요일 저녁에는 상담 안 하시나요?"

"아, 일요일 저녁에는 어렵습니다만. 저도 아이가 있고 가족이 있는 몸이라서요."

"그럼 저더러 어쩌란 말이죠? 내가 얼마나 바쁜 사람인지 모르시나요?"

탱크처럼 밀어붙이는 엄마, 눈치 보는 아이

아이 엄마를 마주한 저의 느낌은 이런 것이었습니다. 압박감, 부담스러움. 강력한 바주카포를 실은 탱크에 밀려 구석에서 쩔쩔매게 되는 느낌. 세계적인 명성의 학자에게서 드러나는 지성미와 세련됨도 엿보였지만, 그보다는 '이 사람에게 맞춰주지 않으면 안 되겠다. 이 사람의 요구를 들어주지 않으면 안 될 것 같다'는 생각에 부담스러운 마음이 들었습니다. 상담실에서 내담자를 마주했을 때 일어나는 감정은 상담을 위한 단서가 되기 때문에 중요합니다. 아이가 엄마와 함께할 때 느끼는 감정도 이와 다르지 않을 테니까요.

"어머님, 이제부터는 재영이와 둘이 대화할게요. 대기실에서 조금만 기다려주시겠어요?"

엄마가 상담실 밖으로 나간 후 아이는 고개를 슬며시 들었습니다. 둘이서 마주하자 아이의 숨결은 한결 깊어지며 편안해졌습니다.

"재영아, 요즘 힘든 거 있니? 선생님이 도와줬으면 하는 거. 괜찮으니까 얘기해볼래?"

"나는 아무것도 못 하고요. 잘 하는 것도 없고요. 공부를 못 하니까…… 엄마가 자꾸 집중을 못 한대요."

"그래?"

아이의 이야기를 더 들어보니, 재영이는 학업 성취에 대해 높은 기준을 가지고 탱크처럼 밀어붙이는 엄마 앞에서 점차 자존감이 낮아지며 위축되고 있는 것으로 보였습니다. 자아상이 망가지고 있던 것입니다.

"엄마가 저더러 머리가 좀 나쁜 것 같다고. 저한테 문제가 있는 것 같다고……."

"그랬구나. 많이 힘들었겠구나."

"아, 그런데 엄마가 이 얘기를 들으면……."

아이는 당황한 기색으로 주변을 살피더니, 문이 꼭 닫혀 있는지를 확인했습니다. 엄마 눈치를 살피느라 주의 집중을 할 수 있는 에너지가 없었던 것이지요. 아이의 내면, 그 아래에는 건강한 마음이 흐르고 있었지만 세찬 비바람에 시들어가는 여린 새싹처럼 그렇게 아픈 마음도 같이 흐르고 있었습니다. 정말로 심리상담이 필요한 사람은 아이의 엄마였던 것이지요.

드러나지 않았던 엄마의 상처를 만나다

재영이의 심리평가를 마치고 아이의 심리상태에 대해 설명해주면서 재영이 어머니에게 심리상담을 권했습니다. 심리검사 결과에 나와 있는 그녀의 모습은, '지금 이대로 버텨내기 위해 고군분투하는, 하지만 나 자신은 전혀 아프지 않다, 절대 상처가 없다'라고 외치고 있는 평범한 우리들의 얼굴이었습니다. 어린 시절의 상처를 감추기 위해 태연한 표정을 짓고 있지만, 마음 깊은 곳 한 구석에서 울고 있는 어린아이가 보이기도 했고요.

하지만 그녀는 정말로 대단한 사람이었습니다. 그토록 받고 싶은 칭찬과 인정, 존경과 찬사, 그 모든 것을 흠뻑 받아 마땅한 사람이지요. 어린 시절 부모에게 방임되어 상처받은 과거를 성공을 향한 에너지로 승화시키며 살아왔기 때문입니다. 상처받은 자기 모습을 나약하고 수치스러운 모습 그대로 두지 않고, 깊은 열등감과 냉대에 의한 아픔을 이겨내기 위해 노력해왔고요. 그리고 아이에게는 자신과 같은 아픔을 물려주지 않기 위해 상담실을 찾기까지, 큰 용기가 필요했을 겁니다. 세계적인 명성의 대학 교수

가 일개 심리학자에게 도움을 얻고 싶다고 말하는 건 꽤 자존심
이 상하는 일이었을 수도 있습니다.

그녀가 상담자를 이렇게 들들 볶는 것은, 그 아픈 마음을 가리
기 위한 고슴도치의 삐죽거리는 털 가시와 같았습니다. 사실 아
이 엄마로서 그녀가 전하고 있는 심정은 이것이었을 겁니다.

'자존심이 상해요. 나는 이렇게 열심히 살아왔어요. 그런데 당
신에게 도움을 받기가 어렵군요. 하지만 나는 아이를 어떻게 키
워야 할지 모르겠어요. 뭔가 내가 잘못하고 있는 것 같긴 한데, 내
가 받았던 아픔을 내 아이에게 똑같이 주고 싶지는 않은데……'

"어머님, 그동안 애 많이 쓰셨던 거 알아요. 우리 재영이 누구보
다 더 잘 키우고 싶으셨지요."

"……"

"그런데 아이를 어떻게 대해야 할지, 아이 감정을 어떻게 읽어
줘야 할지 어려우셨을 수 있어요. 어머님이 성장할 때 감정을 누
가 알아주었어야 말이죠. 그 마음 충분히 이해해요."

그녀는 상담실에서 오래된 유리가면을 깨트리고 눈물을 흘렸
습니다. 두꺼운 방패로 가려져 있던 마음속에는 부드러운 마음이
숨겨져 있었지요. 냉랭한 얼굴, 타인을 쉽게 무시하는 오만하고
자기중심적인 태도 이면에는 아이에 대한 사랑이 흐르는 엄마의
품이 숨어 있었던 겁니다.

재영이 어머니의 성장 과정은 이러했습니다. 가난한 환경 속에

서 다섯 남매 중 막내로 태어나 가족 중 그 누구에게도 사랑받아본 적, 관심받아본 적 없었습니다. 하루하루 살아가기가 버거운 부모님 앞에서는 태어난 게 죄인 딸로, 뼛속 깊은 곳까지 절절한 무가치감을 느끼며 자랐지요. 누가 그 어린 소녀의 감정을 알아주었겠습니까. 어릴 적부터 남달리 총명했던 그녀가 할 수 있는 것은 공부를 열심히 하는 것, 그래서 오빠와 언니들보다 잘난 사람으로 우뚝 서는 것, 남들이 무시하지 않게 지적인 능력과 사회적 지위라는 단단한 방패로 무장하는 것이었습니다.

'나 무시하지 마. 나는 이렇게 대단한 사람이야.'

자신에게 일방적으로 맞춰달라고 당연하게 요구하는 태도, 세상이 자신을 중심으로 돌아가는 듯 거만한 태도는 사실 상처받은 마음과 맞닿아 있었습니다. 상처받지 않기 위해 지적인 능력으로 무장했지만, 자신의 감정을 알아차리거나 타인의 감정을 알아차리고 공감하는 부분에서는 문을 닫아둘 수밖에 없었던 것이지요. 왜냐하면 자기감정이 누군가에게 수용되고 공감을 받아본다는 게 무엇인지 경험해본 적이 없었기 때문입니다. 그녀는 상대방을 공격하고 자신의 요구에 맞추라고 지시하며, 자신의 특별함을 드러내는 방식으로 세상과 관계 맺기를 하고 있었습니다.

그녀가 가진 것은 이것이었습니다. 깨지기 쉬운 자기애에서 비롯된 자기중심성. 그녀는 '특권의식'이라는 마음의 무늬가 새겨져 있는 까닭에 세상이 자신을 중심으로 돌아가는 듯 행동했습니다. 겉으로 보기에는 오만한 사람으로 비치지만, 사실 알고 보면 다

친 마음을 안고 열심히 살아가는 사람이었던 것이지요. 욱신거리는 마음을 보상하기 위해 만들어낸 특권의식은 세상을 꿋꿋하게 살아갈 수 있게끔 하는 원동력이기도 했습니다. 하지만 그녀는 양손에 두꺼운 방패뿐 아니라 칼자루까지 쥐고 세상에서 제일 사랑하는 자신의 외동딸에게도 거침없는 공격을 가하고 있었습니다. 특권의식을 내재한 그녀는 실제로 정말로 특출한 능력이 있었기에 이름을 날리는 학자가 되었지만, 사람과 사람의 관계에서는 자신과 타인의 마음을 나누며 깊이 있게 사랑할 줄 몰랐습니다. 이런 식의 대인관계 패턴이 일상에서 지속되며 자신의 외로움 또한 깊어지고 있었습니다.

재영이 어머니는 '특권의식'이라는 마음의 무늬에 굴복한 경우다

굴복	· 자신의 성취를 드러내고자 하며 칭찬과 찬사를 요구한다. · 타인에 대한 공감이 부족하고 지나치게 자기중심적으로 행동한다.
회피	· 자신이 특별하게 느껴지지 않는 상황을 회피한다.
과잉 보상	· 타인의 욕구와 바람에 더 초점을 두며 관심을 가진다.

마음의 무늬

특권의식

'특권의식'이라는 마음의 무늬를 가지고 있을 때, 이것을 굳이 나쁘게 여기거나 버려야만 하는 것은 아닙니다. 오히려 자기 자신을 성장시키는 도구로 작용할 수도 있고, 앞 사례의 재영이 어머니처럼 훌륭한 성취를 이루어 사회적으로는 좋은 영향을 미칠 수도 있기 때문이지요. 하지만 특권의식이 그 특색을 강하게 드러낼 경우엔 주변 사람들이 나가떨어질 수 있습니다. 특히 가까운 이들, 연인이나 배우자, 자녀에게는 치명적일 수 있습니다. 또한 본인 스스로 작은 실패에도 심하게 좌절하거나 낙담하고, 사람들이 자신의 요구에 순순히 맞춰주지 않고 자신을 특별하게 대우해주지 않을 때 크게 분개하기도 하지요. 비합리적인 감정에 휩싸여 쉽게 우울증에 빠질 수 있고, 가까운 이들과의 관계가 망가질 수도 있습니다. 따라서 자신이 어떤 사람인지 인식하며 주의해야 할 점들이 있습니다. 혹시 이런 사람들과 관계가 지속되고 있나요?

- 나에게 자신의 욕구나 감정을 표현하지 않고 참는다.
- 상대가 나를 위해 자꾸만 스스로를 희생한다.
- 내가 학대하고 비난하는데도 참아낸다.

- 내가 통제하고 지배해도 말없이 잘 참아내며 순응한다.

가까운 사람, 특히 나를 사랑해주는 연인이나 배우자, 혹은 내가 가장 사랑하는 자녀가 나의 일방적인 요구와 비난을 참아내고 있다면, 내 안에 새겨진 마음의 무늬가 언젠가는 짙은 그림자를 드리울지 모를 일입니다. 일상생활을 돌아보고 자신도 모르게 상대를 함부로 대하고 있지는 않은지 점검해볼 필요가 있습니다. 혹은 반대로 내 주변에 특권의식이 강한 사람이 있다면, 무리한 요구와 비난을 참아내다가 무의식중에 상대의 특권의식을 강화하고 나 또한 상처받은 채 나가떨어질 수 있습니다.

다른 사람들과의 사이에서 일어나는 화학작용에 대해 다음 사항들을 확인해보세요.

특권의식 점검하기

- 내가 사람들에게 주는 것보다는 받는 것이 더 많다.
- 다른 사람의 욕구나 감정에는 관심이 없다.
- 사람들의 감정을 공감하는 게 어렵다.
- 다른 사람들은 나에게 특별한 대우를 해줘야 한다.
- 내가 원하는 것을 해달라고 주위 사람들에게 계속 요구한다.
- 내게 아무런 이득이 되지 않는데도 다른 사람에게 뭔가를 준다는 것은 상상하기 어렵다.
- 다른 사람들이 내 상황에 맞추는 것이 당연하다.

특권의식, 그 마음의 기원은?

특권의식이 마음에 새겨지는 이유는 무엇일까요? 심리학자들은 인간이라면 누구나 세상이 자신을 중심으로 돌아간다고 여기는 '유아기적 자기애'를 경험하는 시기가 있다고 말합니다. 아기가 한바탕 울면 먹을 게 절로 생기고 기저귀는 깨끗해지며 덥다가도 시원하게, 춥다가도 따뜻하게 환경이 바뀝니다. 아기의 소원은 마술처럼 성취되면서 아기들은 어렴풋이 '나는 세상의 중심이다. 세상은 나를 중심으로 돌아간다'라는 생각을 하게 됩니다. 물론 어디까지가 나이고 어디까지가 세상인지 구분이 없는 시기를 거치지만요. 그러나 세상이 언제까지나 이렇게 자기 자신을 중심으로 돌아갈 수는 없는 노릇입니다. 누구나 성장하면서 삶에 필연적으로 따라오는 좌절을 경험할 수밖에 없지요. 아이들은 세상이 자기 생각대로 되지 않아 깜짝 놀랄 때, 3살의 '황제병'에서 깨어나 자기가 왕이 아니었다는 사실을 깨달을 때, 타인과 세상의 존재를 인식하면서 남과 더불어 살아가는 법을 배우게 됩니다.

그런데 성장 과정에서 좌절이 지나치게 심했거나, 아무런 좌절을 겪지 않은 채 모든 요구가 다 충족되어 버릇없는 아이로 자라나면 특권의식이 마음에 새겨질 수 있습니다. 자신의 내적인 결핍을 과잉 보상하는 방식으로 '나는 특별해'라고 마음먹거나 혹은 영원한 응석받이로 자라날 때 세상은 자신을 중심으로 돌아간다는 마음이 새겨질 수 있습니다.

온전히 나와 마주하는 시간

특권의식을 가진 이들이 먼저 상담실을 찾는 경우는 사실 극히 드뭅니다. 이들은 주로 주변의 가까운 사람들, 즉 배우자나 연인, 자녀, 회사 동료나 부하직원이 상담실을 찾게끔 만들곤 하지요. 그런 이유로 '특권의식'이라는 마음의 무늬를 지닌 사람이 이 글을 읽고 있다면 생애 처음으로 극심한 좌절을 맛보았거나 자기중심적인 행동으로 인해 연인 또는 배우자와의 이별을 앞두고 있을지도 모르겠습니다. 아니면 자녀의 우울증으로 인해 막다른 벽앞에 서 있을 가능성도 높고요.

그러므로 우선은 자신의 행동이 주변에 미치는 영향을 깨달아야 합니다. 득보다는 실이 더 많다는 사실을 인식하고 변화하고자 하는 동기를 가져야겠지요.

1 무엇을 얻고 무엇을 잃는지 적어본다

얻는 것	· 내게 헌신하는 사람들과의 관계에서 이득을 얻는다. · 내가 원하는 것들을 가질 수 있다. · 다른 사람들을 통제함으로써 내가 특별하다는 생각에 뿌듯하다.
잃는 것	· 사람들과 관계를 오래 유지하기 힘들다. · 연인이 나의 요구를 견디지 못해 이별하는 패턴이 반복된다. · 마음을 나누는 가까운 친구가 없다.

2 특권의식이 생겨난 이유가 무엇인지 생각한다

만약 정서적인 결핍이나 좌절에 대한 과잉 보상으로 '특권의식'이 마음에 새겨졌다면, 이 책에서 그와 관련된 내용을 찾아 읽고 변화를 위한 과정을 실천해봅니다.

3 상대방에게 초점을 두고 헤아려본다

타인에게 초점을 맞춰보세요. 상대방은 지금 어떤 입장에 있을까요? 그 사람의 표정이 어떠한가요? 저런 눈빛, 저런 호흡, 저런 말투는 어떤 마음 상태를 드러내는 것일까요? 나 자신의 욕구에만 집중하는 것을 넘어서서 눈앞에 있는 상대를 바라보고 주의를 기울여봅니다. 나 혼자 말하고 싶은 욕구, 나 혼자 상대에게 요구하거나 통제하려는 욕구, 상대를 비난하고자 하는 욕구를 바로 행동으로 옮기지 말고 잠시 멈춰보는 게 어떨까요. '세상이 나를 중심으로 돌아가는 건 아니야. 사람들이 나한테 일방적으로 맞춰줄 필요는 없어.' 이렇게 되뇌면서 자신에게 어떤 감정이 일어나는지 가만히 살펴봅니다. 그러면서 상대방이 어떤 입장에 있는지 조망하도록 노력해보세요.

4 사랑하는 사람을 공감하는 것부터 시작한다

배우자나 연인, 자녀와 같은 가까운 이들의 마음부터 알아차리고 공감해볼까요? 상대방의 말을 '적극적으로 집중적으로 경청하겠다'라고 마음먹고 들어보는 것도 방법이지요. 최소한 5분 정도는 상대방의 말에 반격하지 않으면서 고개를 끄덕이며 들어줍니다. 상대방이 무슨 말을 하는지 집중해서 듣고 요약해 들려줍니다. 또한 상대방이 어떤 마음일지 감정 단어를 사용해 헤아려줍니다. 이때 진심이 아니면 공허하게 들릴 수 있으므로, 마음으로 공감해주는 것이 중요하겠지요.

"그러니까 당신 말은 내가 집안의 모든 대소사를 당신한테만 다 시키니까 화가 난다는 거군요."

"내가 너무 이기적이어서 네가 지치고 힘들었구나."

특권의식이 강한 사람에게 대처하는 법

만약 사랑하는 이나 가까운 이가 '특권의식'을 갖고 있다면 어떻게 대응하는 게 좋을까요?

첫째, 한계 설정이 필요합니다.

연인이 마치 어린아이처럼 끊임없이 자신의 요구를 들어달라고 할 때, 혹은 직장 동료가 자기중심적으로 행동하면서 나의 헌신적인 성향을 이용하려고 들 때 어떻게 해야 할까요?

특권의식을 가진 내담자가 상담실에 찾아오면 여러 가지 당혹스러운 상황에 처할 때가 종종 있습니다. 예컨대 상담 시간을 자신의 스케줄에 맞춰달라고 끊임없이 요구하거나, 무례한 태도로 직원들을 깔보며 함부로 대하는 등, 도무지 맞춰주기 힘든 일들이 일어나지요. 일방적인 요구를 상담자나 직원이 거절하면 참을 수 없이 분개하거나 우회적인 방식으로 분노를 표현하기도 합니다. 이럴 땐 상담자가 잘 버티면서 일관된 한계선을 지키는 것이 중요합니다. 안 되는 건 안 된다고 말해야 하는 겁니다. 지나친 요구를 다 받아주게 되면 그 사람의 특권의식이 색채를 더 강하게 드러낼 수 있습니다. 그리고 적절한 한계를 설정할 때 사람들은 오히려 그 안에서 안정감을 느끼기도 합니다.

둘째, 당신의 감정에 대해 말해줍니다.

상대방이 당신의 감정을 알아줄 것이라고는 기대하지 않는 게 좋습니다. 하지만 당신이 얼마나 상처받고 있는지 드러내는 게 해결법은 아니라 해도 최소한 "당신의 그런 행동으로 인해 나는 마음이 아파"라고 말할 줄 알아야 합니다. 당신의 감정을 지나치게 억압하거나 무시하면, 존중받지 못한 감정은 나중에 다른 방식으로 그 모습을 드러내게 될 테니까요.

셋째, 되도록 비판은 피하면서 칭찬을 섞어 의사를 전합니다.

특권의식이 강한 사람들은 사소한 비판도 받아들이기 어려워합니다. 설령 그 비판이 건설적이고 바람직한 것이라고 할지라도, 자신의 존재 자체를 위협하는 것으로 받아들일 수 있습니다. 그러므로 비판적인 내용을 전할 때는 되도록 공격적인 태도는 삼가고 칭찬을 적당히 섞는 요령을 갖는 것이 좋습니다.

뭐 든 지 내 마음대로 할래

오늘도 드라마 속에선 여성들의 신데렐라 콤플렉스를 자극하며 상류층 남성의 화려한 삶을 보여줍니다. 재벌집 아들의 삶은 어떻게 특별할까요? 재력가 부모를 두었다는 것은 우리사회에서 부러움을 사는 막강한 스펙이 되어버린 것 같습니다.

삼십 대 초반인 지성 씨는 성공한 부모님 덕에 '금수저'로 불리는 남자입니다. 게다가 작은 얼굴에 뚜렷한 이목구비, 180센티미터에 이르는 훤칠한 키, 타고난 근육질 몸매까지 외모도 완벽에 가깝습니다. 환하게 웃을 때면 선한 눈매가 한층 돋보이지요.

강남에만 다수의 빌딩을 소유한 지성 씨의 부모님은 오늘도 분주합니다. 외동아들에게 참한 신붓감을 찾아주기 위해서입니다.

그도 그럴 것이 '마담뚜'들이 지성 씨와 부모님을 가만두지 않았습니다. 미모의 아나운서, 청담동 재력가의 딸, 명문대를 나온 변호사, 집안 좋은 여의사……. 무엇 하나 빠지지 않는 조건의 여성들이 후보가 되었지만, 지성 씨의 부모님은 뜻밖에도 '조건'보다는 '성품'을 강조했습니다.

"우리 애 짝으로는 무조건 순하고 착한 여자여야 해요. 자기 관리 잘하고 바르게 자란 성실한 아가씨, 참한 아가씨였으면 좋겠는데요."

성품이야 다 비슷하니 기왕이면 좋은 조건의 아가씨들이 낫지 않겠느냐는 말에도 고개를 저었지요.

"아니요. 집안이나 직업이 평범해도 괜찮고, 미인이 아니어도 상관없어요. 우리 아들 마음을 잘 잡아줄 여자면 좋겠어요."

지성 씨의 부모님이 원하는 이상적인 며느리상은 뚜렷했습니다. 선하고 성실하며 '아들의 마음을 잡아줄 여자'. 마음을 잡아줄 여자라니, 그건 대체 뭘 의미하는 걸까요.

동갑내기인 지성 씨의 부모님은 젊은 시절부터 함께 사업을 꾸려 크게 키웠고 부동산에도 요령이 있어 막대한 부를 쌓았습니다. 사업 때문에 눈코 뜰 새 없이 바쁘게 살다가 사십 대에 접어들어서 어렵게 가진 자식이 지성 씨였지요. 지성 씨는 잉태된 순간부터 황태자의 삶을 앞두고 있었습니다. 3대 독자 집안에서 늦은 나이에 갖게 된 외아들. 아이는 부모의 좋은 점만 쏙 빼닮아 외모가 출중하고 똑똑했습니다. 또래 친구보다 말이 빠르고 몸놀림도 민첩해서 무엇이든 잘하는 아들에게 부모는 지극한 사랑을 쏟았습니다. 하고 싶다는 건 다 할 수 있게 해주었지요. 갖고 싶은 것은 무엇이든 가질 수 있고, 하고 싶은 것은 무엇이든 할 수 있는 지성 씨에게 삶은 어렵지 않은 것이었습니다. 뭔가를 얻기 위해 힘든 과정을 견디거나 애써 노력해야 할 필요가 없었지요. 어려서부터 특별한 배려와 사랑을 받고 자란 지성 씨는 한계를 경험해본 적이 없었습니다.

무엇 하나 부족함 없이 성장했지만

내가 원하는 건 무엇이든 이뤄져, 배가 고프면 우유가 생기고 기저귀가 축축하면 곧 보송보송해지고. 내가 울면 모두들 꼼짝 못하지. 하고 싶은 건 다 할 거야. 이러한 유아기의 전능감은 한계를 만나지 못했기에 좌절되지 않고 지속되었습니다. 몸은 성장했지만 지성 씨의 마음은 어쩌면 유아기에 머물러 있었는지도 모르겠습니다.

사춘기 시절부터 지성 씨가 학교에서 말썽을 일으킬 때마다 부모님은 돈으로 무마하곤 했습니다. 수업 시간에 선생님을 조롱하며 반항해도, 약한 친구에게 폭력을 휘둘러도, 어떻게든 조용히 덮고 지나갈 수 있었습니다. 사실상 훈육이 없었기에 지성 씨는 해도 되는 일과 해서는 안 되는 일의 경계를 배우지 못한 채 자랐습니다. 고교 시절에는 폭력사건을 일으켜 퇴학 직전의 상황에 처하게 되었는데요. 지성 씨의 어머니는 아들에게 번듯한 졸업장 이라도 쥐여주기 위해 큰맘을 먹었습니다. 외국으로 유학을 보내기로 한 것이지요.

하지만 제 버릇 남 못 준다고 유학 중에도 지성 씨는 여러 차례 정학을 받고 퇴학의 위기에 처했습니다. 그때마다 돈으로 무마시키면서 과외 교사들의 집중적인 도움을 받아 간신히 고등학교를 졸업할 수 있었습니다. 지성 씨는 대학에 가서도 술과 약물에 손을 대며 방탕한 생활에 휩쓸렸습니다. 그러던 어느 날 그는 더 이상 대학을 못 다니겠다고 선언하고 한국으로 돌아왔습니다. 이후로도 학교 졸업도 포기한 채 미래가 없는 듯 현재를 소모하는 삶을 이어갔고 그런 아들 앞에서 지성 씨의 어머니는 망연자실했습니다. 지금까지는 돈의 힘으로 무엇이든 아들에게 방패가 되어주었지만, 이제 일흔이 넘은 나이에 다 큰 아들을 뒷바라지하는 건 무리였습니다. 막대한 재산을 물려준다고 해도 현실적인 삶에 대한 감각, 돈에 대한 개념이 없는 아들이 잘 지켜낼 리 없기에 걱정스럽기도 했고요.

겉으로 보기에 완벽해 보이는 지성 씨 가족의 삶도 그 속사정을 들여다보면 걱정과 근심이 가득했습니다. 지성 씨 또한 아무 생각 없이 사는 것처럼 보였지만, 알고 보면 불안에 시달리고 있었는데요. 늘 사건사고만 일으키는 문제아, 그것이 그의 자아상이었습니다. 부모님 없이 혼자 남겨져야 하는 삶, 뭔가를 이뤄내야 하는 앞으로의 삶에 직면하게 될 거라는 불안을 회피하기 위해 방탕한 생활에 빠져 있었습니다. 부모님은 무엇 하나 부족한 것 없이 아들을 키워냈는데, 대체 어디서부터 잘못되었던 걸까요.

한계를 배우지 못하다

우리는 모두 충동을 통제하지 못하는 아기인 채로 이 세상에 태어납니다. 아기들은 모두 자기중심적입니다. 먹고 싶을 때 먹고 자고 싶을 때 자고 울고 싶을 때 울지요. 나와 타자의 개념이 없는 상태, 나와 외부 세계의 경계가 없는 상태의 신생아는, 누군가가 자신을 충족시켜주지만 그것이 타인이라는 것을 인식하지 못합니다. 어렴풋한 세상 속에서 아기의 욕구는 저절로 충족됩니다. 원하는 것은 울음 한방에 해결되므로 자기 자신은 '왕'으로 존재하는 것이지요. 그러다 점차 성장하면서 세상에는 타인이 있다는 사실을 알게 됩니다. 다른 이들과 어우러져 살아가기 위해선 자신의 욕구를 조절하고 타인을 배려해야만 한다는 것을 배우기도 하고요. 유아기적인 자기애에서 벗어나 자기와 타인을 모두 사랑할 수 있는, 성숙한 자기애로 건너가는 과정을 거치게 됩니다.

우리는 모두 성장하면서 '내가 왕이다'라는 환상에서 깨어나는 단계를 밟습니다. 세상일은 그리 녹록지 않습니다. 모든 것이 내 마음대로 되는 게 아니고요. 원하는 걸 다 가질 수도 없고 하고 싶은 걸 다 할 수도 없습니다. 하는 일마다 모두 성공하는 것도 아니고, 모든 사람이 나를 환영하는 것도 아닙니다. 우리는 인생에서 장애물의 탈을 쓰고 나타나는 좌절을 통해 자기중심성에서 벗어나 자기를 통제하게 됩니다. 좌절을 맛본 뒤 타인에게 눈을 돌려 나와 너의 욕구를 모두 충족시키는 방법, 우리가 모두 윈-윈 하는 방법을 고민하는 과정이 곧 어른이 되는 과정이기도 합니다. 좌절은 아프지만 나를 키우는 원동력이기도 한 셈이지요.

그런데 지성 씨는 온실에서 자라면서 바람을 이겨내는 법을 배우지 못했습니다. 모든 잡균들을 없애버렸기에 면역력을 키우지 못했습니다. 부족함 없는 성장 환경이 오히려 부족함을 초래한 것이지요.

지성 씨는 '부족한 자기통제'라는 마음의 무늬에 굴복 및 회피한 경우다

굴복	·삶에서 마주하는 과제들을 쉽게 포기하며, 일상적인 과제를 수행하는 데 어려움을 겪는다.
회피	·삶에서 마주하는 과제들을 하지 않으려고 회피한다.
과잉 보상	·지나치게 자신을 통제하며 규율에 얽매인다.

마음의 무늬
부족한
자기통제

지성 씨가 마음에 새긴 무늬는 '부족한 자기통제'에 해당합니다.
'부족한 자기통제'란 첫째, 감정과 충동을 조절하고 통제하는 능
력이 부족하다는 얘기입니다. 둘째로는 자기를 훈련하는 인내력
이 부족함을 뜻하고요.

　우리가 삶에서 뭔가를 이루고 싶다면 어떻게 해야 할까요. 원
하는 것을 정하고 열심히 꿈을 꾸면 될까요? 꿈만 꾸면 우주가 도
와준다고 주장하는 이도 있습니다만, 꿈꾸는 것과 더불어 무엇인
가를 실천하는 태도도 필요합니다. 내가 원하는 게 즉각 이 자리
에서 실현되는 것이 아니므로 시간과 기다림, 인내도 있어야 할
테고요. 하지만 '부족한 자기통제'를 가진 사람은 장기적인 목표
를 성취하기 위해 꾸준히 실천하고 기다리는 것을 잘 하지 못합
니다. 나중에 있을 더 큰 만족을 위해서라면 짧은 순간의 만족을
포기할 수도 있어야 하는 법인데, 당장의 만족을 좇느라 참고 인
내하지 못하는 것이지요. 그래서 순간의 충동과 쾌락을 좇아 행
동하고 감정을 참지 않고 표출하곤 합니다. 결과적으로는 더 큰
손해를 보고, 자존감이 낮아지거나 우울해지고, 때로는 사람들과
의 관계가 악화되기도 합니다. 장기적인 목표는 손에 닿지 않는

별이 되어 사라지고 말지요..

'부족한 자기통제'의 경향이 약한 경우엔 해야 할 일의 마감일을 놓치거나 친한 사람들 앞에서 가끔 감정을 터뜨리는 정도겠지만, 만약 이러한 경향이 강하다면 알코올이나 도박에 중독될 정도로 빠지거나 학교를 끝까지 마치기 어렵거나 일정한 직업을 가지고 생계를 유지하는 것이 어려울 수도 있습니다. 극단적으로 감정을 폭발시켜 가족들과 불화할 수도 있고요. 이런 사람들은 선천적으로 충동적이고 인내력이 부족한 기질을 타고났을 수도 있지만, 성장 과정에서 통제력을 기를 수 있는 기회가 부족했을 가능성이 높습니다. 인내력과 통제력도 몸의 근육을 키우듯 훈련을 통해 키워지기 때문입니다.

온전히 나와 마주하는 시간

자신에게서 '부족한 자기통제'를 발견했다면 일단 큰 첫걸음을 뗀 것이라고 할 수 있습니다. 이런 성향이 극단적인 사람이라면 심리서를 읽으면서 자기 자신을 점검하고 들여다보는 것 자체가 어렵기 때문입니다. 스스로를 돌아보면서 '부족한 자기통제'의 경향성을 확인했다면, 이미 변화를 위한 과정에 돌입한 것이나 다름없습니다.

1 나에게 이런 경향이 있는지 살펴본다

- 자제력을 발휘해 지루한 일을 마치기가 어렵다.
- 일상적인 규칙을 지키는 것이 힘들다.
- 하기 싫은 일을 억지로 하는 것이 너무나 힘이 든다.
- 내가 하고 싶은 것을 못하게 되었을 때 크게 상심한다.
- 먼 미래의 목표를 위해 지금 당장의 만족을 포기하기가 매우 힘들다.
- 과제나 숙제를 제시간에 해내는 게 무척이나 버겁다.
- 마감일 안에 해야 할 일을 끝내는 경우가 매우 드물다.

해당되는 항목이 꽤 있는 편인가요? 그렇다면 다음 단계로 넘어가봅니다.

2 그로 인해 무엇을 잃는지 깨닫는다

변화에 대한 동기를 갖기 위해 부족한 자기통제 때문에 잃게 되는 것이 무엇인지 생각해봅니다.

- 할 일을 제때 마치지 못해 직장 동료들과의 관계가 나빠진다.
- 이뤄낸 게 하나도 없다는 생각에 나 자신이 싫어진다.
- 숙제를 제대로 해본 적이 없어서 천덕꾸러기 취급을 받는다.

3 변화하기 싫은 마음에도 귀를 기울인다

내 안에는 분명 자기 자신을 통제하기 싫고 마음 내키는 대로 살아가고 싶어 하는 마음이 자리 잡고 있을 겁니다. 그 마음을 발견하고 알아줍니다. 마음은 없애려고 하면 할수록 더 살아나서 기를 펼치려고 하거든요. 인정하고 받아들일 필요도 있습니다. 변화하기 싫은 마음을 밖으로 꺼내본다면 어떻게 생겼을까요? 웅크리고 있을까요? 잔뜩 화가 나 있을까요? 울고 있을까요? 아니면 심드렁하게 딴청을 피우고 있을까요? 그 모습을 심상으로 떠올려봅니다.

한계를 받아들이기 싫은 마음, 인내하기 싫은 마음, 통제력이 부족한 마음도 분명 나름의 이유를 갖고 있습니다. 일단은 그 마음의 목소리에 귀를 기울여주세요. 고개를 끄덕이며 인정해줍니다.

"네가 할 말이 있을 것 같아."

"네 존재도 알고 있어. 받아들일게."

4 변화하고 싶은 마음을 충분히 조명한다

그렇다면 이제 왜 나 자신을 조절하고 싶은지 그 마음을 들여다볼까요. 왜 술을 끊고 싶은가요? 어째서 마감일을 잘 지키고 싶은 거지요? 자기조절과 통제를 통해 얻을 수 있는 것은 무엇일까요? 내가 변화한다면 삶은 어떻게 바뀔 것 같나요? 변화에 대한 동기, 그 마음은 무슨 말을 하고 있는지 들어봅니다.

5 변화된 모습으로 사는 하루를 그려본다

'부족한 자기통제'의 그늘에서 벗어나 변화된 자기 자신을 상상해보세요. 확 달라진 모습의 나는 어떤 일상을 살고 있을까요? 나를 대하는 가족들의 표정이 밝아졌을까요? 더 많은 돈을 벌었을까요? 프로젝트를 멋지게 마치고 다음 프로젝트에 열정적으로 임하고 있을까요? 무엇보다도 그때의 내 표정은 어떨까요? 얼마나 생생한 표정으로 살고 있을지, 그날의 하루를 구체적으로 떠올려보는 겁니다.

6 하나씩 실천하며 훈련한다

이제는 진짜로 생활 속에서 실천하는 일만 남았습니다. 처음부터 너무 거창한 목표를 세워서 자신을 좌절시킬 필요는 없습니다. 쉬운 것부터 하나씩 시도해보는 겁니다. 예컨대 '영어 단어 천 개를 한 달에 다 외우자!'가 아니라, '영어 단어를 하루에 세 개씩만 외우자!'로 바꿔주는 것이지요. 목표를 작게 쪼개 자신에게 성취감을 선물하는 것을 잊지 마세요. 실천하기가 버거워질 때면 변화된 자신의 모습을 상상하는 동시에, 목표를 달성하기 위해 그 과정을 실천하고 있는 모습도 상상해보세요. 아침에 일어나서 단 3분, 오늘 하루의 해야 할 일들을 별 탈 없이 즐거운 마음으로 마치는 내 모습을 마음속에서 상영해보는 겁니다.

12 복종

당신이 원하는 대로 따를게요

"나를 때리는데도 헤어질 수가 없어요. 그 사람이 계속 달라지겠다고 빌고, 그러면 마음이 또 약해지고……."

대학병원의 간호사로 일하는 미정 씨는 온유한 인상을 가진 이십 대 후반 여성입니다. 3년간 사귄 남자 친구 문제로 상담심리전문가의 도움을 요청한 그녀는 거의 상담 시간 내내 남자 친구에게 시달린 경험에 대해 토로했습니다.

"그 사람이 남자 사람 친구들과의 관계를 너무 의심해서, 연락을 다 끊고 살았어요. 심지어는 여자 친구들을 만나는 것도 싫어해서 친구를 만나면 한 시간마다 한 번씩 전화하고, 사진 찍어서 보내라고 하고……."

남자 친구의 의심과 집착, 통제 외에도 더 심각한 것은 상당한 데이트폭력이 지속되고 있다는 사실이었습니다. 미정 씨의 예전 남자 친구가 술에 취해 전화를 한 것이 발단이 되었습니다. 미정 씨는 '더 이상 연락하지 말라'면서 끊어버렸지만, 핸드폰에서 전 남자 친구의 흔적을 발견한 남자 친구는 미정 씨를 밀치고 욕설을 하며 뺨을 때렸습니다. 미정 씨는 상황이 뭔가 잘못되고 있다고 느꼈지만 무엇을 어떻게 바로잡아야 할지 알 수 없었습니다. 어렴풋한 불안 속에서 '내가 이 사람을 화나게 했다. 화나지 않게 내 행동을 조심해야겠다' 하고 다짐했을 뿐이지요. 하지만 데이트폭력을 바로잡는 일이 과연 미정 씨의 노력으로 될 일이었을까요. 폭력은 한 번으로 그치지 않았습니다. 미정 씨의 남자 친구는 미정 씨가 연락을 받지 않는다고, 다른 남자와 연락을 주고받는다고, 노출이 있는 옷차림을 했다고, 자신을 무시하는 말을 했다고 폭력을 가했습니다. 미정 씨의 마음은 잦은 폭력 속에서 점차 무너져가고 있었습니다.

　　"이상하게도 나 스스로가 더럽다는 생각을 하게 됐어요. 내가 더러운 여자라서, 내가 나쁜 여자라서 이 남자가 이런다. 나한테 잘못이 있다는 생각이 점차 굳어진 것 같아요."

　　미정 씨는 남자 친구의 신체적인 폭력뿐 아니라 정서적 학대에 의한 희생양이 되고 있었습니다. 자신을 비난하는 말들의 포화 속에서 무엇이 자신에 대한 진실인지를 잊어가고 있었던 것이지요. 남자 친구의 비난은 날카로운 비수가 되어 미정 씨의 가슴에 박혔습니다. '네가 잘못했기 때문에 맞는 것이다'라는 남자의 비난은 어느새 미정 씨의 주관적 세계 속에선 현실이 되어 있었습니다.

폭력에 길들여지는 이유

"헤어질 생각도 해보셨어요?"

"안 해본 건 아니에요. 하지만 남자 친구가 평소에는 너무 자상해요. 아주 가끔 화를 낼 때만 무섭지, 그렇게 다정할 수가 없어요. 화낸 일에 대해서도 빌고 또 빌어요. 반드시 고치겠다고, 그렇게 자기 잘못을 빌어요. 그런 남자 친구를 보면 마음이 약해져요."

미정 씨의 남자 친구는 가정폭력과 데이트폭력에서 전형적으로 나타나는 패턴의 행동을 보이고 있었습니다. 세상 누구보다도 다정했다가 아주 가끔씩 돌변하는 모습, 천사와 악마가 번갈아 오가는 그 모습 속에서 피해자는 달콤한 속삭임에 마음이 약해지고 마는데요. 데이트폭력은 초기에 강경하게 대처하지 않으면 더 심해집니다. 폭력을 심각하게 여기지 않으면 폭력은 이내 '연인 사이의 사랑싸움'으로 둔갑하고 얼굴을 드러내기 때문이지요. 피해자는 점점 폭력에 길들여지게 됩니다.

"제가 원래 좀 순한 성격이에요. 늘 누구에게나 맞춰주니 좋은 사람이라는 말을 듣는 편이죠. 화도 잘 안 내고."

미정 씨는 다른 사람들의 욕구와 기대에 맞춰주는 삶을 살고 있었습니다. 그녀의 순응적이고 복종적인 행동은 누구보다도 헌신적이고 좋은 엄마였던 자신의 어머니의 모습에 그 뿌리를 두고 있었는데요.

"엄마는 대단한 분이었어요. 아버지가 술에 취해 어머니를 때리면, 저는 아버지를 막아서곤 했어요. 그러면 아버지는 저를 때리고……. 그러면 엄마는 몸을 던져서 그걸 막아내셨죠."

미정 씨의 어머니는 알코올 문제, 외도, 도박을 일삼던 남편과 일평생을 함께하며 세 딸들을 훌륭하게 키워낸 분이었습니다. 경제적인 문제 때문에 이혼을 결심하기 어려웠던 시절, 미정 씨의 어머니는 아버지에게 속박된 삶을 살며 부당한 요구를 감내했다고 합니다.

"엄마는 그런 아버지를 원망하지 않았어요. 종교생활을 하면서 늘 기도하고 우리에게 헌신하셨죠. 엄마가 고통을 이겨내는 힘은 대단했어요."

오늘날 미정 씨의 마음 안에는 순응하고 헌신하는 어머니의 삶이 들어 있었습니다. 미정 씨가 지금의 남자 친구에게 끌렸던 것은 성장 과정의 미해결된 과제와 관련되어 있는 것으로 보였습니다. 아버지의 폭력 속에서 지독히도 무력했던 어린 시절의 트라우마는 현실을 극복하고자 하는 의지로 자라났지만 한편으로 불필요한 희생과 불행을 끌어안는 결과로 이어지고 만 것이지요.

'내가 헌신해서 폭력적인 당신을 고치고 구해내고야 말겠다.'

미정 씨는 자신을 학대하는 남자 친구와의 관계 속에서, 아버지

앞에 무력했던 자기 자신과 어머니를 구출하고자 애쓰고 있었던 겁니다. 헤어지자는 미정 씨의 말에 남자 친구는 손을 다칠 정도로 벽을 치거나 머리를 부딪치며 자해하는 모습을 보이기도 했는데요. 미정 씨는 그런 남자 친구에게 연민을 느꼈고, 진심으로 그의 아픈 마음을 치유하고 싶었습니다. 하지만 헤어지면 자해, 자살하겠다는 위협은 강렬한 사랑의 표시가 아니라 정서적 학대에 해당합니다. 그로 인해 상대방은 불합리한 죄책감에 빠져들게 되며, 이별할 수 있는 권한을 잃어버리기 때문입니다.

화를 느끼는 것과 표현하는 것은 다르다

"헤어지지 못하는 이유가 또 있을까요?"

"남자 친구가 보복할까 봐 두려웠어요. 어떤 일을 당할지 모르겠다고 생각했죠."

보복에 대한 미정 씨의 두려움은 현실적이기도 했습니다. 사실 미정 씨는 남자 친구에게 분노하고 있었습니다. 미정 씨가 느끼는 분노는 정당했지만 그녀는 그런 분노의 감정을 깊이 억누르고 있었는데요. 순응함으로써 착한 사람이 되고 싶다는 바람과 마음이 아픈 남자 친구를 구원하고 싶다는 바람, 복종하지 않으면 남자 친구가 보복할 것이라는 두려움은 마땅히 느껴야 할 분노를 꺼트리고 있었습니다. 그 분노는 자신을 향하며 우울감과 위축감으로 위장되어 나타나고 있었지요.

미정 씨는 상담을 통해 남자 친구에 대한 분노의 감정을 알아 차리기 시작했습니다.

"화내면 안 된다고 생각했어요. 아버지가 화내는 모습이 무서 웠기 때문에 절대로 화를 내선 안 된다고 생각했죠."

"화를 느끼는 것과 화를 표현하는 것은 달라요. 표현하는 방법 도 여러 가지죠. 분노는 뭔가 잘못되어가고 있음을 알려주는 단 서거든요. 분노는 자신을 지키는 행동이나 자기주장성으로 나타 날 수 있는데요. 건강한 방식으로도 표현될 수 있어요. 분노할 일 에 분노하셔도 됩니다."

미정 씨는 어떤 감정이든 이유가 있다는 것, 감정은 우리가 나 아가야 할 방향을 알려주는 인생의 중요한 나침반이라는 사실을 깨달아갔습니다. 감정은 우리를 고통스럽게도 하지만 한편으로 는 우리의 삶, 영혼을 위해 중요한 메시지를 전달해주고 있다는 사실을 말이지요.

미정 씨는 '복종'이라는 마음의 무늬에 굴복 및 회피한 경우다

굴복	· 타인이 자신의 삶을 통제하고 힘을 행사하도록 하며, 자신의 분노는 억제하거나 억압한다.
회피	· 남들과 의견이 다르거나 갈등할 수 있는 상황을 회피한다.
과잉 보상	· 권위와 힘을 가진 대상에게 도전하고 반항한다.

복종

데이트폭력, 가정폭력, 성폭력은 100퍼센트 가해자 귀인으로 봐야 합니다. 즉, 피해자에게서 원인을 찾는 것은 금물이지요. 하지만 만일 당신이 '나쁜 남자'나 '나쁜 여자', '나쁜 친구'만 만나는 상황이 반복된다면, 점검해봐야 할 것이 있습니다. 혹시나 '복종'이라는 마음의 무늬를 갖고 있지는 않은지 말이지요. 이는 상대방으로부터 보복당할 것을 두려워하기에 분노를 억누르고 맞춰주고 순응하는 패턴으로 나타납니다. '복종'을 마음에 새기고 있으면 사람들 사이에서 흔히 좋은 사람, 착한 사람으로 불리는데요. 자기주장성은 억제되며, 온유한 태도로 자신의 욕구와 바람을 통제하면서 남들에게 맞춰주는 모습을 보이게 됩니다.

이런 면은 타인과 협력, 조화를 이룰 수 있는 강점이 될 수도 있지만 한편으로는 부당한 상황에서 강경하게 대처하지 못하고, 자신을 지켜야 하는 상황에서 아무 소리 하지 못하고 참고 넘어가는 행동으로 나타날 수 있습니다. 그래서 주위 사람들이 알게 모르게 존중하지 않는 태도를 보이거나 때로는 함부로 대하기까지 하는 일이 벌어지기도 하지요.

혹시 당신은 분노를 억누르고 있나요? 부당한 상황도 항상 감내하며 살아가나요? 누군가를 두려워하며 그에게 모든 권한을 내어주고 있지는 않나요?

자신의 모습이 어떤지 돌아보는 기회를 가지면 좋겠습니다.

- 나 대신 결정하도록 남들에게 권한을 주는 편이다.
- 타인의 요구나 부탁을 거절하는 것이 어렵다.
- 남들에게 내가 원하는 것을 부탁하기가 어렵다.
- 다른 사람들이 원하는 것을 내가 들어줘야만 한다고 느낀다.
- 타인이 원하는 대로 해주지 않으면 보복당할 것 같아 두렵다.
- 사람들에게 내가 원하는 것을 주장하거나 부정적인 감정을 표현하는 경우가 거의 없다.
- 갈등을 피하기 위해 굉장히 애를 쓴다.
- 남들에게 좋은 사람, 착한 사람이라는 얘기를 자주 듣는다.
- 부당한 상황도 그냥 참고 넘기는 편이다.

'복종'이라는 마음의 무늬를 갖고 있으면, 세상은 타인을 중심으로 돌아갑니다. 늘 타인의 눈치를 보며 누군가가 하라는 대로 따르기만 한다면 진정한 자신과 접촉하는 일은 어려울 겁니다. 그러니 분노를 그저 쌓아둘 수밖에요. 자신이 누구인지도 헷갈릴 수 있습니다.

왜 '복종'이라는 무늬가 마음에 새겨지는 걸까요? 미정 씨의 경우 복종을 강요하던 아버지 밑에서 '순응'해온 어머니를 롤모델로 삼아왔던 과정이 주요한 원인이 되었습니다. 이처럼 '복종'은 성장 과정에서 살아남기 위해 필요한 생존기제로 작용했을 수도 있습니다. 혹시 당신은 부모나 형제의 요구에 순응하지 않으면 크게 벌을 받거나 버림받을지 모른다는 위협을 느꼈나요? 힘없고 무력했던 어린 시절에 당신에게 복종을 원하던 존재는 당신보다 더 강한 존재였을 겁니다. 당신은 이제 어릴 때보다 힘 있는 존재가 되었지만 여전히 '학습된 무기력'에 젖어 있을 수도 있습니다. 사람에게 굴종하는 코끼리처럼, 자신의 힘을 망각한 채 상대에게 큰 권한을 주고 있는 것이지요.

온전히 나와 마주하는 시간

타인의 의견에 따르는 태도를 부정적으로만 생각할 일은 아닙니다. 순응이라는 것은 사회의 조화와 협력에 기여하는 측면이 있기도 하고요. 하지만 분노가 쌓일 정도로 다른 사람들을 따라주고 있다면, 자신을 지키지 못할 정도로 순응에 젖어 있다면 변화를 꾀해야 할 것입니다.

1 복종, 순응하고 싶은 나의 마음을 알아준다

'복종'이란 마음의 무늬를 갖게 된 데는 기원이 있을 겁니다. 나름대로 삶에 도움이 되는 기제로 작용하기도 했을 테고요. 타인에게 복종함으로써 당신은 돌봄과 보호, 사랑과 관심을 얻었을지도 모릅니다. 순응함으로써 많은 갈등을 피할 수 있었을지도 모르고요. '복종'이 무슨 기능을 했는지 생각해보고 그 존재 이유를 충분히 이해하는 시간을 가져봅니다.

2 복종할 수밖에 없었던 나를 마주한다

미정 씨의 경우 상담을 통해 아버지 앞에서 무력했던 자신의 과거를 마주했습니다. 강한 힘 앞에서 굴복할 수밖에 없었던 어린 시절의 아픔을 성인으로서 다시 체험한 것인데요. 아버지의 위협 속에서 미정 씨는 무엇이 두려웠던 걸까요? 아버지에게 버림받을지도 모른다는 두려움, 가정이 깨질 수도 있다는 두려움, 상실에 대한 두려움을 직면했을 수 있습니다. 그녀가 해야 할 일은 상실에 대한 두려움을 감내할 수 있는 용기를 갖는 것이었습니다. 타인이 나를 좋아하지 않고 싫어한다고 해서 무엇이 그리 큰 문제가 있을까요. 착한 사람이 되지 않는다 한들, 저 사람이 나를 떠난다고 한들 어떻습니까. 가장 중요한 건 내가 나 자신을 누구보다도 사랑하는 겁니다.

3 상대의 요구를 들어주지 않으면 어떤 상황이 벌어질지 상상해본다

연인이 당신의 헤어스타일, 옷차림을 마음대로 통제하려고 하나요? 친구가 잦은 욕설과 비난으로 당신을 깔아뭉개나요? 자, 만일 당신이 상대의 요구에 그대로 따르지 않는다면 무슨 일이 벌어지나요? 최악의 상황은 어떤 걸까요? 마음이 만들어내는 최악의 시나리오를 검토해보면 생각보다는 큰일이 벌어지지 않는다는 사실을 깨닫게 될 겁니다.

4 내가 원하는 것을 표현해본다. 거절하고 싶을 때 거절한다

당신이 원하는 것을 표현해보세요. 일상에서 만나는 사람들을 대상으로 당신이 진정으로 원하는 게 무엇인지 말해봅니다. 거절한다고 해서 심각한 일이 벌어지는 건 아닙니다. 당신은 타인의 요구를 거절할 권리가 있습니다. 원하지 않는 것을 해달라는 요구를 들을 때는 'No'라고 얘기해보세요.

5 나를 이용하거나 착취하려는 사람들을 멀리한다

순응적이고 협조적인 당신을 이용하려는 사람들이 있지는 않나요? 이거 해달라, 저거 해달라 요구만 할 뿐 서로를 위한다는 게 뭔지 전혀 무관심한 사람들이 당신 곁에 바글바글할 수도 있고요. 당신을 이용하려는 사람들에게는 부당한 요구를 거절하고 거리를 두는 게 좋습니다. 당신 주위에는 거절의 태도에도 보복하지 않고, 당신이 부정적인 감정을 말하더라도 그것을 수용하며 경청하는 사람도 분명 있을 겁니다. 가능한 한 그런 사람들과의 관계를 유지하도록 신경 써보세요.

6 데이트폭력에 대한 잘못된 인식에서 벗어난다

만약 미정 씨와 같은 상황에 처해 있다면 데이트폭력에 관한 잘못된 생각들을 바로잡아야 합니다.

① 사랑하는 사이에 흔히 일어날 수 있는 사랑싸움이다 (X)

사랑하는 사이에서 갈등은 당연히 일어날 수 있지만 신체적, 정서적 폭력은 가학에 해당합니다. 강제적인 성관계와 성폭력도 학대이자 범죄이고요. 상대는 사랑싸움이라고 말하고 있나요? 사랑하는 사이에 화가 난다고 상대를 때릴 수 있는 걸까요? 연인, 부부 사이의 갈등은 대화로 풀어나가야 하는 겁니다.

② 가해자의 분노조절장애가 문제의 본질이다 (X)

데이트폭력 가해자가 정신장애를 갖고 있을 가능성도 있습니다. 하지만 문제는 '정신장애'가 아닙니다. 정신장애를 가진 사람들이 쉽게 폭력사태를 일으키고 가해 행동을 한다는 것은 잘못된 생각입니다. 정신장애를 가진 이들은 그렇지 않은 사람보다 심리적으로 취약하기에 피해자가 될 가능성이 높습니다. 분노조절장애가 문제의 원인이라면, 어째서 자신보다 강한 사람 앞에서는 분노 조절이 잘 되는 걸까요? 오히려 더 문제가 되는 것은 약한 자에게 가해를 입혀도 된다는 인식, 상대방을 자신이 신체적, 정서적으로 통제해도 된다는 인식입니다.

③ 나의 헌신과 노력으로 가해자는 달라질 것이다 (X)

때로 심성이 착하고 좋은 사람들이 이런 오해를 하는데요. 자신이 더 노력하고 상대방이 요구하는 대로 헌신하면 폭력 가해자가 변할 것이라고 착각하는 것이지요. 결혼하면 바뀌겠지, 세월이 흐르면 달라질 거야, 내가 자극하지만 않으면 괜찮을 거야, 상처가 치유되면 나아지겠지……. 하지만 그런 상황에서 가해자는 저절로 바뀌지 않습니다. 대체로 결혼하면 훨씬 더 심해집니다.

④ 내가 더 잘한다면 폭력을 막을 수 있을 것이다 (X)

피해자가 폭력의 원인을 제공한 게 아닙니다. 오랜 시간 데이트폭력이나 가정폭력을 당한 사람들은 이런 얘기를 하는 경우가 많습니다.

"내가 처신을 잘못해서 그 사람이 이렇게 화를 내는 거예요."

"내가 나빠서 이 사람이 이러는 거죠."

이런 생각이 얼마나 큰 오류인지를 깨달아야 합니다. 이런 식으로 생각을 하게 된 것은 장기간의 폭력에 의한 결과이지, 피해자의 잘못이 아닙니다.

⑤ 피해자가 폭력의 원인을 제공했을 것이다 (X)

그렇지 않습니다. 어른이 아이와 싸우다 아이를 때리면 아이 잘못인가요? 피해자가 폭력의 원인을 제공했다는 생각은 버려야 합니다.

⑥ 평소엔 더없이 잘해주는 사람이니까, 앞으로는 괜찮아지겠지 (X)

세상 누구보다도 다정하게 대해주지만 한번 눈이 뒤집히면 돌변해버리는 그 사람. 왔다 갔다 하는 관계 속에서 길들여지기 쉽습니다. 헤어나기가 어려울 테지요. 가해자가 '죽을죄를 졌다, 다시는 안 그럴 테니 떠나지 말아달라'면서 싹싹 빌 때 마음이 약해지나요? 이는 데이트폭력, 가정폭력의 전형적인 패턴입니다.

⑦ "너 없으면 난 죽어버릴 거야"라는 말은 강렬한 사랑의 표현이다 (X)

헤어질 수 없다며 집 앞까지 찾아와 죽어버리겠다고 말하거나, 벽에 머리를 찧고 자기 뺨을 때리는 등 자학 행동을 보이는 사람이 있는데요. 정서적 학대이자 협박이라 할 수 있지만 이런 과정을 겪게 되면 누구라도 자연스레 죄책감이 유발될 수 있습니다. 그래서 상대방이 진짜 죽을까 봐 떠나지도 못하고 폭력적인 관계 속에 머물게 되는 것이지요. 만약 당신의 연인이 그런 소리를 한다면, 정말로 이별을 생각해보는 것이 좋습니다.

⑧ 수치스러운 경험이므로 아무에게도 알리면 안 된다 (X)

주변 사람들에게 알리고 도움을 청하는 게 가장 중요합니다. 우선 부모님과 형제자매에게 이야기하고, 직장 동료나 주변에 믿을 수 있는 지인에게도 상황을 알려야 합니다.

잘못을 해서가 아니라 신체적으로 약하기 때문에 폭력을 당하는 겁니다. 그러므로 주변인의 도움을 통해 사람들과 힘을 합쳐서 더 이상 약한 존재가 아니라는 것을 보여줘야 합니다. '당신이 나에게 해를 입히면 나도 가만히 있지는 않겠다'라는 자세를 가져야 하는 것이지요. 연민과 용서로 될 일이 아닙니다. 분노하고 방어해야 할 일에는 충분히 분노하고 방어해야 합니다.

⑨ 이 상황에서 나는 무력하기에 아무것도 할 수 없다 (X)

경찰서에 신고하거나 법적으로 고소하는 방법이 있습니다. 폭력 피해자를 돕는 기관의 전문가들에게 도움을 요청할 수도 있고요. 그리고 무엇보다도 상대방과 헤어질 수 있습니다. 이에 상대방이 보복하려 한다면 도움을 청해야 합니다. 더 이상 괴롭힘을 허용하지 않아야 합니다.

도움을 구할 수 있는 기관

· 한국여성의전화(www.hotline.or.kr) : 성폭력, 데이트폭력, 가정폭력에 대한 법적인 문제 등 실제적인 자문이 가능하다.
· 한국여성상담센터(www.iffeminist.or.kr) : 폭력 피해자 여성을 위한 심리상담을 지원하고 있다.

13 자기희생

난 괜찮아, 널 위해서라면

"상담을 통해 얻고 싶은 거요? 글쎄요. 남자들과의 관계가 어려운 것 같아서 여기에 왔어요. 저한테 뭔가 문제가 있는 건지……. 좋은 남자를 알아보는 눈을 키우고 싶어요."

"좋은 남자를 만나고 싶으신 거군요. 그런 생각을 하게 된 계기가 있었을까요?"

"많이 좋아하던 사람한테 최근에 이별 통보를 받았어요."

"사귀던 사람한테서요?"

"사귀었다고 말하기는 어렵지만…… 사귄 것처럼 가깝게 지냈어요. 제가 많이 좋아해서, 그 사람이 힘들 때마다 얘기 들어주고 같이 술도 마시고 놀러도 가고 그랬어요. 그 사람이 나를 여자 친구라고 인정해준 적은 없지만 나는 많이 좋아했어요."

현지 씨는 꽤 괜찮은 사람입니다. 가정에서도 믿음직한 맏딸에, 제법 큰 규모의 회사에서도 자기 역할을 불평 없이 착실히 해내는 과장이었는데요. 그녀는 상담실에서도 여전히 괜찮은 사람이었습니다. 성실하면서도 온유한 태도로 상담자에게 마음을 열어 보이기에 상담자들에게 이상적인 내담자라 할 수 있었지요. 상담자가 더 높은 목표를 제안해도 작은 오해도 없이 성실한 태도로 받아들였고요. 어떻게 하면 더 나은 사람으로 거듭날 수 있을까 끊임없이 자신의 내면을 성찰했습니다.

'이런 사람이라면 얼마든지 도울 수 있겠어. 같이 있으면 편안해지고 기분이 좋네.'

현지 씨를 마주했을 때의 느낌은 이러했습니다. 그리고 그녀는 늘 상담비를 밀리지 않게 미리 지불하고 상담 시간을 정확히 지켰는데요. 혹여 버스를 놓쳐 5분이라도 늦게 도착할라치면 꼭 미리 연락해주고, 정말 괜찮다는데도 허리를 숙여 사과했습니다. 피치 못할 사정으로 상담 시간을 조정해야 할 때면 최소 일주일 전에는 미리 알려줬고요. 상담 당일에 아무 연락 없이 나타나지 않거나 "내가 30분 늦었으니 30분 더 늦게 끝내야 하는 것 아니냐"며 당연하다는 듯 요구하는 내담자 때문에 지쳐 있을 때에도 그녀를 만나면 한숨 돌리듯 마음이 편안해지기도 했습니다. 어느 날 문득 현지 씨의 상담 시간을 기다리고 있다는 걸 알게 되면서 비로소 깨달았습니다. 우리가 마치 거울처럼 서로를 비춰주고 있다는 사실을요. 타인의 욕구에 민감한 사람. 타인을 돌봄으로써 자신의 정체성을 찾는 사람. 비슷하게 통하는 느낌을 받았습니다.

"선생님께 이런 이야기를 드리는 게 제가 선생님을 힘들게 하는 건 아닐지……."

"그게 무슨 말씀인가요?"

"너무 힘들고 어두운 얘기라서요. 아직까지 아무에게도 털어놓지 않았거든요."

"괜찮아요. 여기서는 그런 이야기를 하셔도 돼요. 우리는 그러기 위해서 만난 거니까요."

가족을 보호하라는 임무 속에서

성실한 자기희생으로 점철된 그녀의 인생은 TV 연속극에서나 나올 법한 성장 드라마 같았습니다. 사업 실패로 가산을 탕진한 후 매일같이 술독에 빠져 가족들에게 폭력을 휘둘렀던 아버지와 여자의 몸으로 일용직 건설 노동자로 일하며 억척같이 생계를 꾸려온 어머니. 현지 씨의 부모님은 가난이란 외풍이 주는 시련을 견뎌내지 못하고 끊임없는 싸움을 반복했습니다. 술에 취한 아버지가 술병을 깨서 어머니를 죽이겠다고 위협하던 날, 현지 씨는 온몸으로 막아섰습니다.

"아버지 죄송해요, 정말 죄송해요! 제가 잘 할게요!"

현지 씨는 어린 동생들과 어머니를 보호하기 위해 아버지에게 빌고 또 빌었습니다. 아버지 또한 '무능'과 '경제적 실패'라는 낙인에 가슴이 데인 희생자였겠지만, 어린 그녀로서는 어른들의 복잡한 사정 따위는 알 수 없었습니다. 그녀는 그 누구에게도 털어놓지 못했던 과거의 트라우마를 회상하며 눈물을 쏟아냈습니다. 그러다 기억 속에 묻어두었던 아버지의 술 취한 얼굴이 생생해질 때면 창백해진 표정으로 땀을 흘리기도 했지요. 가족들로부터 받은 상처는 깊은 외상으로 남아 있었지만, 커다란 분노는 마치 없었던 것처럼 무의식 속의 무덤에 가두었습니다.

어려서부터 총명하고 성실했던 현지 씨가 할 수 있는 일은 그저 앞만 바라보는 것이었습니다. 고통스러운 현실을 해결할 수 있는 유일한 방법은 자신에게 주어진 과제를 잘 해결해내는 것. 부모님의 갈등으로 집안이 시끄러워질 때면 더 악착같이 공부에 매달렸습니다.

"언니는 우리들의 희망이야. 언니가 서울에 있는 대학 가서, 우리들도 불러줘. 아빠가 지긋지긋해. 이 집구석 떠나고 싶어."

어머니와 동생들이 주는 미션은 '가족을 돌보고 성공해라'였습니다. 현지 씨는 성공하기 위해 무던히 노력했습니다. 과외 한 번 받지 않고도 서울의 명문대에 입학해 4년 내내 장학금을 받았고 졸업하자마자 내로라하는 대기업에 입사하게 되었지요. 성실한 태도로 자기 일을 해내며 세심하게 주변 사람들까지 배려했기에 회사에서도 금세 능력을 인정받았고요. 부하 직원들도, 상사들도 그녀를 입이 마르게 칭찬했습니다.

"현지 씨 같은 사람이 어디 있어. 착하지, 일 잘하지, 성실하지. 무슨 일이든 맡기면 안심이 돼."

"어둡고 불안한 남자에게만 마음이 끌려요"

그녀는 누가 봐도 괜찮은 여자였지만, 사실 이때까지 제대로 된 연애를 해본 적이 없었습니다. 대학 시절부터 그녀에게 먼저 관심을 갖고 다가오는 남자들은 꽤 있었는데요. 막상 그녀가 마음이 가는 남자들은 따로 있었습니다.

"저는 어딘지 어두운 구석이 있는 남자가 좋았어요."

"어두운 구석이요?"

"네, 우울해 보인다거나 감정 기복이 있다거나. 배고픈 영혼을 가지고 있는 것처럼 불안정해 보이는 남자에게만 끌렸죠. 밝고 구김살 없는 남자한테는 관심이 가지 않았어요."

"왜 그러셨을까요?"

"'내 어두운 마음을 이해해줄까? 내 아픈 과거를 이해해줄까?' 하는 생각 때문에요. 지금은 제가 번듯해 보일 수 있지만 가까워지면 우리 가족 얘기를 안 할 수 없겠죠. 상처가 없는 사람은 나를 이해해줄 수 없을 것 같아서요. 내가 그 사람에게 해줄 수 있는 것도 없을 것 같고…… 화목한 가정에서 사랑 많이 받고 자란 것 같은 사람은 왠지 모르게 거리가 느껴져요."

현지 씨는 최근까지 깊은 상처를 가진 남자의 상담자 역할을 해주다가 그 사람에게 모진 이별의 말을 들었습니다. 그 남자는 부모의 사랑을 받지 못하고 자랐다는 공통점이 있었지만, 현지 씨처럼 굳은 심성을 가진 사람은 아니었습니다. 현지 씨의 대학 선배였던 그는 고시 공부에 실패한 후 우울의 늪에 빠져 인터넷 게임과 술로 세월을 보내고 있었습니다. 불안하게 흔들리는 그를 보면서 현지 씨는 진심으로 돌봐주고 싶다는 생각이 들었습니다.

"그 사람의 무엇에 끌렸죠?"

"나처럼 상처가 깊은 사람이고, 내가 잘 돌봐줄 수 있을 것 같아서요."

현지 씨는 타인을 돌봄으로써 자신의 존재감을 확인하고 있었던 겁니다. 좋아하는 남자의 친절한 상담사 노릇을 하는 것도, 몸이 부서져라 일을 하면서 버는 돈 대부분을 부모님과 동생들에게 부치는 것도, 회사에서 궂은일을 도맡아 하는 것도 모두 그녀가 가진 자기희생의 일면이었지요. 자기희생은 그녀가 세상의 풍파 속에서 번듯한 사람으로 살아남을 수 있게 하는 강한 방어막이었지만, 정작 그녀는 타인을 삶의 중심에 둔 채 상처받고 있는 자신의 마음은 돌보지 못했습니다.

"언제나 희생하는 마음이 있네요. 가족, 회사, 남자 친구에게도. 현지 씨는 희생을 통해 뭘 얻는 걸까요?"

그녀는 잠시 침묵하며 생각에 잠기더니 머뭇거리며 말했습니다.

"좋은 사람이 된다는 거? 나 없으면 안 된다는 사람들의 말이 좋은 것 같고요. 그리고 엄마와 동생들을 두고 나 혼자 지긋지긋한 집을 벗어났다는 죄책감. 그걸 해결하고 있는 것 같아요."

현지 씨에게 자기희생이라는 방패는 분명 포기할 수 없을 만큼 많은 것들을 제공해주고 있었습니다. 상담실에 와서도 상담자에게 '괜찮은 사람, 편안한 사람, 또 만나고 싶은 사람'이라는 느낌을 준다는 것은 세상 다른 사람들과의 관계에서도 마찬가지라는 소리였지요. 그녀는 타인에게 없어선 안 될 사람으로 인정받았기에 실제로 성공을 이루고 있었고 자신보다 남을 배려해 '좋은 사람'이라는 자아상을 견고하게 만들어가고 있었습니다.

그러므로 자기희생은 그녀가 포기해야 할 것은 아니었습니다. 다만 연애를 비롯해서 일상에서 반복되는 패턴을 자각할 필요는 있었지요. 마음이 건강한 사람보다는 불안정하고 상처가 있는 사람에게 끌린다면, 자신을 정서적으로 충만하게 해주는 사람보다는 결핍되게 하는 사람과의 관계에 휘말려들 위험이 있으니까요. 어쩌면 자신을 돌보지 못하고 끊임없이 이용당하느라 해결되지 않는 분노를 무의식 속에 쌓아두고 있을지도 모를 일이었습니다.

현지 씨는 상담을 통해 사람들 사이에서 자꾸만 반복해서 일어나는 패턴을 자각하고, 자신이 그 상황에서 무엇을 기여하는지 들여다보았습니다.

"선생님, 혹시 어디가 좀 불편하세요? 안색이 안 좋으신데요."

"마음 써줘서 고마워요. 그런데 현지 씨는 자신을 위한 시간인데도 상담자가 괜찮은지를 살피는군요."

"아, 그런가요? 이렇게 늘 초점이 다른 사람에게 가 있네요."

그녀가 상담 시간에 해야 할 것은 그 무엇보다도 자신에게 초점을 두는 일이었습니다. 내가 원하는 건 무엇인지, 나는 무엇에 화가 나고 무엇에 슬픈지, 다른 사람에게 주기 전에 나는 무엇을 받고 싶은지 물어야 했습니다. 그리고 마음속에 숨어 있는 내면아이에게 더 이상 숨어 있지 말고 무대 위에 당당하게 서보라고 부탁해야 했지요. '당신의 욕구가 우선이 되어도 더 이상 죄책감을 느끼지 않아도 된다'라는 상담자의 반복되는 암시에 현지 씨는 어머니와 동생을 돌봐야만 했던 자신의 어린 시절을 애도했습니다. 오래도록 억눌러온 분노는 거침없는 눈물이 되어 흘렀습니다.

현지 씨는 '자기희생'이라는 마음의 무늬에 굴복한 경우다

굴복	· 타인의 욕구를 중시하며 희생적인 태도를 보이지만, 타인에게 자신을 위한 것을 요구하지는 않는다.
회피	· 타인과 서로 뭔가를 주고받는 상황을 회피한다.
과잉 보상	· 타인에게 그 무엇도 도움을 주지 않으려 한다.

마음의 무늬

자기희생

혹시 이런 사람에게 마음이 끌리나요?

- 내 욕구와 권리를 존중해주지 않는다.
- 내가 내 방식대로 하겠다고 하면 멀어지겠다고 위협하거나 뾰로통해진다.
- 지나치게 예민해서 말 한마디도 굉장히 조심해야 한다.
- 쉽게 상처받기 때문에 내가 돌봐줘야 할 것 같다.
- 책임감이나 성실성, 신뢰가 부족해서 대부분의 일을 내가 대신 하게 된다.
- 내 의견을 고려하지 않고 독단적으로 결정한다.
- 자주 불안해서 이야기를 들어주고 공감해줘야 한다.
- 지나치게 의존적이다.

이런 특징이 있는 사람들에게 마음이 가거나 이런 이들이 자꾸 주변에 모여든다면, 당신이 가지고 있는 자기희생의 패턴이 기여하고 있을지도 모르겠습니다. 요구가 많고 의존적이며 자기중심적인 사람은 보통 환영받지 못하지만, 자기희생의 행동 패턴을 갖고 있는 사람들은 이들에게 강한 매력을 느끼곤 하지요. 상대 방을 위해 헌신하지만 정작 자신의 욕구는 결핍되는 관계에 빠져 들지 않으려면 우선 자신이 어떤 사람인지 자각해야 합니다.

당신은 어떤 사람인가요? 다음 사항들을 확인해보세요.

- 대부분 다른 사람들이 마음대로 하게 내버려둔다.
- 남들을 기쁘게 해주기 위해 노력한다.
- 타인의 의견에 공개적으로 반대하지 않으려고 한다.
- 다른 사람들이 권한을 갖고 있을 때 더 편안하게 느낀다.
- 남들이 화내는 상황을 피하기 위해 순응한다.
- 내가 무엇을 원하는 건지 잘 모르겠다.
- 남들을 돌보는 일은 결국 내 차지다.
- 남의 기분을 상하게 할 가능성이 있다면 진실이라 해도 입밖에 꺼내는 것을 삼간다.
- 자꾸만 희생적인 역할을 담당하게 된다.
- 가정과 직장에서 자기 몫 이상의 일을 떠안게 된다.
- 누군가가 곤란한 처지에 있으면 돕기 위해 애쓴다.
- 친구들과의 사이에서 받는 것보다 주는 것이 더 많다.
- 내가 원하는 것을 요구하면 죄책감이 든다.
- 내 권리를 주장하기가 어렵다.
- 직장에서 승진이나 월급 인상을 요구하지 못한다.
- 협상할 때 내 입장을 강하게 고수하지 못한다.

심리학자들은 '자기희생'의 기원을 주로 가족관계에서 찾습니다. 무력한 부모 밑에서 자란 아이는 부모와 형제를 돌봐야 한다는 책임감을 느끼면서 역할이 역전될 수 있습니다. 부모의 한탄을 들어주고 부모의 상담자가 되어야만 했던 어린아이에겐 누군가에게 돌봄받고 싶다는 욕구가 억압되고 맙니다. 또한 가족들을 구제해야 한다는 임무를 부여받은 아이는 자신이 희생하고 헌신함으로써 잘못된 상황을 바로잡을 수 있을 것이라고 느끼지요. 자신의 욕구를 우선시하면 죄책감이 드는 탓에 항상 타인을 중심으로 둔 채 살아가게 되고요.

무력하거나 나약한 부모를 둔 경우가 아니라면, 성직자나 순교자 같이 높은 도덕성과 책임감을 가진 부모 밑에서 성장했을 가능성도 있습니다. 늘 희생을 강조하며 자신을 돌보지 않고 타인을 돌보는 부모님의 태도를 보고 배운 것입니다. 어릴 때부터 희생적인 부모님의 가치관과 태도를 내면화함으로써, 자신보다 타인을 우선으로 두고 헌신하는 태도를 갖게 될 수 있습니다.

온전히 나와 마주하는 시간

타인에게 헌신하고자 하는 태도가 나쁜 것은 아닙니다. 실제로 간호사, 사회복지사, 성직자, 상담사 등 타인을 돌보는 직업을 가진 이들은 '자기희생'이란 마음의 무늬가 깊게 아로새겨진 경우가 많습니다. 자신의 욕구를 건강하게 알아차리면서 분노를 쌓아두지 않고 타인과 자신을 돌볼 수 있다면 그보다 더 좋을 순 없을 겁니다. 다만 자기희생이 지나쳐서 억눌린 분노가 한꺼번에 폭발한다거나, 배우자 또는 친구에게 자꾸 이용당하며 결핍되는 느낌이 든다거나, 부모와 형제들을 돌보느라 자신의 삶을 돌볼 여력이 없어 마음 한구석이 공허하다면 문제를 자각할 필요가 있습니다. 나는 어떤 삶을 살고 있는지, 어떻게 하면 내 마음을 지치게 하는 악순환을 멈출 수 있을지 생각해봐야 하는 것이지요.

1 무엇을 얻고 무엇을 잃는지 적어본다

얻는 것	· 착한 사람이라는 이미지가 있다. · 사람들이 좋아해준다. · 사람들에게 칭찬을 받는다. · 죄책감에서 벗어날 수 있다.
잃는 것	· 가족에게 돈을 보내주다 보니 항상 돈이 없다. · 결혼 비용이 없어서 결혼을 못 하고 있다. · 궂은일을 도맡아 하느라 항상 피곤하다. · 가족에게 전화가 걸려오는 것이 두렵다.

분명 자기희생을 통해 얻는 것이 있으므로, 장점은 있는 그대로 받아들이는 것이 좋겠습니다. 이런 작업은 당신이 지금까지 같은 패턴을 반복해올 만한 충분한 이유가 있었음을 자각하기 위해 하는 것입니다.

2 내가 지나치게 희생하는 상황들을 적어본다

일상생활에서 자신이 지나치게 희생하는 상황이 어떤 것들인지 적어봅니다. 삶에서 중요한 사람들, 배우자나 연인, 가족, 친한 친구와 함께 하는 상황들 가운데서 찾아보는 것이 좋습니다. 친구들을 만나면 당신은 주로 상대의 끝없는 한탄을 들어주기만 하나요? 연인을 만났을 때 그 사람의 요구에 무조건 응해주기만 하나요?

3 나의 욕구와 의견을 표현해본다

삶에서 중요한 사람들을 대상으로 자신이 원하는 것이 무엇인지 표현해봅니다. 목표로 하는 행동이 구체적일수록 좋습니다. 예컨대 다음번에 가족들이 돈을 달라고 요구해오면 "죄송하지만 저도 지금은 경제적으로 어려우니 도와드리기가 어렵겠어요"라고 말해보는 겁니다.

4 자기중심적이거나 착취적인 사람을 멀리한다

당신을 쥐고 흔들며 일방적으로 힘을 휘두르려고 하는 사람들, 혹은 돌봐줘야 할 무력하고 의존적인 사람이 주변에 들끓는다면, 자각해야 합니다. 당신이 자기중심적이고 요구적인 사람들에게 끌린다는 사실을 말이지요. 과거의 관계를 돌아보고 어떤 공통된 패턴이 있는지 찾아보세요. 당신은 어떤 사람에게 끌리지요? 이기적이고 요구적인 사람에게 관심이 가나요? 혹은 지나치게 무력하거나 불안해서 돌봐줘야 할 것 같은 사람에게 마음이 쓰이나요? 당신이 매력을 느끼는 공통된 패턴을 찾았다면 이제 위험신호를 자각하고 반복되는 순환을 끊어야 합니다. 자꾸만 상대에게 끌리더라도 반복되는 행동을 멈춰야 합니다. 장기적인 관계로 이어진다면 당신이 치러야 할 대가가 너무 크기 때문입니다.

만약 당신의 욕구를 알아주고 존중하는 사람을 만났다면, 그 사람과의 관계를 유지하도록 노력해보세요. 상대방에게 내가 해줄 게 없다는 느낌 때문에 자기 자신이 초라하게 느껴지거나 어색하게 느껴질 수도 있습니다. 하지만 이제는 서로 돌봄을 평등하게 주고받는 관계에 익숙해져야 합니다.

14 승인-인정 추구
남들에게 인정받지
않고는 못 살아!

"이 사람을 처음 봤을 때, 첫눈에 반했어요. 우리 과에서 제일 눈에 띄는 사람이었죠. 자기 관리도 철저해서 공부도 잘하고 친구들한테 인기도 많았고요."

그림같이 아름다운 삼십 대의 선남선녀 커플이 상담실을 찾았습니다. 남편과 나란히 앉은 아내는 눈을 빛내며 남편을 처음 본 순간의 기억을 떠올렸습니다. 남편은 그런 아내의 손을 꼭 잡고 있었는데요. 두 사람 모두에게 사랑을 지키려는 강한 의지가 살아 있는 것이 분명해 보였습니다. 이들 부부는 왜 상담실을 찾게 되었을까요.

대학에서 선후배 사이로 만난 희윤 씨와 강현 씨. 이 부부는 서로가 서로의 첫사랑이었습니다. 두 사람은 유명한 캠퍼스 커플이 되었고 십 년의 연애 기간을 거쳐 순탄하게 결혼에 이르렀습니다. 그사이 남편인 강현 씨는 이름을 날리는 학원 강사가 되어 있었습니다.

"아르바이트로 시작한 학원 강사 일이 재미가 있었고, 금세 수강생이 늘어나기 시작했어요. 입소문을 타고 사람들이 친구들을 데려왔고 어느새 학원에서 제일 인기가 많은 강사가 되었죠."

삼십 대에 접어들었을 때 이미 스타 강사로 자리 잡은 강현 씨는 이제 자신의 이름을 내건 대형 학원과 온라인 강의를 운영하며 업계의 톱클래스 자리를 굳건히 지키고 있었습니다.

남들이 부러워할 만한 모든 것을 가졌지만

"정말 대단한 일을 해오셨네요. 그런데 상담실에는 어떤 도움을 얻고 싶어서 오셨을까요?"

아내인 희윤 씨는 잠시 망설이더니 답했습니다.

"그런데 이 사람이 요즘 너무 힘들어해요. 1등 자리를 지키는 게 힘들다고, 다 포기하고 싶다고 하네요."

아내의 눈에는 눈물이 맺혔습니다.

"그게 무슨 말씀이지요? 남편분 말씀을 들어보고 싶어요."

"이렇게 수강생들의 인기에 연연해야 하는 자리, 늘 누군가의 눈치를 봐야 하는 자리가 지긋지긋합니다. 경쟁자는 치고 올라오고, 강의 준비를 조금이라도 소홀히 하면 바로 반응이 오죠. 인터넷 댓글 신경 쓰는 것도 이제 지겹고요."

강현 씨는 업계의 스타 자리를 지키면서 큰 부와 명성을 쌓았지만, 그의 삶엔 눈부신 빛만큼이나 강렬하게 어두운 그림자도 드리우고 있었던 겁니다. 마치 연예인처럼 대중의 인기와 사랑으로 먹고사는 직업을 가지고 있기에 당연히 감내해야 한다고 마음을 다잡기도 했습니다만, 지나치게 과열된 삶이 폭발할 듯 위태로워지는 가운데 그는 점차 소진되고 있었습니다.

"갉아 먹히고 있는 느낌이에요. 다 떨어진 잎사귀 같아요, 나 자신이. 언제까지 이렇게 살아야 하는지."

강현 씨는 한숨을 쉬며 고개를 떨구었고 아내인 희윤 씨는 남편의 예전 모습이 그립다며 눈물을 흘렸습니다.

"집에서 이 사람을 만나는 게 얼마나 힘든지 몰라요. 학원 일에 책 작업에 치여서 가족들 곁에 있어주지 않아요. 아이들과 나는 버려진 것 같아요."

모든 것을 다 가진 강현 씨는 대체 무엇을 잃고 있었을까요. 가족들과 함께하는 시간, 여유 있는 주말, 아이의 천진한 웃음, 아내의 따스한 온기를 내버려둔 채 그는 무엇을 바라보고 있었을까요. 그는 치열한 경쟁 속에서 주어진 업무를 완벽하게 해내며 사람들의 인정과 찬사를 넘치도록 받았지만, 여전히 목이 말랐습니다.

다른 사람의 인정에 달려 있는 허약한 자존감

"학원 강사로서 인기가 떨어지면, 어떻게 될 것 같지요?"

"글쎄요. 생각해보지 못했는데…… 상상하기 힘들어요."

"그래도 생각해본다면, 어떤 일이 벌어질까요?"

"그렇게 추락한 나는 견딜 수 없을 것 같아요."

강현 씨는 자기의 존재감을 타인의 인정에서 찾고 있었습니다. 삶에서 타인이 기대하는 역할을 해내는 데는 실제로도 능숙했습니다. 그가 장착하고 있는 안테나는 '사람들이 좋아하는 것, 사람들이 기대하는 것'에 놀랍도록 민감했지요. 타인이 기대하는 대로 카멜레온처럼 색깔을 바꾸는 게 어렵지 않았습니다. 무대 위에서 연기를 하듯 사람들이 좋아하는 역할을 해냈고 그에 따른 사람들의 관심과 애정은 그가 오늘날 손에 쥔 성공의 자양분이 되었습니다. 오늘도 강현 씨는 무대 위 조명 아래에서 수백 명의 학생들을 대상으로 자신감 넘치는 강의를 했습니다. 하지만 강의를 끝내고 무대에서 내려오는 길에 몰려오는 허탈감은 이루 말할 수 없었습니다.

'나는 누구지?'

좌중을 휘어잡는 카리스마를 가진 스타 강사는 사실 속이 텅 비어 있었습니다. 다른 사람의 기대에 맞추어 인정과 성공을 향해 살아왔지만 정작 자신이 원하는 게 뭔지 몰랐기 때문입니다. 다른 사람의 반응에 따라 자존감이 좌우되었기에, 학생들의 반응에 지나치게 민감할 수밖에 없었고요. 타인의 관심이나 인정이 부족해지면 우울감에 시달렸습니다.

"늘 다른 사람을 만족시키려고 해요. 좋은 강의를 하고, 훌륭한 책을 쓰는 것뿐 아니라 날 만나는 사람들을 재밌게 해주려고 하죠. 모두가 날 좋아했으면 해요. 힘들어도 가면을 쓰고 웃죠."

"언제부터 그랬지요?"

강현 씨는 잠시 생각에 잠기더니 어릴 적 기억을 꺼냈습니다.

"저는 자랑스러운 아들이었어요. 언제나 부모님의 기대에 부응하며 살아왔어요."

강현 씨의 어머니에 대한 얘기를 들어보니 마치 드라마 속의 삶을 옮겨놓은 듯 현대판 신데렐라 스토리라고 할 수 있었습니다. 가난한 집안에서 자라 고등학교 졸업 후 회사에서 경리로 일하던 중, 회사 사장의 아들과 사랑에 빠진 것이었지요. 강현 씨의 아버지는 집안의 반대를 무릅쓰고 결혼을 감행했고, 기우는 결혼을 한 강현 씨의 어머니는 첫아이를 낳고 기쁨의 눈물을 흘렸습니다. 그렇게 태어난 강현 씨는 어머니의 기대대로 총명했고 어려서부터 무엇이든 잘 해냈습니다. 조부모와 아버지 또한 강현 씨에게 큰 기대를 했고, 자랑스러운 아들이자 듬직한 첫째인 그는 가족들이 무의식중에 부여한 역할들을 충실하게 수행했습니다.

"착하고 똑똑한 강현이. 뭐든 잘하는 강현이. 넌 정말 대단해."

강현 씨는 어린 시절부터 자주 들었던 말을 기억해냈습니다.

"그런 말이 싫지는 않았어요. 하지만 좋지도 않았죠. 항상 부담스러웠어요. 내가 착하지 않다면? 내가 공부를 못하게 된다면? 그런 생각을 할 때도 있었거든요."

하지만 칭찬도 중독이 되는지 그는 조건에 따라 부여되는 찬사에 익숙해졌고 그때그때 타인이 원하는 역할을 해내며 더 많은 주목을 받았습니다. 다른 사람이 인정해주지 않으면 기분이 상해서 더욱더 인정받을 수 있는 방법을 찾았지요. 학창 시절에는 착실하고 성실한 학생 역할을 하며 선생님에게 인정받았고, 대학 시절에는 동아리 회장을 맡으며 선후배와 동기들의 인정을 받았습니다. 넘치는 관심을 받았지만 그 대가는 가혹했습니다. 사람들이 원하는 모습을 연기하는 것 외에는 진정한 자신을 알 수 없게 된 겁니다. 내가 원하는 것, 나의 감정, 내가 하고 싶은 일, 내가 진짜로 좋아하는 것, 내가 정말로 행복한 순간, 내가 싫어하는 것……. 그가 타인의 인정을 쫓아다니느라 알아차리지 못한 것은 자기와 관련된 것들이었습니다.

강현 씨는 '승인-인정 추구'라는 마음의 무늬에 굴복한 경우다

굴복	·타인의 승인, 인정을 바라기 때문에 자기 자신보다 남들의 칭찬과 인정에 초점을 두고 외부 지향적인 방식으로 행동한다.
회피	·승인, 인정받고 싶어지는 상황이나 사람을 회피한다. ·승인, 인정받지 못하는 상황을 피한다.
과잉 보상	·타인에게 승인, 인정받지 못하는 방식으로 행동한다.

승인-인정
추구

강현 씨가 갖고 있는 마음의 무늬는 '승인-인정 추구'에 해당합니다. '승인-인정 추구'를 마음에 새기고 있으면, 자기보다 타인이 우선시되는 삶을 살게 되는데요. 이때 타인이 우선시된다는 것은 타인의 승인과 인정을 받는 것이 삶에서 가장 중요한 기준이 된다는 것을 뜻합니다. 따라서 관심의 초점은 자기 내부가 아닌 바깥, 즉 다른 사람들의 시선을 향해 있지요. 타인이 나를 어떻게 평가하는지, 나를 인정하는지에 따라 자기감이 달라지기 때문에 안정된 자기감이 자리 잡기 어렵습니다. 자존감은 타인의 시선과 평가에 따라 오르락내리락하며, 누군가가 칭찬하고 인정해주지 않을 때 쉽게 우울해지지요. 타인의 비판과 거절은 심장을 찌르는 칼처럼 날카롭고 아프게 느껴집니다. '승인-인정 추구'를 마음에 새기고 있으면, 타인에게 내 심장을 찌르는 칼자루를 쥐여준 셈이 됩니다.

우선 자신에게 '승인-인정 추구'라는 마음의 무늬가 새겨져 있는지 점검해봅니다.

• 다른 사람들이 주목해줘야 뭔가 이뤄냈다고 느낀다.

- 다른 사람에게 거절당할 때 무척 힘들다.

- 관심의 초점이 되지 않으면 불편하다.

- 내가 한 일에 대해서 칭찬받는 것이 중요하다.

- 누군가에게 칭찬받지 못하거나 비판의 말을 들으면 마음이 너무나도 상한다.

- 타인의 관심과 인정, 칭찬을 받기 위해 지나치게 노력한다.

- 타인의 관심을 충분히 받지 못할 때, 내가 중요하지 못한 사람처럼 느껴진다.

- 많은 칭찬과 관심, 찬사를 받을 때만 나 자신이 가치 있는 사람으로 느껴진다.

'승인-인정 추구'에는 두 가지 종류가 있습니다.

첫 번째는 '조화 지향-순응형'으로 타인의 승인을 얻기 위해 타인을 즐겁게 해주려고 애쓰는 사람들이 있는데요. 타인의 관심과 승인이 중요하기 때문에 지나치게 순응하고, 마치 엔터테이너의 역할을 맡은 양 시종일관 웃음을 주려 노력합니다. 호감을 추구하는 행동이 적당한 정도면 인기 있는 성격이 되지만, 너무 과하면 사람들에게 부담을 줄 수 있지요. 자기가 없는 것처럼 타인에게 순응하며 즐거움을 주려는 사람, 남들의 주의를 끊임없이 자신에게 가져와 인정받으려는 사람을 볼 때 어떤 생각이 드나요? 너무 가볍게 느껴져 진실성이 안 보인다거나 안쓰럽고 부담스럽지는 않았던가요.

두 번째로는 '자기애성 성격'에 가까운 승인-인정 추구자들이 있습니다. 이들은 타인의 칭찬과 인정을 받는 것에 집착하나 순응하거나 굴종하지는 않습니다. 오히려 자신의 성취를 자랑스럽게 늘어놓고, 기대하던 감탄과 칭찬이 돌아오지 않으면 과민해지고 심드렁해지기도 합니다. '승인-인정 추구'가 '특권의식'과 결합할 때 지나치게 자기중심적이고 타인에게 착취적이며 공감이 부족한 자기애성 성격이 나타날 수 있습니다.

승인-인정 추구, 그 마음의 기원은?

'승인-인정 추구'라는 마음의 무늬는 대개 어린 시절의 경험에서 비롯됩니다. 아이들은 조건에 따라 주어지는 어른들의 사랑과 관심에 조련되는데요. 아이에게 가장 큰 영향을 주는 어른은 물론 부모일 겁니다. 부모는 자녀가 잘 자랐으면 하는 바람으로 아이를 조건적으로 인정하고, 어떻게 하느냐에 따라 수용해주지요. 학교에서 공부를 잘할 때, 사회적인 성취를 이뤄낼 때, 부모의 기대에 부응할 때 큰 관심을 주고 그 존재를 받아들입니다. 아이가 오롯이 자신에게만 초점을 맞출 때, 교과서나 학습지가 아닌 자신이 원하는 책을 읽을 때, 시험 성적에 신경 쓰기보다는 취미생활에 몰두할 때, 남들이 부러워할 만한 전문직이 아닌 자신이 원하는 적성을 꿈꿀 때 사랑과 관심이 철회되는 경우가 종종 있습니다.

어린아이는 부모의 사랑이 사라질 때 자신의 존재감에 위협을 느끼며 '타인이 원하는 대로 해야 나는 존재할 가치가 있다'는 압력을 받습니다. 이때 부모가 아이를 원하는 대로 키우기 위해 자주 쓰는 방식이 '칭찬'입니다. 칭찬은 고래도 춤추게 한다지만, 칭찬 또한 일종의 평가이기 때문에 양날의 검이 될 수 있습니다. 칭찬은 초콜릿처럼 달콤하지만 그 강렬한 달콤함 때문에 중독성을 갖는데요. 자기가 원하는 것을 하기보다는 다른 사람의 칭찬을 얻는 방법에 골몰하는 칭찬 중독자를 키워낼 수 있기 때문입니다. 누군가는 칭찬을 많이 받는 게 뭐가 나쁘냐고 물을 수도 있겠습니다. 칭찬을 많이 받는 삶이야말로 성공한 삶 아니냐고요. 하지만 다른 사람의 인정이 사라질 때면 자존감이 수그러들고 어깨가 구부러지는 삶이 뭐가 그리 좋기만 할까요. 남들이 인정해주지 않아도 내가 나 자신을 인정하고 받아들이는 삶이 더 당당하지 않을까요.

온전히 나와 마주하는 시간

'승인-인정 추구'라는 마음의 무늬를 새겼을 때 여기서 벗어나기란 쉽지 않습니다. 무엇보다 '승인-인정 추구'가 가져오는 열매가 달기 때문입니다. 더욱이 이것은 사회화와 관련된 도식으로, 사회 전체적인 관점에서 봤을 때 순기능을 갖고 있기도 합니다. 자기에게 초점을 맞추기보다는 타인의 관점에서 원하는 것을 추구하도록 독려하기에 사회가 원하는 바람직한 방향의 사람을 키우는데 활용되기도 하지요. 가정에서뿐만 아니라 학교에서도 조건적인 인정과 관심을 통해 사회적으로 바람직한 학생을 길러냅니다. 회사에서도 마찬가지의 전략을 쓰고요. 사회를 벗어나 혼자서 살아갈 수 없는 인간인 이상 전략적으로 주어지는 당근과 채찍, 조건적인 수용과 인정으로부터 완전히 자유롭기는 힘들 것입니다. 더 높은 성적을 올리는 사람, 더 큰 성과를 가져오는 사람, 더 높은 실적을 내는 사람. 성과지향적인 생산성 중심의 사회에서 원하는 인재상은 뚜렷하니까요.

그러므로 우리가 '승인-인정 추구'로부터 완전히 자유로울 수는 없음을 인정하는 것부터 시작해봅니다. '승인-인정 추구'는 건강하게 발휘될 때 많은 이들의 관심과 사랑, 사회적 성공과 성취를 가져옵니다. '승인-인정 추구'에 좋은 점이 있다는 사실을 인정할 때 우리의 목표는 '강점은 최대로, 부작용을 최소로 줄이는 것'이 될 것입니다.

1 무엇을 얻고 무엇을 잃는지 적어본다

'승인-인정 추구'로 인해 무엇이 득이고 무엇이 실일까요? '실'을 줄이려면 어떻게 해야 할까요? 그 해답을 향한 출발점은 일단 얻는 것과 잃는 것을 분명히 하는 데 있습니다.

얻는 것	· 직장에서의 승진 · 사람들이 주는 관심과 사랑
잃는 것	· 마치 연극하는 것 같은 삶으로 인해 피곤하다. · 내가 원하는 게 무엇인지 모르겠다. · 칭찬받지 못할 때 너무 우울해진다.

2 변화해야 하는 이유를 찾아본다

변화를 향한 출발점은 변화해야 하는 이유를 뚜렷하게 알아차리는 것입니다. '승인-인정 추구'라는 마음의 무늬가 나 자신을 갉아먹을 정도로 지나치게 영향을 미치는 상황들이 있나요? 가령 상사가 내가 쓴 보고서를 인정해주지 않으면 하루 종일 풀이 죽어서 모든 것에 대한 의욕을 잃어버리나요? 누군가가 나를 인정해주지 않을 때 우울감의 늪에 빠져서 전부 그만두고 싶다는 생각이 드나요? 타인에 의해 휘둘리는 삶을 이제는 포기해야 할 때라고 느끼나요? 무엇보다도 왜 변화해야 하는 것인지, 그 이유를 찾아봅니다.

3 어린 시절의 경험을 되짚어본다

당신이 왜 이렇게 타인의 승인을 중요하게 여기는지 그 기원을 찾아보는 것이 좋습니다. '승인-인정 추구'라는 마음의 무늬가 새겨진 기원을 찾아보는 것은 현재의 경험에서 시작할 수 있습니다. 상사, 교수님, 부모님에게 인정받지 못해 주눅이 들었을 때의 그 감정을 충분히 느끼고, 그러한 고통스러운 감정과 유사한 감정이 들었던 시기를 되돌아봅니다. 좌절감, 속상함, 자신에 대한 실망감……. 아픈 감정을 존중하고 수용하면서 인정받지 못해 위축되었던 어린 시절 기억 속의 당신을 떠올려봅니다.

심상 속에서 내면아이와 대화하는 과정도 좋지만, 편지나 일기를 통해 과거의 나에게 해주고 싶은 말을 전해도 좋습니다. 어른이 된 당신은 그 아이에게 무슨 이야기를 해주고 싶은가요? 다른 어른들처럼 더 잘하지 못했다고, 기대에 부응하지 못했다고 질책할 건가요? 혹은 그저 안아주거나 따뜻한 눈빛을 보내줄 건가요? 지금 이대로도 충분하다고, 고개를 숙인 과거의 나에게 따뜻한 수용과 공감을 보내주면 어떨까요.

4 변화된 나를 떠올리며 건강한 신념을 되새긴다

'승인-인정 추구'라는 마음의 무늬가 만들어놓은 덫은 피하면서 열매의 달콤함을 맛보고 있는 내 모습을 떠올려봅니다. 타인의 인정에 목매지 않으면서 당당하게 살고 있는 나는 어떤 모습일까요? 내가 변화했다는 것을 어떻게 알 수 있을까요? 자기 자신을 기꺼이 받아들이면서 당당한 그 모습은 어떤 식으로 드러날 수 있을까요? 마치 영화를 보듯이 제3자가 되어 그 모습을 그려봅니다. 변화된 내가 어떤 행동을 하고 있을지 가능한 한 구체적인 모습으로 그려봅니다. 그러면서 변화된 나는 어떤 신념을 갖고 있을지 문장으로 만들어 되새기면 좋겠습니다. 변화된 건강한 신념의 예는 다음과 같습니다.

"다른 사람의 인정을 받아야만 하는 건 아니다."

"나는 내 모습 그대로 사랑스럽다."

"상대방이 나를 인정하지 않는다고 해서, 내가 가치 없는 사람이 되는 건 아니다."

"상사의 비난을 그대로 받아들일 필요는 없다."

5 실전에서 연습한다

이제는 변화된 나를 위해 '승인-인정 추구'에서 자유로운 태도를 실전에서 시도하고 연습하는 일만 남았습니다. 예전 같았으면 가장 피하고 싶었던 상황이 이제는 절호의 기회가 되는 것인데요. 누군가가 나를 인정해주지 않을 때, 칭찬받지 않아 속상할 때, 열심히 한 일에 대해 비난받을 때를 변화를 위해 자신을 연습시킬 기회로 삼을 수 있습니다. 칭찬받지 못할 때, 비난받을 때 느껴지는 감정과 신체 감각에 주의를 기울여봅니다. 어떤 감정인지, 어떤 감각이 느껴지는지 알아차리고 받아들이면서 앞 단계에서 예를 든 건강한 신념을 되새겨봅니다.

결국은 다 잘못되고 말 거야

재정 씨와 선경 씨는 일곱 살, 다섯 살의 두 아이를 키우는 맞벌이 부부입니다. 두 사람이 상담실을 찾은 이유는 선경 씨가 원인을 명확히 알 수 없는 두통과 피로감에 시달리며 우울을 느끼기 시작해서였습니다. 선경 씨는 요즘 들어 자신의 마음을 아프게 두드리는 우울감을 호소했으나, 상담자의 시선에선 불안이 더욱 도드라져 보였습니다. 이미 오래된 친구처럼 익숙해져서 선경 씨가 스스로 잘 의식하지 못하는 것 같았지만, 그녀의 삶에는 끊임없는 근심과 걱정, 긴장과 불안이 드리워져 있는 것으로 보였습니다.

찌푸린 표정으로 말문을 연 선경 씨는 걱정되는 것들, 불편한 것들에 대해 이야기하기 시작했습니다.

"집 없이 거리에 나앉게 될까 봐 걱정이 돼요. 언제 우리가 빈털터리가 될지, 세상일이 어떻게 될지는 아무도 모르는 거죠."

"우리 아이가 내년에는 초등학교에 입학할 텐데, 걱정되는 게 한두 가지가 아니에요. 공부는 잘할지, 친구는 잘 사귈지……."

"요즘 몸이 영 좋지가 않아요. 예전부터 몸이 약했는데 무슨 병에 걸리게 될지 어떻게 알겠어요."

반면에 걱정이 없고 만사가 느긋해 보이는 남편 재정 씨는 아내가 늘어놓는 온갖 시름과 걱정거리로부터 동떨어져 보였습니다. 재정 씨는 무슨 도움을 받고 싶은지 묻는 상담자의 질문에 미소로 답했습니다.

"어려움은 전혀 없는데요. 아내가 오자고 해서 왔습니다. 전 마음도 편안하고 아무런 문제가 없습니다. 제 생각엔 우리 부부도 마찬가지고요."

선경 씨는 남편의 말에 얼굴을 더욱 찌푸렸습니다.

"이 사람은 항상 이래요. 제가 아무리 화를 내도 싸우지 않는 좋은 남편인 건 맞아요. 하지만 꼭 이런 식이에요. 제가 답답하고 힘들다고 해도 언제나 불안해할 게 없다고 말할 뿐이죠!"

"당신은 걱정을 그만해야 해. 불안해할 필요가 없다고. 우린 아무런 문제가 없어."

걱정을 해야 할까 말아야 할까, 불안해해야 할까 말아야 할까, 부부는 그렇게 점점 더 미궁으로 빠져들고 있었습니다. 선경 씨의 목소리가 격앙되자 재정 씨는 결국 말문을 닫아버렸습니다.

"그래 미안해. 내가 다 미안하다고. 내가 다 잘못했어."

"뭘 잘못했는데?"

"전부 다."

언제 어떻게 시련이 닥칠지 모른다는 두려움

상담 시간에 선경 씨는 자신의 핵심을 이루는 불안의 뿌리를 들여다보았습니다. 그녀는 어린 시절에 불의의 사고로 아버지를 잃었습니다. 선경 씨의 어머니는 홀로 세 아이를 키우느라 근심 걱정에 시달릴 수밖에 없었는데요. 여덟 살 때부터 동생들과 함께 친척 집에 맡겨진 선경 씨는 가끔씩만 어머니를 만날 수 있었다고 합니다. 젊은 나이에 혼자되어 생계를 위해 끝없는 노동에 시달린 여성의 얼굴은 어땠을까요. 시간이 갈수록 주름이 짙어지고 검버섯과 기미로 어두워지는 어머니의 얼굴을 바라보며, 선경 씨는 세상이 결코 쉽지 않음을 절감했습니다.

"너희들 대학은 보내야 할 텐데……. 엄마가 그때까지는 무사히 버텨줘야 할 텐데……."

깊은 한숨과 함께 배어나는 짙은 삶의 고통은 선경 씨에게 비관주의를 심어주기에 충분했을 겁니다. 그녀에게 세상은 지극히 불안한 곳일 뿐만 아니라 언제든 나쁜 일이 닥칠 수 있는 곳이었을 테지요. 두려움과 비관주의로 인해 선경 씨는 언제나 조심스럽게 대비하는 삶을 살았고 만성적인 긴장에 시달렸습니다. 대학 시절엔 악착같이 공부벌레로 살면서 꾸준히 장학금을 받았고, 시험공부와 바쁜 실습 일정에 시달리면서도 틈나는 대로 아르바이트를 해서 용돈을 벌었습니다. 긴장할 수밖에 없는 삶이었을 겁니다. 대학을 졸업하고 번듯한 직장에 취직한 선경 씨는 드디어 어머니를 도울 수 있게 되었다며 기뻐했지만 청천벽력 같은 소식이 전해졌습니다. 어머니의 암 발병 소식을 들은 겁니다. 어머니는 1년간 투병생활을 하다 세상을 떠났습니다. 선경 씨는 '세상은 혹독하고 언제든 위험이 닥친다'라는 것을 다시금 실감했습니다.

다름의 뿌리를 이해하는 시간

"남편분의 어떤 점이 좋으셨어요?"

　"낙천적이고 걱정이 없는 면이요. 저는 늘 조바심이 나는데, 이 사람은 항상 편해 보였거든요."

　두 사람은 서로의 다른 면 때문에 끌렸습니다. 남편인 재정 씨는 아내의 빈틈없이 조심스럽고 신중한 면이 좋았다고 하는데요. 무엇이든 빠짐없이 준비하고 똑 부러지게 하는 사람이니 평생 함께할 사람으로 괜찮을 거라 판단했다고 합니다.

　재정 씨는 낙천적일 수 있는 환경 속에서 자랐을까요? 실은 재정 씨 또한 만만찮게 깊은 상처를 가진 사람이었습니다. 부모의 잦은 다툼과 이혼, 무서운 형의 폭력, 부모의 살뜰한 보살핌을 채 알기도 전 어린 나이에 조부모의 손에 맡겨진 성장 과정이 있었지요. 재정 씨가 지니고 있는 아픔도 여전히 상처를 드러낸 채 쓰라림을 호소하고 있었습니다. 두 사람은 상처를 공유한 면에선 거울 같았지만, 그에 대처하는 방식이 달랐습니다. 선경 씨는 비관주의와 하나가 됨으로써, 재정 씨는 비관주의와 싸우다 못해 완전히 밀어냄으로써 부정성에 대처하고 있었던 겁니다. 남편인 재정 씨는 낙관적이긴 했지만 현실을 제대로 바라보고 제때 대처하는 데는 익숙하지 못했습니다. 부부 사이에 의사소통에 어려움이 있다는 경고 사인이 울리는데도 아무런 문제가 없다고 주장하니, 아내는 남편과의 사이에서 진정한 친밀감을 느끼기가 어려웠던 것이지요.

건강한 낙관성과 그렇지 않은 낙관성의 차이는 무엇일까요. 낙관적이고 긍정적이라는 것은 현실의 어려움을 회피하거나 부정하는 것과는 다릅니다. 삶의 고통을 직면하지 않고 상처를 덮은 채 '모든 게 잘되고 있어'라고 주장하는 태도는 나중에 더 큰 어려움을 불러올 수 있지요. 때로는 현실을 똑바로 바라보고 부정성 또한 충분히 마주할 필요가 있습니다. 건강한 낙관성은 현실을 있는 그대로 마주하고 수용하는 자세, 자신이 할 수 없는 것에 집착하지는 않으나 할 수 있는 한 최선을 하는 것으로 이어집니다.

재정 씨와 선경 씨는 두 사람이 서로 얼마나 다른지 확인하며 겉돌았지만, 상담을 통해 그 다름의 뿌리를 이해하며 서로 가까워지기 시작했습니다. 선경 씨는 지나치게 답답한 남편의 태도가 알고 보면 깊은 상처에서 비롯되었다는 사실을 깨달았습니다. 삶의 어둠이 일으키는 두려움과 불안을 차마 마주하기 어려워하는 남편의 약하고 여린 마음을 이해하기 시작한 겁니다.

한편 남편인 재정 씨는 아내가 원하는 것이 무엇인지, 그리고 자신이 두려워하는 것이 무엇인지 바라보기 시작했습니다. 빛과 더불어 어둠도 존재한다는 것을, 자신이 그토록 추구하던 행복한 관계를 위해선 때로 갈등을 직면할 필요가 있다는 사실을 알아차리기 시작했습니다. 두 사람은 비슷한 아픔과 비관주의를 공유하고 있었기에, 사실 서로가 서로를 이해하고 감싸줄 수 있는 가장 좋은 대상이기도 했습니다.

선경 씨는 '비관주의'라는 마음의 무늬에 굴복한 경우며, 재정 씨는 과잉 보상한 경우다

굴복	· 끊임없이 부정적인 면들에 주의를 기울이며 걱정하고, 긍정적인 것들은 간과하거나 부정한다. · 부정적인 결과를 피하고자 걱정하거나 애를 쓴다.
회피	· 부정성, 비관주의에서 비롯되는 불안을 비롯한 고통스러운 정서를 회피하고자 시도한다(예컨대 게임을 하거나 술을 마신다).
과잉 보상	· 현실에서 마주하는 부정적인 측면을 무시하거나 부정하며, 지나치게 낙관적인 모습을 보인다.

비관주의

재정 씨와 선경 씨는 앞에서도 이야기했듯 '비관주의'라는 마음의 무늬를 공유하고 있었습니다. 겉으로만 보면 비관주의를 가진 사람은 선경 씨뿐인 것만 같지만, 남편인 재정 씨가 드러내는 낙관적인 모습은 심리적 상처에 대한 과잉 보상에서 비롯된 것으로 보입니다. 재정 씨의 낙관주의는 현실에 대한 지나친 부정, 갈등과 부정성에 대한 회피에 가깝기 때문이지요. 극과 극은 통한다고 하는데, 재정 씨가 드러내는 과도한 낙관주의는 사실상 비관주의에 뿌리를 두고 있었던 셈입니다.

비관주의, 그 마음의 기원은?

그렇다면 이와 같은 '비관주의'라는 마음의 무늬는 어떤 과정에서 생겨나는 걸까요? 선경 씨의 경우처럼 생애 초기에 고난과 상실을 겪은 경우가 대표적이라고 할 수 있습니다. 선경 씨는 어린 시절 아버지를 잃었고 이어지는 삶의 어려움들을 감당해낼 수밖에 없었는데요. 경제적인 어려움과 부모의 부재, 어머니가 겪는 노동의 고통, 어머니에게 닥친 병환 등 선경 씨가 체험하고 목격해온 것들은 '삶은 위험한 것이다', '언제든 나쁜 일이 일어날 수 있다'는 믿음을 심어주었습니다.

한편 삶에서 큰 어려움이 없이 살아왔는데도 강한 비관주의를 가진 이들도 있습니다. 이 경우엔 성장 환경에서 부모님을 비롯한 중요한 타인의 모습을 보고 배운 경험이 중요한 요인이 됩니다. 예컨대 부유한 부모님 밑에서 경제적 어려움 없이 자라왔지만 늘 자신이 가난해질까 봐 두렵다고 호소하는 한 남성의 사례를 보겠습니다. 그의 부모님은 단칸방에서 신혼살림을 시작해 끼니를 굶을 정도로 궁핍했지만 사업체를 일구어 결국은 자수성가했다고 합니다. 그를 둘러싼 환경은 분명 풍족했지요. 하지만 항상 돈에 대해 걱정하고 사업 때문에 씨름하는 부모님의 모습을 어린 시절부터 자주 목격해왔다고 그는 말했습니다.

"돈 벌기가 어디 그리 쉬운 줄 아니? 언제 망할지 모르니 벌 수 있을 때 악착같이 벌어둬야 한다."

"직원들 월급날만 돌아오면 내가 아주 피가 마를 지경이야."

"명심해라, 상황은 언제든 나빠질 수 있어."

부모와 같은 중요한 대상의 모습이 내재화되면서 이제는 그들의 모습이 자기 자신이 되어버리고 맙니다. 그렇게 부모님이 했던 이야기를 스스로에게 들려주며 언제든 세상의 고난과 맞서 싸울 준비를 한 채 살아가는 것이지요.

비관주의를 점검해볼까요.

- 언제든 뭔가 나쁜 일이 일어날 것만 같은 느낌을 떨쳐버리기 어렵다.

- 상황이 괜찮아 보여도 단지 일시적이라고 느낀다.

- 재난(자연재해, 범죄, 재정 곤란, 질병)이 언제라도 일어날 것만 같다.

- 좋은 일이 생겼을 때도 나쁜 일이 뒤따를까 걱정된다.

- 언제든 뭔가가 잘못될 수 있기에 항상 조심하려고 노력한다.

- 경제적으로 파산하게 될까 봐 염려스럽다.

- 언젠가 중병에 걸릴지도 모른다고 걱정한다.

온전히 나와 마주하는 시간

비관주의가 문제가 된다는 생각을 갖고 있다면, 그 생각부터 점 검해보는 것이 좋습니다. 비관주의는 주로 신념으로 이뤄지지만 불안, 공포라는 정서와 밀접합니다. 불안은 특정한 대상 없이 막 연히 부유하는 듯한 정서이고, 공포는 특정한 대상에 대한 정서 입니다. 불안과 공포는 불쾌하거나 고통스러운 정서이지만 분명 우리에게 존재하는 이유가 있습니다. 인류는 긍정적인 단서보다 는 부정적인 단서에 더 민감하도록 진화해왔지요. 위험한 요소 를 더 잘 알아볼 수 있으면 생명을 위협하는 위험한 것을 피하거 나 그에 대비할 수 있어 생존 확률이 높기 때문입니다. 즉, 불안 과 공포는 우리에게 도움이 되는 정서이기에 존재하는 것이며, 비관주의는 불안과 짝을 이룬 사고방식으로 우리가 앞날을 예측

하고 대비할 수 있도록 해줍니다. 무조건 문제라고 볼 일은 아닌 것이지요.

1 자기 자신에게 아픔을 허용한다

'비관주의'는 어디에서 비롯되었을까요. 성장 과정에서 상실을 경험했나요? 혹은 늘 근심걱정에 휩싸여 힘들게 살아가던 부모의 모습을 보고 자랐나요? 비관주의의 기원을 알아차리는 것은 과거의 희생양이 되기 위함이 아닙니다. 다만 현재의 이러한 모습을 만든 과거의 나 자신, 상처까지도 수용한다는 의미를 갖습니다. 사랑하는 이에게 하듯, 나 자신에게 가장 필요한 이해와 공감의 경험을 선물해보세요.

2 멍석을 깔고 제대로 걱정한다

상담자는 걱정을 하는 내담자에게 "걱정하지 마세요. 그런 걱정은 뭐 하러 하시죠?"라는 말은 절대 하지 않습니다. 걱정을 하지 않으려는 시도는 오히려 걱정을 심화시키기 때문입니다. 상담자는 내담자가 자유롭게 생각하고 말할 수 있도록 멍석을 깔아줍니다. 어떤 부분이 어떻게 고민이 되는지 구체적으로 듣고, 사고의 흐름을 따라가 결국 무슨 일이 일어날까 봐 두려워하는 것인지를 살핍니다. 내담자와 함께 내담자가 가장 피하고 싶어 하는 경험이 무엇인지 찾아내 마주하는 것이지요. 불안과 두려움은 오히려 그 두렵던 대상을 마주하는 경험으로부터 사라지기 시작합니다. 걱정이 되나요? 그렇다면 그 걱정을 자연스럽게 받아들이는 것이 좋습니다. 하루에 일정 시간은 '제대로 걱정하는 시간'으로 삼고 걱정해보는 것도 좋습니다. '걱정할 필요가 없어'를 '걱정해도 괜찮아'로 바꿔보는 겁니다.

3 비관주의의 기능을 이해하고 수용한다

한때 긍정심리학이 유행하면서 비관적인 이들은 자신의 사고 습관이 문제라고 생각하며 더 좌절하던 때가 있었습니다. 하지만 비관주의는 분명 당신의 삶에서 일정한 기능을 담당하고 있습니다. 비관주의로 인해 어떤 사건 사고를 예방했나요? 어떤 두려운 일들을 피할 수 있었나요? 혹시 툴툴거리며 앞날에 대해 비관하면, 사람들이 더 많은 관심을 기울여주나요? 한마디라도 더 따뜻한 말을 듣게 되나요? 비관주의가 우리 삶에서 담당하고 있는 역할을 알아차리고, 그 존재 이유를 알아줄 필요가 있습니다. 자신의 비관주의를 탓하는 태도는 비관주의를 더 심화시킬 수 있기에, 태도를 바꿔 스스로에게 이렇게 말해줍니다.

"비관주의가 뭐 어때서? 불안해하고 근심 걱정이 많다고 한들, 그게 뭐 그리 큰 문제란 말인가!"

이렇듯 비관주의를 수용하는 태도는 역설적으로 비관주의를 완화시킵니다.

16 정서적 억제

속마음을 들켜선 안 돼

아내인 정은 씨는 무덤덤한 표정의 남편을 이끌고 상담실을 찾았습니다. 그녀는 도무지 남편 속을 모르겠다고 하소연했습니다.

"대체 이 사람이 무슨 생각을 하는지 모르겠어요. 그러다 한 번씩 폭발하는데 이건 정말 문제가 있다니까요! 이 사람 정신감정 좀 해주세요!"

화가 난 표정의 아내는 그간 쌓인 강렬한 감정을 토해냈고, 남편 민수 씨는 그런 아내 앞에서 표정 변화 없이 담담하게 앉아 있었습니다. 동요가 없는 남편 앞에서 아내는 더욱 목소리를 키웠습니다.

"이거 보세요, 선생님. 이런 식이에요. 이 사람은 제가 뭘 답답해하는지도 모른다니까요. 저는 화가 나서 미치겠는데 저렇게 뻔뻔하게 앉아 있으니, 제 마음이 어떻겠어요?"

그녀는 정말 돌부처 같은 남자와 결혼한 걸까요. 정은 씨는 이 사람이 도무지 살아 있는 것 같지 않다며 속상한 마음을 토로했습니다. 표정을 잃은 조각상 같은 남편. 그는 어째서 감정이 없는 사람처럼 이렇듯 단단하게 굳어버린 것일까요. 그는 태풍 같은 아내의 비난 앞에 태연히 앉아 있었지만, 진심을 숨길 수 없는 눈빛은 불안에 흔들리고 있었습니다. 한때 사랑을 속삭이며 백년해로를 약속하던 부부는 이제 비난과 방어로 얼룩진 갈등 속에서 서로의 마음을 갉아먹고 있었습니다.

부부는 서로 사랑했지만 어떻게 사랑해야 하는지 모르는 것 같았습니다. 아내의 입에서 비난의 화살이 쏟아질수록 남편은 더욱 자기만의 껍질 속으로 움츠러들고 있었지요. 그는 바깥세상을 두려워하는 소라게처럼, 마음이 만든 자기만의 집 속으로 점점 더 숨어들며 아내로부터 회피하고 있었습니다. 정은 씨는 자신에게 거리를 두는 남편을 몰아세우며 좇아가고 있었고요. 사랑하지만 술래잡기하듯 좇는 자와 도망가는 자, 두 남녀가 추는 춤은 불협화음 속에서 박자를 잃고 있었습니다. 상담 시간 동안 두 사람이 보이는 모습은 남편과 아내가 십 년간 함께 해온 삶을 그대로 반영하고 있었습니다.

정은 씨는 자꾸만 움츠러드는 남편을 이해할 수 없었고, 민수 씨는 너무나 강렬하게 자신을 몰아세우는 아내를 버거워하고 있었습니다. 감정 표현이 없고 말을 잘 안 하긴 했지만 평소 천사같이 착하고 순하던 민수 씨는 반년 전부터는 아내의 닦달에 분노를 표현하기 시작했습니다. 민수 씨의 분노는 발작처럼 갑작스러웠고 정도가 지나쳤습니다. 폭발하듯 집 안 물건을 깨부수거나 소리를 지르고 아내를 밀치기도 했지요. 아내는 그런 남편의 모습에 극심한 충격을 받았습니다. 평소에 돌부처처럼 감정의 변화가 없던 남편이 꼭 미친 사람처럼 분노를 표출하니, 놀라지 않을 수 없었을 겁니다. 화가 나면 지킬 박사에서 하이드로 변하는 남편. 아내는 망연자실했습니다. 남편에 대한 실망은 더욱 배가된 분노로 표현되었지요. 그러면 강렬한 감정의 포화 속에서 민수 씨는 더욱 바위처럼 굳어지기만 할 뿐이었습니다.

잃어버린 감정을 찾아서

자기만의 집 속으로 숨어버린 민수 씨는 도무지 나올 기색을 보이지 않았고, 이혼이 두려웠던 정은 씨는 지푸라기라도 잡는 심정으로 상담실을 찾았습니다. 두 사람은 서로를 이해해야 할 필요가 있었습니다. 또한 이제는 상대를 대하는 방식을 바꿔야만 했지요. 남편과 아내는 관계가 회복되기를 간절히 원했기 때문입니다. 사랑하는 이를 붙잡기 위해 무엇을 어디서부터 어떻게 해야 할지 몰랐던 그들은 차근차근 관계의 실타래를 풀어가기 시작했습니다. 가장 먼저 해야 할 일은 서로가 어떻게 다른지를 알아차리는 것이었습니다.

민수 씨는 왜 자기만의 집 속으로 숨어버린 걸까요. 상담자가 아내의 비난 앞에 선 민수 씨에게 감정을 물을 때마다, 그는 어리둥절한 표정을 지었습니다.

"감정이요? 그런 건 생각해본 적이 없는데……."

침묵 속에서 감정이 무엇인지 생각하고 있는 남편을 두고, 정은 씨는 빠른 호흡으로 자신의 말을 잇곤 했습니다.

"그러니까 제가 생각할 때는요, 이 사람이……."

"아, 죄송합니다만, 남편분께서 이야기하실 수 있게 좀 기다려주시면 어떨까요."

남편이 자기감정을 찾고 느낄 수 있도록 쉼표를 내어달라는 상담자의 요청에 아내는 답답한 숨을 내쉬곤 했습니다. 민수 씨는 감정이 뭔지 몰랐기에 감정을 알아차리지 못했지요. 무엇인지를 모르니 알아차리지도 못하는 것을 표현할 수 없는 것은 당연했습니다. 그래서 민수 씨에게는 시간이 필요했지요. 잃어버린 감정을 되찾을 수 있는 시간 말입니다.

어찌 보면 정은 씨가 답답하게 여기던 부분, '남편의 감정을 모르겠다. 어떤 사람인지 모르겠다'는 호소는 당연해 보였습니다. 원래 우리들은 서로 감정을 나누면서 친밀해지기 때문입니다. 감정이 살아 있을 때, 감정을 누군가와 공유할 때, 감정을 서로 읽어주고 알아줄 때 삶을 생생하게 느낄 수가 있지요. 나를 마주한 당신과 진정으로 접촉한다는 건 진실한 감정, 깊은 감정을 나눈다는 얘기입니다. 아내는 감정을 잃은 남편과 함께 살며 외로웠을 겁니다. 가장 가까운 이와 감정을 나누지 못하는 삶은 영혼이 없는 껍데기와 사는 것처럼 허전했을 테지요. 정은 씨는 그런 결핍감을 불만 어린 언짢음으로 호소했던 게 아니었을까요.

아무 말 안 하는 게 상책이라고 여겼던 아이

민수 씨는 감정을 찾아가는 동시에 과거의 기억을 떠올렸습니다. 아내의 비난 앞에 섰을 때 느껴지는 감각, 그 감각과 유사한 기억을 찾아보니 어릴 적 어머니 앞에서 벌서던 때가 떠올랐습니다.

"어머니 지갑에서 돈이 없어졌을 때였어요. '네가 훔쳐간 게 뻔하다'라면서 저를 닦달하셨죠. 화가 나 있는 어머니 표정이 생각납니다."

"진짜로 훔쳤던 건가요?"

"아니요, 제가 훔치지 않았어요. 저도 어찌된 일인지 몰랐어요."

"그래서 어떻게 되었나요?"

"그냥 저는 굳어버렸어요. 아무 말을 안 하는 게 상책이라고 생각했거든요."

"무엇 때문에요?"

"그냥 이 순간이 빨리 지나가라……. 말을 했다간 더 불리할 것 같았어요. 어머니가 무섭기도 했고, 어린 마음에 이 순간만 빨리 넘기면 상황이 나아질 거라 생각했던 것 같아요."

민수 씨는 엄마 앞에서 혼나는 아이처럼, 표정이 굳고 온 몸이 경직되었습니다. 그의 몸은 지금 여기 현재에 있었지만 마음은 과거에 머물러 있었습니다.

"그 일 이후로 도둑놈이 되었어요. 부모님은 저 때문에 서로를 잡아먹을 듯 싸웠어요. 아버지는 어머니에게, 아들을 대체 어떻게 키웠기에 이 지경이 되었느냐며 원망했죠. 부모님이 싸울 때마다 도망가고 싶었어요."

민수 씨의 어머니는 남편과의 불화, 경제적인 어려움에 시달리며 신경증을 앓았다고 했습니다. 가족에게 무심한 남편에 대한 불만으로 결핍되었던 어머니의 얼굴은 늘 짜증으로 가득 차 있었습니다. 아버지는 가부장적이면서 권위적인 성격으로 분노 이외의 감정은 잘 모르던 분이었습니다.

"어머니는 너 때문에 이혼 안 하고 사는 거라고, 그런데 이런 식으로 실망을 시키느냐며 나무라셨죠. 아버지는 우리 집안에 도둑놈이 나왔다며 한참 화를 내셨고요."

민수 씨는 억울하게 누명을 썼지만 자신의 마음을 터놓지 못했다고 합니다. 어린 시절에 민수 씨는 말을 하면 상황이 더 불리해질 것이라 믿었지요. 부모님에게 말대답을 하거나 질문을 하면, 항상 혼났던 기억만 떠올랐기 때문입니다. 아버지의 호통, 어머니의 찌푸린 표정, 몸으로 체득한 깨달음은 어린 민수 씨를 꿀 먹은

벙어리로 만들었습니다. 부모님에게 더 혼나지 않기 위해 어린아이가 선택한 방법은 말을 줄이는 것이었습니다. 곤란한 상황에 처하면 자기만의 집으로 숨어들어가는 습관은 이렇듯 어린 시절에 뿌리를 두고 있었습니다.

말을 했다가는 뺨을 맞을까 봐 두려웠던 아이는 생각과 감정을 숨기기 시작했습니다. 조심스러운 태도로 눈치를 살피고 되도록 말을 삼가게 되었지요. 감정을 표현하지 않던 아이는 점차 감정을 잃어버리고 말았습니다. 무엇을 느끼는지 모르기 때문에 표현할 것도 없었습니다. 과묵한 남자로 성장한 민수 씨는 정은 씨에게 진중하고 차분한 매력으로 다가왔지요. 민수 씨 또한 감정 표현이 많고 자기를 드러내는 데 망설임 없는 정은 씨에게 빠져들었습니다. 자신에게 부족한 것을 상대에게서 발견했던 겁니다. 감정 표현 면에서 극과 극에 선 두 남녀는 서로 다르기 때문에 끌렸지만, 이제는 서로 다르다는 이유로 싸우고 있었습니다.

심리상담이 진행되면서 아내는 남편의 과거를 알아가며 가장 사랑하는 사람의 태도를 이해하기 시작했습니다. 민수 씨는 곤란한 상황에서 도망가거나 굳어버리는 것 외에는 마땅히 대처할 수 있는 방법을 몰랐던 것이지, 아내를 애먹이기 위해 일부러 대화를 회피하는 게 아니었습니다. 두려웠고 어떻게 해야 할지 몰라서 가장 익숙한 방법을 택했을 뿐이지요. 민수 씨 또한 아내와의 관계가 멀어지면서 불안에 흔들리고 있었습니다. 태연한 표정은 알고 보면 두려운 마음을 가리기 위한 가면이었고, 말하는 법을 잊은 듯한 긴 침묵은 어찌해야 할지 모르는 무력감을 온 몸으로 표현하는 것이었습니다. 아내는 남편이 숨을 고르며 자기감정을 찾아갈 수 있게 틈을 주었고, 남편은 두려움 때문에 더 이상 물러서기보다는 제대로 마주해보기로 마음먹었습니다. 두 사람은 서로가 한 발자국씩 떨어지고 한 발자국씩 다가서며, 스텝이 꼬여버린 춤사위를 조율해갔습니다. 오랜 시간과 노력을 요하는 일이었지만 소중한 사랑을 지키기 위해 꼭 필요한 과정이었습니다.

민수 씨는 '정서적 억제'라는 마음의 무늬에 굴복 및 회피한 경우다

굴복	· 조용하고 자기표현이 억제되어 있다. · 정서 표현이 매우 부족하다.
회피	· 감정을 표현하고 나눠야 하는 상황을 피한다.
과잉 보상	· 부자연스러울 정도로 감정을 과하게 표현하고 드러낸다.

마음의 무늬

정서적 억제

마음속에 '정서적 억제'라는 무늬를 지니고 있는 사람은 지나치게 억제되어 있기 때문에 메마르고 무미건조하게 보입니다. 생기 있는 자연스러운 감정을 너무 억눌러 경직되어 있고, 남들 눈에는 감정을 통 알 수 없는 사람처럼 보이지요. 자신과 타인을 돌아보며 '정서적 억제'와 관련된 태도와 신념을 점검해보세요.

- 사람들이 나를 감정적으로 너무 경직되었거나 메마르다고 생각한다.
- 나는 감정 표현은 되도록 삼가는 게 낫다고 생각한다.
- 다른 사람과 나를 의식한 나머지, 긍정적인 감정도 다른 사람들에게 표현하기 어렵다.
- 내 감정을 누군가에게 보여주는 게 어색하고 쑥스럽다.

'정서적 억제'를 마음에 새긴 사람들은 겉으로는 감정을 아주 잘 통제하는 것처럼 보일 수 있습니다. 하지만 알고 보면 감정에 대한 통제를 잃어버릴까 두려워하기에 애를 쓰며 감정을 억누르고 있는 것이지요. 감정을 조금이라도 표현하기 시작하면 화산처럼 마구 분출되어버릴까 봐 두려운 마음에, 마치 감정이 없는 것처럼 억압하는 경우가 많습니다. 하지만 억압된 감정은 어디론가 저절로 사라지지는 않습니다. 갑작스러운 분노 폭발로 이어지거나 무기력감, 신체 통증과 같은 방식으로 그 얼굴을 드러내곤 하지요. 민수 씨가 지킬 박사와 하이드 같은 면을 가진 것은 그런 맥락에서 생각해볼 수 있습니다. 회사에서 가면을 쓴 것처럼 냉정하고 이성적인 모습을 보이다가 집에 와서 가족들에게 분노를 폭발하는 우리네 아버지들, 분노조절장애를 가진 중년 남성들의 모습은 흔히 '정서적 억제'와 맞닿아 있습니다.

이들은 감정 표현이 요구되는 상황을 싫어하면서도 무의식중에 감정 표현을 잘하는 사람에게 끌리기도 합니다. 민수 씨가 정은 씨에게 끌렸던 것처럼 말이지요. 사랑에 빠질 때는 자신에게 가장 부족한 것을 가진 이에게 끌리면서, 세월이 지난 후에는 상대방의 바로 그 점이 싫다면서 진저리치곤 합니다.

'정서적 억제'가 끼치는 손실은 무엇일까요? 누군가는 '감정을 잘 통제하는 건 오히려 강점이 아닌가?'라고 생각할 수도 있겠습니다. 실제로 우리 사회에는 감정을 잘 숨기고 이성적인 사고와 대응을 하도록 강조하는 회사와 조직이 많기 때문입니다. 하지만 상황에 따라 감정을 건강한 방식으로 통제하는 것과 감정을 지나치게 통제하는 것은 엄연히 다릅니다. 여기서 말하는 '정서적 억제'는 감정이 자연스럽게 표현되는 것이 더 좋은 상황에서도 감정이 뒤로 숨어버리는, 만연화된 패턴을 말합니다. 정서적으로 억제된 이들은 분노나 공격성 같은 부정적 감정뿐 아니라 타인에 대한 관심이나 애정과 같은 긍정적인 감정도 억제하지요. 예컨대 친구나 연인과 함께할 때 상대방에게 관심이나 돌봄, 애정을 자연스럽게 표현하기보다는 억제를 하는 겁니다. 긍정적인 감정 표현이 관계를 돈독히 하는 데 도움이 되는데도 말이지요. 감정을 표현함으로써 삶이 더 풍요롭고 행복해질 수 있는데도 지나치게 감정을 억누르며 손해를 보고 있다면 자신의 태도를 점검해볼 필요가 있습니다. 만약 '정서적 억제'와 '엄격한 기준(338쪽 참고)'을 함께 가지고 있을 경우, 『정신질환 진단 및 통계 편람(DSM-5)』에서 성격장애로 분류하는 '강박성 성격'의 특징을 나타낼 수 있습니다.

정서적 억제, 그 마음의 기원은?

아이들은 본래 감정이 살아 있는 존재입니다. 억눌리지 않은 아이들이 얼마나 감정을 생생하게 표현하는지 떠올려보세요. 모든 아이들은 감정 표현의 전문가라고 해도 과언이 아닐 겁니다. 하지만 감정 표현을 잘하던 아이들도 성장 과정의 경험에 따라 감정을 억제하게 됩니다. 우리는 성장 과정에서 감정을 통제하도록 배우지만 '정서적 억제'라는 마음의 무늬가 새겨지는 과정은 지나친 수치심과 두려움을 동반합니다.

민수 씨의 사례를 살펴볼까요. 민수 씨는 어릴 적에 감정을 표현할 때마다 원하는 결과를 얻기는커녕 더 혼이 나거나 무안을 당했습니다. 어린아이는 몸으로, 경험으로 세상을 살아가는 법을 터득하는데요. 자연스러운 감정 표현은 더욱 불리한 상황만을 가져왔기에 감정은 더욱더 속으로 숨어들 수밖에 없었을 겁니다. 민수 씨는 감정 표현을 억제하는 것에서 더 나아가 감정을 못 느낄 정도로 깊은 곳으로 묻어버렸습니다. 메마르고 무미건조한 사람, 속을 통 알 수 없는 사람, 늘 뒤로 숨는 억제된 사람, 친해질 수 없는 사람이 되었지요. 민수 씨는 세상에서 살아남기 위해 감정이 우리 삶에 불어넣어주는 살아 있는 기운을 포기해버린 겁니다. 그는 현재 부모님의 그늘을 벗어났지만, 마음은 여전히 과거에 머물러 있었습니다. 사람들은 민수 씨가 좀 더 감정을 가지고 삶에 뛰어들기를 원했지만, 민수 씨는 감정 표현이 쓰라린 상처로 이어졌던 과거에 머물러 마음의 문을 닫고 있었습니다.

온전히 나와 마주하는 시간

그렇다면 '정서적 억제'라는 마음의 무늬에서 좀 더 자유로워질 수 있는 방법이 무엇인지 알아볼까요.

1 왜 변화해야 하는지 생각해본다

정서적으로 억제된 이들은 성장 과정에서 자신의 방식이 최선책이었기에 그 방법을 고수합니다. 감정을 지나치게 억제함으로써 잃는 것이 많은데도, 어린 시절에는 가장 효율적인 대처였기에 그 방법이 굳어진 것이지요. 그러므로 이제는 왜 감정을 표현해야 하는지를 알아야 합니다. '정서적 억제'가 더 이상 삶에 도움이 되지 않는다는 사실을 깨닫고 변화에 대한 동기를 가져보세요.

2 얻는 것과 잃는 것을 점검해본다

'정서적 억제'라는 마음의 무늬를 통해 얻는 것과 잃는 것이 무엇인지 점검해볼 필요가 있습니다.

얻는 것	(얻는 것은 과연 무엇일까?)
잃는 것	· 배우자와 친밀한 관계를 맺기 어렵다. · 어딘지 어색하고 경직되어 보인다. · 친구들과 자연스럽게 어울리지 못한다. · 사람들이 내게 다가오는 것을 어려워한다. · 감정을 억압하다가 폭발시킨다.

3 몸의 말에 귀 기울인다

감정을 억압하고 억제했던 세월이 오래되면, 감정이 무엇인지 알아차리는 것조차 어려울 수 있습니다. 그래서 처음엔 몸이 하는 말에 귀를 기울여보는 것도 좋은 방법인데요. 신체 감각에 집중하며 무엇이 느껴지는지 찾아보는 겁니다. 몸과 감정은 밀접한 연관이 있습니다. 억압된 감정은 신체에 머무르며 감각을 만들어 내지요. 예를 들어 불안하고 긴장될 때는 어깨가 경직되고 주먹에 힘이 들어갈 수 있습니다. 전신의 감각에 집중하면서, 내 몸이 무엇을 느끼고 있는지 찾아보고 주의를 기울여봅니다.

4 감정과 생각을 구분하고 감정 카드를 써본다

스스로에게 질문해보세요. "내가 지금 느끼고 있는 감정은 무엇이지?"

감정을 느끼고 표현하는 데 익숙하지 않은 사람은 "나는 지금 감정이 뭔지 생각하고 있다"와 같이 전형적인 '생각'을 답하기 쉽습니다. 생각과 감정은 다른 것인데 사람들은 '감정'을 표현한다면서 '생각'을 말하는 실수를 자주 범하곤 합니다. 상담자들은 감정을 잘 찾지 못하는 이들을 상담할 때 감정 카드나 감정 단어 리스트를 활용하는데요. 자기 자신을 위해 이를 활용해보는 것도 좋겠습니다.

감정 단어 리스트를 활용해도 자신이 뭘 느끼는지 찾기 어렵다면 지금 느끼는 감정을 색깔이나 무게감으로 표현해보는 것도 좋습니다. 자신이 느끼고 있는 감정이 어두운 색인지, 밝은색인지, 가벼운지, 무거운지를 분류해보는 겁니다. 걸음마부터 시작해보는 것이지요.

감정 단어 리스트

1 감동하다

2 걱정되다

3 고맙다

4 곤란하다

5 괴롭다

6 귀찮다

7 기대되다

8 기쁘다

9 긴장되다

10 놀라다

11 답답하다

12 당황스럽다

13 두근거리다

14 두렵다

15 마음 아프다

16 막막하다

17 만족스럽다

18 망설여지다

19 무섭다

20 미안하다

21 밉다

22 부끄럽다

23 부담스럽다

24 부럽다

25 분하다

26 불안하다

27 불편하다

28 비참하다

29 뿌듯하다

30 사랑스럽다

31 서럽다

32 설레다

33 섭섭하다

34 속상하다

35 슬프다

36 신나다

37 실망하다

38 싫다

39 심심하다

40 쑥스럽다

41 쓸쓸하다

42 아쉽다

43 안심되다

44 안타깝다

45 얄밉다

46 어색하다

47 억울하다

48 외롭다

49 우울하다

50 원망스럽다

51 자랑스럽다

52 자신만만하다

53 조마조마하다

54 즐겁다

55 지겹다

56 짜증나다

57 편안하다

58 피곤하다

59 행복하다

60 허전하다

61 혼란스럽다

62 화나다

63 황당하다

64 후회스럽다

65 흥분되다

66 힘나다

67 힘들다

68 여기에는 없지만, 생각
나는 다른 감정이 있다면?

5 느껴지는 감정과 신체 감각을 충분히 체험한다

지금 무엇을 느끼고 있는지 찾았다면 그 감정을 군이 피하거나 느끼지 않으려고 애쓰지 말고 그 상태로 충분히 머물러보세요. 누군가를 잃은 상실감에 마음이 아픈가요? 그것은 가슴을 콕콕 쑤시는 아픈 감각인가요? 감정은 피하려고 하면 나중에 더 큰 문제를 일으킵니다. 지금 자신에게 느껴지는 감정을 충분히 체험하면서 소화시켜야 합니다.

6 감정을 드러내면 어떤 일이 일어나는지 확인해본다

자신의 감정을 알아차리고 느낄 수 있다면 다음 단계는 '표현하기'입니다. 이제는 일상에서 감정을 좀 더 쉽게 표현할 수 있는 상황을 찾아보세요. 가까운 사람일수록, 친숙한 상황일수록 감정을 표현하기가 수월할 겁니다.

그리고 감정을 표현했을 때 어떤 일이 일어날지 예상해봅니다. 가족과의 관계에서, 연인과의 데이트 상황에서 감정을 표현하면 어떻게 될까요? 사랑한다는 마음을 표현하면 상대방이 나를 멀리할까요? 친구에게 지난번 일 때문에 서운했다고 말하면 거리가 멀어질까요?

아닙니다. 사람들은 오히려 당신의 감정 표현을 반가워할 거예요. 감정은 당신을 살아 숨 쉬는 사람으로, 실체가 있는 사람으로 만들어주기 때문이지요. 감정을 표현하는 일이 생각보다 나쁘지 않은 결과를 가져온다는 사실을 알게 될 겁니다.

아직 멀었어, 완벽해져야 해

"아내 생각엔 제가 제대로 하는 게 하나도 없는 것 같나 봅니다. 일을 못한다고 늘 닦달하니 상사인 아내 모시고 살기도 이젠 힘들어요."

"회사를 운영하는 경영자 입장에서, 일을 제대로 하지 못했을 때 지적하는 게 잘못인가요? 지금껏 이 회사를 이렇게까지 키운 게 누구인데요."

상담실을 찾은 아내와 남편은 팽팽하게 맞서며 서로를 힐난했습니다. 아내는 남편의 꼼꼼하지 못한 일솜씨를 책망했고, 남편은 사장인 아내의 눈치를 보며 사는 것이 힘에 부친다고 호소했지요. 부부는 한때 어느 누구보다도 가까운 사이였지만, 이제는 사방이 유리로 막힌 각자의 방 속에서 서로를 바라보며 손가락질하고 있었습니다. 마치 단단히 방음장치가 된 유리 상자 속에서 큰 목소리로 상대방에게 소리치지만 그 모습은 입만 벙긋벙긋하는 것처럼 보이는 상태와 같았을 겁니다. 서로의 목소리가 들리지 않는 거지요.

아내인 보미 씨는 스스로 생각하기에 상담실을 찾을 만한 이유가 없었습니다. 하지만 최근에 일시적으로 안면이 마비되어 종합병원을 찾았고 모든 의학적인 검사 결과 아무런 신체적 이상이 없다는 소견을 들었습니다. 담당 의사는 정신적인 어려움이 예상된다면서 정신건강의학과를 찾거나 임상심리학자를 찾아 심리상담을 받아보라고 권유했다고 합니다.

보미 씨는 누가 보기에도 완벽했습니다. 초등학생 아들을 두었다고는 믿을 수 없는 앳된 얼굴에 군살 없이 탄력 있는 늘씬한 몸, 머리부터 발끝까지 고급스러운 태가 흐르는 이 여성은 눈에 띄는 외모부터가 스스로 상류계층임을 드러내고 있었지요. 뿐만 아니라 디자인을 전공해 대학에 다닐 때부터 자신의 사업체를 차렸고, 작은 규모의 사업체는 그녀의 능력으로 눈부신 성장을 이루어 어느덧 탄탄한 중견 기업으로 성장하게 되었습니다. 회사를 키워가면서 엄청난 부를 쌓은 그녀는 자신의 헌신적인 부하직원이던 남편과 사랑에 빠져 결혼했고 사랑스러운 외동아들을 낳았습니다. 그녀는 회사의 CEO이자 능력 있는 디자이너, 아내이자 아이 엄마로 여러 역할을 동시에 해내며 살고 있는 유능한 사람이었지요. 성공한 여성 경영자이자 한 분야의 전문인으로서 젊은 여성들의 로망이었고 뭇사람들의 롤모델이기도 했고요. 그런 그녀를 본받고 싶어 하는 이들이 많았기에 여러 잡지와 인터뷰를 했고, 대학 강단에 서서 성공의 비결을 알려주는 강연을 하기도 했습니다. 이렇게 완벽해 보이는 그녀가 무슨 이유로 상담실을 찾았을까요? 아내 역할도 빈틈없이 해내는 보미 씨는 왜 남편과 갈등하게 되었을까요?

목표를 향해 끝도 없이 내달리다

그런데 말이지요, 그녀는 오늘의 완벽을 이루기까지 얼마나 많은 희생을 치렀을까요. 보미 씨가 살아온 삶을 들여다보니 화려하고 이상적인 겉모습과는 달리 하루도 쉬는 날이 없는, 고된 나날의 연속이었습니다. 새벽 5시 헬스장에서 한 시간가량 운동을 하고 곧바로 출근하면, 가장 이른 아침에 회사 사무실의 정적을 깨는 사람은 본인이었습니다. 하루 종일 잠시도 숨 돌릴 틈 없이 일을 했지만 늘 만족스럽지는 않았지요. 뭔가 부족하다는 느낌에 부하 직원의 보고서와 시안을 수차례 검토해서 다시 수정하라고 돌려보내기 일쑤였고, 몇 차례 수정한 결과물도 결재하기 어려운 경우가 많았습니다. 그나마 가장 믿을 수 있는 남편에게 실권을 맡겼다고는 하지만, 남편의 일처리가 마음에 들지 않아 본인이 또

다시 꼼꼼하게 확인해야만 마음이 놓였습니다.

그렇다고 그녀가 엄마 역할에 소홀한 것도 아니었습니다. 하나뿐인 아들을 잘 키우고 싶은 마음 또한 누구보다도 강했지요. 일하는 엄마 때문에 아이가 외롭지 않도록 아이의 학교 행사에는 빠짐없이 참석하려고 노력했습니다. 아이의 일거수일투족을 바라보며 하나도 놓치지 않겠다고 마음먹었고요. 그녀의 태블릿PC 속에는 한 달의 일과가 빽빽이 적힌 아들의 스케줄이 담겨 있었습니다. 강남에서 유명하다는 영어 선생님과의 과외, 수학 학원, 강사가 집으로 찾아오는 과학실험 레슨과 미술 레슨, 테니스와 피아노, 바이올린 레슨. 숨 막히는 스케줄은 엄마의 삶을 아이의 삶으로 바꿔놓았을 뿐 매우 흡사했습니다.

그런데 이렇게 그럴듯한 삶을 살면서도 보미 씨는 행복하지 못했습니다. 늘 만성피로에 시달렸고 마음은 압박감으로 가득 차 있었으니까요. 가만히 있으면 뭔가에 쫓기는 것 같아서 불안하고 초조했습니다. 많은 것을 이루었다지만 정작 채워지는 느낌은 없었는데요. 넘치는 풍요와 성공, 사람들의 찬사와 존경 속에서도 충만하다는 느낌보다는 마음이 휑하니 뚫린 듯 공허했습니다.

"앞으로 1년 후, 기적이 일어났다면 어떤 일이 벌어졌을까요? 주변을 둘러보면 무엇이 어떻게 달라졌을 것 같으세요?"

"전 바닷가에 누워 있어요. 밝은 햇살이 비치고요, 아이와 남편은 바다로 들어가 물놀이를 하고 있어요. 행복해 보여요. 웃고 있네요. 저도 마찬가지고요."

원하는 미래를 설정하기 위한 상담자의 질문에 보미 씨는 눈물을 왈칵 쏟았습니다.

"눈물을 흘리시는군요. 지금 저 속에서 어떤 마음이 올라오지요?"

"생각해보면 제가 바라는 건 그렇게 거창한 게 아니에요. 남편이랑 아이랑 행복하게 사는 건데, 여유 있게 사는 건데, 그게 왜 이렇게 어려운지. 왜 이렇게 해야 할 일은 많고, 내가 하지 않으면 안 되는 것들뿐일까요. 너무 힘들어요."

가슴에 남겨진 만성적인 공허를 완벽에 대한 추구로 보상하며 살아왔기에 그녀는 눈에 띄는 성공을 얻었습니다. 물질적인 풍요와 명성, 자신의 이름을 내건 번듯한 사업체, 무엇 하나 부족해 보이지 않는 가정. 하지만 보미 씨는 사회적인 성공 대신 삶의 여백을 통해서 얻는 행복, 사랑하는 가족들과 함께하는 여유로운 시간을 잃어가고 있었습니다. 잠시 멈춰 서서 주변을 둘러보며 그동안 쌓아온 성공을 음미할 시간도 없었던 것이지요. 그토록 추구하던 것을 향해 고군분투했건만, 삶은 목적지 없이 끝없는 달려야 하는 마라톤 경주와 같았습니다. 하나의 과제를 완수하면 그 다음 과제가 나타났기 때문입니다.

'아직 이대로는 부족해. 더 완벽하게 해야지.'

이렇게 스스로를 끊임없이 채찍질하는 내면의 목소리는 어디서 나온 걸까요? 심리상담을 통해 현재 그녀가 자기 자신과 타인에게 엄격한 기준을 요구하는 모습의 기원이 무엇인지 찾아보기로 했습니다.

"부모님은 늘 경제적인 문제로 싸우곤 했어요. 미술을 전공하는 제가 그 갈등의 원흉이었죠. 우리 형편에 예술을 공부시키는 게 말이 되느냐며 아버지가 당장 때려치우라고 호통 칠 때마다 엄마가 눈물로 막아주곤 했어요. 엄마가 정말 힘들게 일해서 저를 뒷바라지했죠. 없는 형편에……."

"두 동생은 우울했기 때문에 제대로 하는 게 없었어요. 그런 동생을 보면서 부모님은 한숨을 쉬었고요. 내가 맏이로 잘해야만 했어요. 내가 잘하면 부모님도 싸우지 않을 거라고 생각했으니까."

"어머니가 하신 말씀 중에서 어떤 것이 기억에 남죠?"

"너밖에 없다고, 너 잘하는 거 하나만 보고 산다고……. 엄마한테 나는 자랑스러운 딸이었어요. 손이 부르트도록 일해서 뒷바라지해도 네가 받아온 상장을 보면 하나도 아깝지 않다고. 너 때문에 산다고 엄마가 말했어요. 아버지랑 싸우고 힘든 날에도 내가 잘하는 모습을 보여드리면 눈물을 그치셨죠."

"그때 기분이 어땠어요?"

"부담스러웠어요! 저는 정말로 그런 기대가 버거웠어요. 너무 화가 나요."

의식 저 아래 깊은 곳에 묻어둔 기억과 감정을 꺼낸 보미 씨는 상담자와 함께하는 안전한 환경 속에서 화를 들여다보았고 억눌러두었던 눈물을 터뜨렸습니다. 그것은 자신의 존재를 그저 있는 그대로 인정받고 사랑받고 싶어 했던 상처받은 어린아이의 눈물이었습니다. 부모가 부여했던 조건적인 사랑, 딸의 성취에서 삶의 의미를 찾던 어머니의 얼굴, 높은 기대를 채우기 위해 평생 경주마처럼 달렸던 자기 자신을 들여다보게 된 것이지요.

그녀가 끝없이 달리기를 하듯 잠시의 여유도 허락되지 않는 삶을 이어가던 것은 거기서 연유했던 겁니다. 스스로의 힘으로 잘해내고 성취를 이뤄 부모님을 행복하게 해주고 싶다는 마음, 그럼으로써 자신을 불안하게 하는 것들로부터 도피하고자 하는 마음. 그녀는 어린 시절의 상처를 성공을 향한 에너지로 승화시키며 살고 있었습니다.

이런 삶이 뭐가 그리 나쁠 게 있을까요? 상처 없는 사람은 없습니다. 과거의 상처를 잘 극복하며 살아갈 때 인생의 태양은 따스한 햇살을 비추지요. 보미 씨는 실제로 자신이 하고 싶은 일들을 충분히 해내고 많은 것을 이루었습니다. 사랑하는 가족들도 그녀와 함께하고 있고요. 하지만 정작 그토록 원하는 행복은 손에 잡힐 듯 말듯 그녀의 손아귀에서 몸을 빼고 있었으니……. 초조함과 압박감, 긴장이 이어지는 삶의 연속이었습니다. 잠깐의 여유 시간에도 제시간에 내야 할 숙제를 안 한 것만 같은 느낌, 보기 싫은 설거지 거리를 잔뜩 쌓아놓고 외면하고 있는 듯한 느낌. 이런 막연한 불안은 그녀 자신을 뭔가에 쫓기듯 살아가게끔 만들었습니다. 사랑하는 아들과 놀아주는 시간도 '해야 할 일' 목록의 과제처럼 처리하고 있었던 것입니다.

　그녀가 상담실에서 해야 할 것은 긴장이 연속되는 경주마 같은 삶을 직면하는 동시에, 스스로 행복하지 않다는 사실을 인식하고 한 걸음씩 행복을 찾아가는 일이었습니다. 부모님과의 관계에서 기원한 어린 시절의 상처를 들여다보는 일 외에도 자신을 채찍질하는 내면화된 목소리를 점검할 필요가 있었고요. 그러면서 지금 여기에서 조금 더 편안해지기 위해 할 수 있는 일이 무엇인지 찾아보고, 삶에서 여유를 되찾기 위해 내려놓을 수 있는 것은 무엇인지 살펴보기로 했습니다. 그러기 위해서 그녀는 직업적 성공과 명예, 부라는 성취는 따로 떼어놓은 채로 온전히 수용받을 필요가 있었습니다. 정말로 당신은 이대로 괜찮다고, 충분하다고, 그 마음을 보살펴줘야 했습니다.

보미 씨는 '엄격한 기준'이라는 마음의 무늬에 굴복한 경우다

굴복	· 완벽을 위해 많은 시간과 노력, 비용을 투자한다.
회피	· 자신의 수행에 대해 평가받는 상황이나 과제를 회피한다.
과잉 보상	· 기준에 대해서는 전혀 신경 쓰지 않으며, 대충 아무렇게나 해버린다.

마음의 무늬

엄격한 기준

보미 씨처럼 마음에 '엄격한 기준'이라는 무늬가 새겨진 이들은 완벽주의를 추구하고 자신의 내재화된 높은 기준을 달성하기 위해 끝없이 노력합니다. 하지만 자신의 기준이 지나치다고는 생각하지 않지요. 이 정도는 당연한 거라고 여기기 때문에 자기 자신은 물론 타인에 대해서도 엄격할 가능성이 높습니다. 자신의 패턴을 점검하지 않으면 연인 또는 배우자, 자녀, 동료와 부하직원을 달달 볶으면서 자신의 긴장과 불안을 전가하게 될 수 있지요. 그러면서 자신 또한 성공만 바라보느라 내면의 정서적, 신체적 욕구를 외면하게 되니 스스로 소진되는 것을 깨닫지 못하고 있을 수 있습니다. 뭔가를 잘해내는 대신 삶에서 더 중요한 것들을 잃어버릴 수 있는 것입니다.

당신도 혹시 '엄격한 기준'을 갖고 있는 건 아닌지 점검해볼까요.

- 모든 것이 완벽하게 정리되어 있도록 노력한다.
- 이뤄야 할 것이 너무 많아 마음 놓고 쉴 수 있는 시간이 없다.
- 늘 나 자신을 다그쳐서 더 잘하도록 노력한다.
- 최상의 모습을 보이기 위해 언제나 최선을 다한다.

- 더 잘하라고 사람들을 몰아붙여서 연인이나 배우자, 동료, 부하직원과 갈등을 겪는다.
- 여유를 가질 틈이 거의 없어서 건강에 문제가 생긴다.
- 내가 하는 일이 만족스럽게 완성되려면 아직 멀었다.

엄격한 기준, 그 마음의 기원은?

'엄격한 기준'은 왜 우리 마음에 새겨지는 걸까요? 첫 번째 가능성은 보미 씨처럼 뭔가 결핍된 것, 부족했던 것을 채우고자 하는 시도에 뿌리를 두고 있을 겁니다. 일정한 조건을 충족했을 때만 부모님이 사랑과 관심을 주었을 수도 있고요, 부모님의 심한 갈등을 중재하려는 시도라든지 또래들에게 소외된 느낌을 보상하려는 시도를 통해 '엄격한 기준'이 아로새겨졌을 수 있습니다. 정윤 씨의 경우에는 부모님의 부부 갈등에서 비롯되는 마음의 고통을 보상하려는 시도에서 높은 기준을 내재하게 되었습니다.

'엄격한 기준'은 지나치게 높은 기준을 가진 부모님을 둔 경우 마음에 새겨지기도 합니다. 사회적 성취를 이뤄낸 훌륭한 부모님이나 친척을 둔 아이는 '저 정도는 당연한 것'이라고 생각하며 본인도 부모님이 이룬 수준의 성취를 달성해야 한다는 압박감을 느낄 수 있지요. 가족들 사이에선 이를 드러내놓고 표현하지 않더라도 암묵적으로 '높은' 기준이 설정됩니다. 실제로 성공한 가문의 자녀들은 남들이 볼 때 사회적으로 충분히 성공했다 하더라도 평생 부모의 그늘에서 벗어나지 못하며 실의에 빠져 있는 경우가 종종 있습니다.

온전히 나와 마주하는 시간

만약 당신이 '엄격한 기준'을 내재했다면, 지나치게 높은 기준을 낮추고 자신과 타인을 엄격하게 검열하는 태도를 줄이는 것을 목표로 잡는 것이 좋습니다. 조금 느슨해진 기준 속에서 '불완전해도 괜찮아'의 태도로 일과 삶의 균형을 되찾아야 하는 것이지요. 아마 당신은 '느슨해지고 덜 완벽해지는 것' 또한 목표로 삼고, 이를 과업처럼 처리하려 할지도 모르겠습니다. 하지만 목표를 향해 돌진하는 당신의 성실함을 활용해 '불완전함이 주는 여유'를 향해 '설렁설렁 느슨하게' 전진해보면 어떨까요.

1 엄격한 기준이 내재된 기원을 이해한다

먼저 엄격한 기준이 어디에 뿌리를 두었는지 생각해봅니다. 당신은 너무도 훌륭한 부모님, 친척들, 형제들 사이에서 그들 정도는 해내야 한다는 압박감을 느꼈나요? 혹은 부모님이 당신이 뭔가를 잘 해냈거나 남들 사이에서 돋보일 만한 결과를 가져왔을 때만 관심을 보였나요? 이 과정은 과거의 상처를 돌아보며 부모님을 원망하기 위해 이뤄지는 것이 아닙니다. 오늘의 내 모습이 형성된 과정을 돌아보는 것은 자기 이해를 돕고 변화를 향한 첫 걸음을 내디딜 수 있게 해줍니다.

혹시 또 다른 마음의 무늬, 예를 들어 '정서적 결핍'에 대한 과잉 보상으로서 '엄격한 기준'이 내재되어 있다면, 이 책에서 관련된 내용을 확인해 그와 관련된 자신의 마음을 다뤄봅니다.

2 엄격한 기준이 설정된 영역을 확인해본다

이제 '엄격한 기준'이 삶에서 어떻게 드러나고 있는지 점검해볼까요. 일과 가정, 학업, 자기관리 등의 영역으로 나눠도 좋고 '나에게' 혹은 '남에게' 적용되는지에 따라 나눠도 좋습니다.

예시

자기관리

- 매일 강박적으로 운동해야 한다는 압박감을 느끼고 하루도 빠짐없이 헬스장에 간다.

가정

- 완벽하게 살림을 꾸려야 한다는 생각 때문에, 가계부가 꼼꼼하게 기록되는지 수차례 확인하고 점검한다. 그 문제로 인해 배우자와 마찰이 있다.

일

- 마감일 안에 끝내야 할 업무를 끝내지 못한다. 아직 부족한 것 같다는 생각에 수도 없이 점검하고 확인하면서 시간을 보낸다.
- 쉬는 날 없이 일을 하느라, 가족들과 함께 보내는 시간이 거의 없다.

3 무엇을 얻고 무엇을 잃는지 적어본다

얻는 것	· 일을 꼼꼼하게 잘 처리함으로써 특별한 사람이라는 느낌을 받는다. · 사람들에게 능력을 인정받는다. · 승진이 빠르다. · 높은 연봉을 받는다.
잃는 것	· 가족들과 함께 보내는 여유 시간이 없다. · 자녀들과의 관계가 갈수록 멀어진다. · 하루하루 분주하고 긴장된 삶을 산다. · 도무지 인생을 즐길 수가 없다.

분명 엄격한 기준을 통해 얻는 것이 있으므로, 장점은 그대로 받아들이는 것이 좋습니다. 이 작업을 하는 이유는 당신이 지금까지 같은 패턴을 반복해올 만한 충분한 이유가 있었음을 자각하기 위함인데요. 하지만 지금 중요한 것은 '잃는 것'에 초점을 맞추는 것입니다. 삶에서 잃는 것들을 확인하고 나면 변화해야 할 이유도 가득할 겁이다.

4 어떤 영역에서 기준을 얼마나 낮출지 설정한다

이제 구체적인 목표를 설정해봅니다. 어떤 영역에서 얼마나 기준을 낮출 건가요? 목표는 뚜렷하고 구체적이고 명확할수록 좋습니다. 구체적인 목표를 세울 수 있을 때, 변화를 향한 동기도 커지고 실천을 향한 발걸음도 가벼워지기 마련입니다. 구체적인 목표를 세우면 지금 무엇을 어떻게 해야 할지가 분명해집니다.

- 현재는 하루도 쉬는 날이 없다.
- → 일주일에 이틀, 주말 동안에는 일을 하지 않고 가족들과 함께 시간을 보낸다.

- 보고서를 마감하는 데 6시간이 걸린다.
- → 보고서를 마감하기까지 걸리는 시간을 3시간으로 줄인다.

5 엄격한 기준을 완화했을 때 무엇이 좋게 이뤄질지 떠올린다

이제 변화를 향한 동력을 가동할 때가 되었습니다. 가장 좋은 방법은 엄격한 기준을 완화했을 때 벌어질 수 있는 가장 좋은 일을 떠올리는 것인데요. 흰 스크린을 머릿속에 떠올려 상상하고는, 마음속의 영화를 상영해봅니다. 엄격한 기준에서 벗어난다면 당신은 어떤 삶을 살고 있을까요? 그 미래를 구체적으로 상상해보세요. 가족들과 함께 여행을 가서 아름다운 해변에 누워 있는 장면을 그려봐도 좋고, 방에서 뒹굴뒹굴하며 못 읽었던 만화책을 잔뜩 쌓아놓고 읽는 장면을 떠올려도 좋습니다. 그 무엇이든 당신이 여유를 되찾아 편안해하고 행복해하는 모습이면 됩니다. 당신을 신나게 하는 장면은 무엇일까요?

6 어떤 두려움 때문에 기준을 낮추지 못하는 것인지 생각해본다

엄격한 기준을 느슨하게 했을 때 일어날 수 있는 가장 좋은 상황을 떠올렸는데도 변화하기가 힘들다면, 당신은 뭔가를 두려워하고 있을 수도 있습니다. 그토록 완벽을 추구해야 하는 이유는 무엇인가요? 회사 업무를 처리할 때 완벽하지 않으면 무슨 일이 일어날까요? 가장 최악의 상황은 무엇일까요? 아무리 최악의 상황이라도, 하늘이 무너지거나 세상이 멸망하지는 않을 겁니다. 당신이 막연히 두려워하던 것이 알고 보면 별일 아니라는 사실을 알아차릴 필요가 있습니다.

7 스케줄에 적용하며 실천해본다

이제 어디서 어떻게 기준을 낮추어야 할지 정했으니, 실제로 스케줄에 적용해보도록 합니다. 마음먹은 것을 실천하는 단계인데요. 가능한 여가활동의 목록을 만들어보고 우선순위에 따라 즐겨보는 것이 한 방법이 될 수 있습니다. 주말에는 우선순위 맨 위에 있는 여가활동을 즐겨보도록 합니다. 아이들과 교외에 나가기로 했나요? 아니면 연인과 자전거를 타기로 했나요? 이때 다른 것은 하지 않고, 단 하나만 실행해야 합니다.

8 내면화된 목소리를 점검한다

가족들과 주말을 한가로이 즐기다가 '이렇게 놀아서 어떡하지?', '내가 지금 할 일이 많은데', '보고서를 좀 더 확인해봐야 할 텐데……' 하는 생각이 떠오른다면 이를 알아차려야 합니다. 그리고 이런 생각 아래에 흐르고 있는 더 깊은 생각을 들여다보세요. '일을 완벽하게 해야 한다', '나는 반드시 성공해야만 한다. 삶은 성공 아니면 실패다', '여유를 부리다가는 결코 성공할 수 없다' 같은 생각이 불안이 되어 자기 자신을 몰아붙이고 있을지 모릅니다. '반드시 ○○을 해야만 한다'라는 생각을 이렇게 바꿔서 스스로에게 말해볼까요?

"나도 인간이잖아, 세상에 완벽한 사람은 없어."

"이 정도면 됐어. 이 정도여도 충분해."

"지금 이대로도 괜찮아."

"나는 이런 생각을 하는 나를 있는 그대로 받아들일 거야."

18 처벌
실수는 절대 용서 못 해

초등학교 2학년 윤지의 엄마 순영 씨는 좋은 엄마가 되는 것이 꿈입니다. 윤지가 순영 씨에게 찾아온 것은 스물두 살, 대학교 3학년 때였습니다. 첫사랑이었던 남편과의 사이에서 윤지를 임신하자 순영 씨는 결혼을 결심했는데요. 괜찮은 회사에 취업해 커리어 우먼이 되고 싶은 바람도 있었지만 그보다도, 아직 못 다한 학업을 마치는 일보다도 좋은 엄마가 되고 싶은 마음이 훨씬 더 강렬했습니다. 당시 남자 친구였던 남편도 망설임 없이 결혼을 통해 새 생명을 책임지겠다고 했고요. 순영 씨는 누구보다도 훌륭한 엄마가 되겠다는 꿈을 안고 어린 나이에 가정을 꾸렸습니다.

하지만 순영 씨는 육아가 생각보다 쉽지 않다고 했습니다. 자상하고 따뜻한 엄마가 되고 싶었지만 어느새 무서운 엄마가 된 자신을 발견했기 때문입니다. 아이의 사소한 실수에도 화가 나서 걷잡을 수 없는 분노를 표출하거나 아이를 가혹하게 벌세우는 경우가 잦았습니다. 순영 씨가 아이를 혼내는 이유는 다양했는데요. 왼손을 쓴다는 이유로, 먹을 때 음식을 흘린다는 이유로, 글씨를 삐뚤게 쓴다는 이유로, 학원에 늦게 간다는 이유로, 피아노 연습을 덜 했다는 이유로 야단을 쳤습니다. 벌을 주는 방법도 다양했지요. 큰 소리로 혼을 내거나 얼굴이나 몸을 닥치는 대로 때리기도 했고, 두 손을 들고 한동안 벽만 쳐다보고 있도록 시키기도 했습니다. 시시때때로 터지는 순영 씨의 분노와 가혹한 처벌 때문에 어린 윤지는 엄마를 세상에서 제일 좋아하면서도 세상에서 제일 무서워했습니다. 엄마의 눈치를 보면서 위축된 아이로 크고 있었지요.

그런 순영 씨가 담임교사의 부름에 학교를 찾아가게 된 것은 우연이 아니었습니다. 담임교사는 미술 시간에 윤지가 그린 가족 그림을 보여주면서 걱정스러운 마음을 전했습니다. 윤지의 그림 속에서 엄마는 잔뜩 화가 난 표정으로 몽둥이를 들고 정중앙에 서 있었고, 윤지는 엄마와 떨어져 구석에서 웅크린 채 울고 있었습니다. 아빠는 회사일로 바빠서 없다고 했답니다. 순영 씨는 좋은 엄마가 되겠다는 결심을 떠올리며, 뭔가가 잘못되고 있음을 느꼈습니다.

순영 씨는 아이가 그린 그림을 보고 담임교사 앞에서 한참을 울었다고 합니다. '도대체 어디부터 무엇이 잘못된 거지?' '어째서 아이에게 자꾸만 윽박지르게 되는 걸까?' 순영 씨는 딸을 위해 상담심리전문가에게 도움을 구하기로 했습니다. 윤지는 엄마와의 관계에서 정서적으로 채워지지 못한 채 점점 우울한 아이가 되어가고 있었지요. 윤지에게도 아동상담이 필요했지만, 무엇보다도 주 양육자인 순영 씨의 마음을 보듬을 필요가 있었습니다.

내 안에 잠들어 있는 가혹한 부모

순영 씨는 상담을 통해 살아온 과정을 돌아보았습니다.

"엄마는 아빠와 이혼하고 늘 바빴어요. 혼자 일하면서 나를 키워야 했을 테니…… 그럴 수밖에 없었을 거라고 생각해요."

순영 씨의 어머니는 결혼생활이 불행했습니다. 남편은 사업에 실패한 후 집을 나가 수년간 돌아오지 않았지요. 순영 씨의 어머니는 남편에 대한 분노를 딸에게 풀곤 했습니다. 순영 씨가 아버지를 빼닮은 것이 잘못이라면 잘못이었을까요. 순영 씨는 식사시간에 음식을 흘린 후 한 시간 동안 화장실에 갇혀 있던 기억을 떠올렸습니다. 혼자 어두운 곳에서 전신을 타고 흐르는 공포감에 흐느껴 울었지만 어머니는 가차 없었습니다. 그리고 늘 어딘가 화난 것처럼 보였지요.

어머니가 조금 더 행복해 보일 때는 어떤 아저씨와 함께 있을 때였습니다. 순영 씨는 낯선 아저씨 앞에서 얼어붙었지만 어머니는 그 사람을 '아버지'라 부르라고 했지요. 곧 세 식구가 함께 살게 되었습니다. 어머니는 웃음이 많아졌지만 순영 씨에 대한 태도는 여전히 비슷했다고 합니다. 새로 생긴 아버지는 어머니와 함께 툭하면 순영 씨를 벌하곤 했습니다. 어린 순영 씨는 울음소리가 너무 크다고, 찌푸린 얼굴을 하고 있다고, 세수를 제대로 하지 않는다고, 정리를 깨끗하게 하지 못한다고, 음식을 남긴다고 혼이 났지요. 지금 생각해보면 도무지 이해할 수 없는 이유들이었습니다. 순영 씨는 가혹한 부모의 모습을 떠올리며 눈물을 흘렸습니다.

"그런 부모님에게서 벗어나고 싶었어요. 고등학교 때부터는 일부러 기숙사가 있는 학교로 나와 살았어요."

순영 씨는 자신이 존재하지 말았어야 했다고 생각했습니다. 어머니와 새아버지에게 자신은 쓸모없는 존재라고 느껴졌던 것이지요. 순영 씨는 살갗을 찢는 듯한 아픔 속에서 다짐했습니다.

"내가 부모가 되면 정말 잘하겠다고 결심했어요. 내 아이에게는 엄마로서 좋은 환경을 만들어주겠다고……."

순영 씨가 이른 나이에 부모가 된 것은 우연이 아니었습니다. 윤지를 잉태한 일은 순영 씨에겐 고통스러운 과거의 굴레에서 벗어나는 동시에 좋은 부모가 됨으로써 새로운 출발을 하고 싶은 마음의 표현이기도 했던 겁니다. 하지만 순영 씨는 부모가 자신에게 했던 행동을 자신도 모르게 되풀이하고 있었습니다. 가장 피하고 싶었던 행동을 가장 사랑하는 자식에게 대물림하고 있던 것이지요.

두려워하던 대상을 나도 모르게 닮아가다

순영 씨는 '처벌'이라는 마음의 무늬를 내재하고 있었습니다. 실수를 저지르면 혹독하게 처벌받아야 한다는 믿음. 순영 씨는 부모가 자신에게 그랬던 것처럼 자신과 타인에 대한 가혹한 태도를 내면화했습니다. 순영 씨는 의식적으로 부모를 닮지 않으려고 노력했지만, 처벌하는 부모는 이미 순영 씨의 무의식 속에 각인되어 있었지요. 자신도 모르게 가장 닮고 싶지 않았던 부모의 모습이 드러나고 있었던 겁니다. 하지만 순영 씨는 이런 대물림을 끊고자 결심했고, 자신의 모습을 알아차리고 있었기 때문에 이미 큰 진전을 한 셈입니다. 실제로 상담실을 찾는 많은 사람들이 가족의 상처를 또다시 되풀이할까 봐, 가장 원하지 않는 것을 자녀에게 대물림할까 봐 두려워합니다.

순영 씨는 '공격자와의 동일시'를 통해 자신의 아픔을 자녀에게 물려주고 있었는데요. 공격자와의 동일시는 고통스러운 감정을 다루기 위한 인간의 심리적 메커니즘, 방어기제의 한 종류입니다. 무섭고 두려운 대상, 싫은 대상, 자신을 괴롭히는 대상과 닮아감으로써 두려움을 극복하고자 하는 것인데, 엄마를 때리는 아버지를 두려워했던 아들이 자신 또한 아내에게 가정폭력을 휘두르는 남편이 된다든지, 일진 학생들에게 피해를 입은 청소년이 자신보다 더 약한 친구를 찾아서 괴롭힌다든지, 비합리적인 행동으로 괴롭힘을 일삼던 상사에게 진저리친 사람이 똑같은 방식으로 부하직원을 대하는 경우를 예로 들 수 있습니다.

인간은 무의식중에 공격자와의 동일시를 통해 가장 싫어하고 두려워하던 대상을 점차 닮아가게 됩니다. 자신 또한 같은 위치에 오름으로써 공포를 극복함과 동시에 손상된 자존감을 회복하고자 시도하는 것이지요. 하지만 누군들 그토록 싫고 두렵던 '가해자'가 되고 싶을까요. 순영 씨의 '좋은 엄마가 되고 싶다'는 마음은 진심이었습니다. 단지 내면에 자리한 깊은 상처, 미처 녹아내리지 않은 아픔이 무의식에 자리해 순영 씨를 흔들고 있을 뿐이었습니다.

가족을 때리는 아빠 밑에서 폭력 남편이 나오고, 냉정한 엄마 밑에서 냉정한 자녀가 나오고, 악질적인 상사 밑에서 악질적인 부하직원이 나오고……. 만약 이렇게 모든 것이 바뀔 여지 없이 대물림된다면 얼마나 허무한 일일까요. 부모의 가정폭력을 경험하면서 자란 이들은 결혼과 양육, 가정을 꾸리는 것에 대한 두려움을 갖게 됩니다. 하지만 변화하고 싶다는 마음을 갖고 지금 무슨 일이 벌어지고 있는지 알아차리는 것만 해도 이미 변화는 시작되었다고 볼 수 있습니다.

순영 씨는 부모의 가혹한 처벌에 아파했던 과거를 애도하면서 자신이 부모님으로부터 무엇을 받고 싶어 했는지 기억을 더듬었습니다. 어린 시절의 그녀가 부모님에게 가장 원했던 것은 그 어떤 모습에도 자신을 벌하지 않고 수용해주는 따스함이었습니다. 순영 씨는 상담자의 제안에 따라 '부모의 따스함'을 구체적으로 떠올려보았습니다. 과거의 어느 한순간 따스함을 원했던 순간으로 돌아가, 어린아이의 눈으로 부모님에게서 어떤 모습과 태도를 보고 싶었는지 그려본 것이지요. 글씨를 삐뚤게 썼다고 혼나서 위축되어 있는 어린 시절의 자기 모습 앞에서 순영 씨는 다른 장면을 만들어주었습니다. 마음속에서 아픈 아이를 안아주며 속삭여준 겁니다.

"이제 괜찮아. 삐뚤게 써도 괜찮아."

순영 씨는 '처벌'이라는 마음의 무늬에 굴복한 경우다

굴복	· 자신과 타인을 가혹하게 다루고, 처벌적인 방식으로 대한다.
회피	· 처벌에 대한 두려움 때문에 처벌받을지도 모른다고 생각되는 상황이나 사람을 회피한다.
과잉 보상	· 용납해선 안 될 일까지도 용납하는 등 지나치게 관대하게 행동한다.

마음의 무늬

처벌

"모든 사람은 실수를 하면 혹독하게 처벌받아야 한다."

 '처벌'이라는 마음의 무늬를 새기고 있으면 자신을 포함해 타인의 실수에 관대할 수 없습니다. 자신의 특정한 기준이나 도덕적 잣대에 따라 자신과 타인의 행동을 평가하고, 실수를 저지르면 가차 없이 처벌을 가해야 한다고 생각하지요. 자신과 타인에 대한 용서와 자비, 연민이 부족하기 때문에 이들의 삶은 늘 빡빡합니다. 실수할 수도 있는 존재, 불완전한 존재, 어딘가 부족한 존재인 자신과 타인은 받아들일 수 없기 때문입니다.

 '처벌'은 다른 마음의 무늬와 함께 드러나기도 하는데, 특히 '엄격한 기준'과 자주 짝을 지어 나타납니다. 엄격한 기준과 처벌이라는 무늬를 함께 지니고 있으면 자연스레 그 기준에 맞춰 자신과 타인을 평가하고 벌하고자 하지요. 높은 기준에 도달하지 못해 부족한 느낌뿐 아니라, 그런 자신과 타인을 용납할 수 없다는 생각이 들기 때문입니다. 혹은 '처벌'이 '승인-인정 추구'라는 마음의 무늬와 함께 나타날 경우 타인의 인정을 받지 못하는 자신에 대한 가혹하고 처벌적인 태도가 나타날 수 있습니다. 그리고 '결함/수치심'과 함께 나타나면 자신에게 문제가 있다고 느낄 때마다 스스로를 벌하고자 시도하게 됩니다.

이제 '처벌'이란 마음의 무늬가 새겨져 있지는 않은지 살펴볼까요.

- 실수에 용서란 없다.
- 나는 내 실수에 대해 나 자신을 쉽게 용서하거나 변명할 수 없다.
- 나는 벌을 받아 마땅한 사람이다.
- 왜 실수했는지는 중요하지 않다. 대가를 치러야 한다.
- 잘못을 저질렀을 땐 어떤 결과도 감수해야 한다.

순영 씨의 사례처럼 성장 과정에서 처벌적인 부모나 어른과의 경험을 갖고 있는 경우 '처벌'이란 마음의 무늬를 내재하기 쉽습니다. 어린 시절 자신을 훈육하거나 통제할 수 있는 사람, 더 큰 힘과 권한을 가진 사람이 자신을 가혹하게 처벌할 때, 마음속에 상처가 지문처럼 새겨지는 것이지요. 타인의 가혹함은 어느새 자기 것이 되며, 처벌적인 태도의 칼끝은 가장 먼저 자기 자신을 향하게 됩니다. 순영 씨가 공격자와의 동일시를 통해 부모의 모습을 닮아갔듯이 어린아이는 성장하면서 두려워하던 타인의 모습을 점차적으로 띠게 됩니다. 그러다 어느 날 문득 거울 속에서 자신이 그토록 싫어했던 어른, 두려움의 대상을 마주하는 것이지요.

온전히 나와 마주하는 시간

'처벌'이 마음에 남긴 상처는 나의 삶뿐 아니라 사랑하는 이의 삶까지 메마르게 합니다. 가혹한 부모, 엄격한 상사, 무서운 선배, 처벌적인 배우자……. 언제든 벌주겠다는 태도로 나와 타인을 가늠하는 시선은 삶이 주는 행복을 갉아먹습니다. 처벌이라는 마음의 무늬가 내 삶을 휘두르고 있다는 사실을 알았다면 다음 단계를 밟아보는 것이 좋습니다.

1 내 삶에 어떤 영향을 끼치고 있는지 깨닫는다

먼저 나도 모르게 성격으로 자리 잡아 있던 '처벌'이란 마음의 무늬가 내 삶에 어떤 영향을 미치고 있는지 깨달을 필요가 있습니다. 만약 부모라면 자녀에게 어떤 태도를 보이고 있나요? 아이의 사소한 실수에 지나치게 분개하고 있지는 않나요? 부모의 실수를 아이에게 대물림하고 있지는 않나요? 부하직원에게 자주 짜증스러운 얼굴로 큰 소리를 지르고 있지는 않나요? 무엇보다 나자신을 질책하며 감정적으로 학대하고 있지는 않나요?

이제 이 악순환의 고리를 끊어야 하는 이유는 무엇일까요?

2 '처벌'의 기원을 이해하고 자신을 공감한다

'처벌'이라는 마음의 무늬가 하루아침에 생기진 않습니다. 이제는 이것이 만들어진 과거의 경험과 과정을 마주해야 합니다. 당신 안에 있는 가혹한 내면의 목소리는 어디에서 처음 등장했을까요? 누구의 목소리, 누구의 표정이 생생한 기억으로 남아 있지요? 그 사람 앞에서 당신의 마음은, 신체 감각은 어땠나요?

과거의 상처를 들여다보고 자신을 벌주던 부모와 교사의 모습을 기억하는 일이 무슨 의미가 있느냐며 의문을 가질 수도 있을 겁니다. 하지만 오늘에 영향을 주는 아픈 과거를 마주한다는 것은 이제까지 통제할 수 없던 어둠을 내 손아귀에 쥔다는 의미가 있습니다. 어둠은 우리 마음 안에 원하지 않는 손님처럼 마음대로 왔다 가지만, 우리는 어둠을 마주함으로써 더 이상 두려움에 시달리지 않을 수 있습니다. 고통을 기억한다는 것은 그런 것입니다. 고통스러운 나의 내면아이에게 나는 무엇을 주고 싶은지 떠올려보세요. 글씨를 잘 못 쓴다고, 밥을 천천히 먹는다고, 옷을 더럽혔다고 혼난 아이는 무슨 말을 듣고 싶었을까요. 어떤 마음을 알아주었으면 하고 바랐을까요.

"이제 괜찮아. 많이 힘들었지. 더 이상 혼내지 않을게."

이렇게 자기 자신에게 공감과 수용을 선물해봅니다.

3 처벌하고 싶은 마음을 충분히 알아준다

'처벌'이란 마음의 무늬를 살아 있는 생명체라고 생각해봅시다. 살아 있는 생명체인 '처벌'은 왜 존재하는 걸까요? 존재의 의미, 이유가 있을 겁니다. 자신과 타인을 처벌함으로써 분명 뭔가 얻는 것이 있었을 거예요. 비록 당신은 자신을 벌함으로써 의기소

365

침해지고 타인을 벌함으로써 관계를 해치지만, 인간의 마음은 이렇게 이해할 수 없는 과정을 통해서 뭔가를 충족시키지요. 당신은 당신이 두려워했던 부모처럼 행동함으로써 어린 마음의 공포를 극복하고 있을까요? 혹은 이상에 이르지 못하는 자신과 타인을 벌함으로써 높은 기대를 향해 나아가고 있는 것일까요? 혹은 자녀에게 가혹하게 대함으로써 훌륭하게 자라줄 것이라 기대하는 걸까요?

4 나를 위로하고 보살펴주는 대상을 떠올린다

당신의 마음속에는 자신을 벌하고 질책하는 어른이 큰 내적 대상으로 자리 잡고 있을 가능성이 높습니다. 이제 이 가혹한 존재가 내 마음을 떠나도록 허용해주세요. 그리고 그 빈자리를 따스하고 수용적인 대상으로 채우면 어떨까요. 종교를 가진 사람이라면 하나님, 부처님과 같은 신적인 대상을 떠올려도 좋습니다. 혹은 주변에서 만난 마음 따뜻하고 인자한 어른이라든지 드라마나 영화 속에 등장하는 이상적인 부모상도 괜찮습니다. 좋은 기억을 갖고 있는 대상이라면 세상을 떠나신 조부모님이나 친척 어른도 괜찮고요. 눈을 감고 나를 따뜻하게 위로하고 보살펴주는 대상의 모습을 생생하게 떠올려보는 겁니다. 인자한 미소, 따스한 온기, 포근한 감각을 상상하면서 그 품 안에 안겨 있다고 상상해보세요. 비록 상상이지만 당신은 큰 위안을 얻을 수 있습니다. 나 자신을 수용하고 보살펴주는 대상을 떠올리면서 말입니다.

참고문헌

- 권석만, 『현대 이상심리학』, 학지사, 2013.

- 권정혜, 성기혜, 손영미, 조영은, 『인지행동치료에서 심상의 활용』(인지행동치료 제 16권 제 4호), 한국인지행동치료학회, 2016.

- 권준수, 신민섭, 『쉽게 따라하는 강박증 인지행동치료』, 학지사, 2015.

- 김청송, 『사례중심의 이상심리학』, 싸이북스, 2017.

- 레이 맥컬러프, 나트 쿤, 스튜어트 앤드루스, 아멜리아 캐플런, 조너선 울프, 카라 L. 힐리, 『감정 공포 치료 Treating Affect Phobia』, 학지사, 2015.

- 베셀 반 데어 콜크, 『몸은 기억한다 The Body Keeps the Score』, 을유문화사, 2016.

- 빅토리아 M. 폴레트, 재클린 피스토렐로, 『외상의 치유 인생의 향유 Finding Life Beyond Trauma』, 학지사, 2014.

- 에시콜 라파엘리, 제프리 E. 영, 데이비드 P. 번스타인, 『심리도식치료 Schema Tharapy』, 학지사, 2015.

- 제이슨 B. 루오마, 스티븐 C. 헤이즈, 로빈 D. 월서, 『수용-전념치료 배우기 Learning ACT』, 학지사, 2012.

- 제프리 E. 영, 자넷 S. 클로스코, 『새로운 나를 여는 열쇠 Reinventing Your Life』, 열음사, 2004.

- 조앤 M. 패럴, 닐 라이스, 이다 A. 쇼, 『심리도식치료 임상가이드 The Schema Tharapy Clinician's Guide』, 학지사, 2018.

- American Psychiatric Association, *Diagnostic and Statistical Manual of Mental Disorder-5th Edition*, Washington, DC: American Psychiatric Publishing, 2013.

- Ann Hackmann, James Bennett-Levy and Emily A. Holmes, *Oxford Guide to Imagery in Cognitive Therapy*, Oxford University Press, 2011.

마음의 무늬를 어루만지다

1판 1쇄 인쇄 2019년 1월 18일
1판 1쇄 발행 2019년 1월 30일

지은이 조영은
펴낸이 고병욱

책임편집 이혜선 **마케팅** 이일권 송만석 현나래 김재욱 김은지 오정민 이애주
디자인 공희 진미나 백은주 **외서기획** 엄정빈 **제작** 김기창
관리 주동은 조재언 신현민 **총무** 문준기 노재경 송민진 우근영

디자인 풀밭의 여치 **일러스트** 문현정

펴낸곳 청림출판㈜
등록 제1989-000026호

본사 06048 서울시 강남구 도산대로 38길 11 청림출판㈜ (논현동 63)
제2사옥 10881 경기도 파주시 회동길 173 청림아트스페이스 (문발동 518-6)
전화 02-546-4341 **팩스** 02-546-8053

홈페이지 www.chungrim.com
이메일 redbox@chungrim.com

ⓒ 조영은, 2019

ISBN 979-11-88039-28-9 (03180)